포스트 코로나 시대,
플랫폼 자본주의와 배달노동자

포스트 코로나 시대,
플랫폼 자본주의와 배달노동자

2021년 8월 10일 초판 인쇄
2021년 8월 15일 초판 발행

지은이 | 신승철, 이승준, 장윤석, 전병옥
교정교열 | 정난진
펴낸이 | 이찬규
펴낸곳 | 북코리아
등록번호 | 제03-01240호
주소 | 13209 경기도 성남시 중원구 사기막골로 45번길 14
우림2차 A동 1007호
전화 | 02-704-7840
팩스 | 02-704-7848
이메일 | sunhaksa@korea.com
홈페이지 | www.북코리아.kr
ISBN | 978-89-6324-779-3(93330)

값 19,000원

* 이 도서는 서울연구원 · 서울특별시 평생교육진흥원에서 수행한 2020년 「서울 도시인문학」 사업의 지원을 받아 수행되었음.

신승철 · 이승준 · 장윤석 · 전병옥 지음

포스트 코로나 시대, 플랫폼 자본주의와 배달노동자

북코리아

서문:
우리는 폭염과 장마 속에 달려간 배달노동자를 기억한다

한때 우리 사회에 회자되던 사진 한 장이 있다. 때는 2020년 8월, 비가 무던히 많이 내리던 부산의 물에 잠긴 도로를 뚫고 배달 오토바이 한 대가 멈춰 서 있다. 허리까지 물이 차는 상황에서 한 배달노동자가 배달음식을 머리 위로 들고 비를 흠뻑 맞으며 배달하고 있다. 유독 그 한 배달노동자만의 상황이 아닐 것이다. 배달노동자는 기후위기와 코로나19 사태가 가장 심각할 때, 생명줄처럼 배달음식을 곳곳에 운반하고 있다. 언제부터 우리가 '배달의민족'이었나. 물음과 동시에 무수한 예측과 전망, 선언 속에서 배달의 시대가 찾아왔다. 자본주의는 '플랫폼'에 대해 화려한 수사여구를 남발했다. 4차 산업혁명이니, 디지털 뉴딜이니, DNA(Digital, Network, AI)니 하는 말은 낯설고 위험한 변화를 예감하게 하는 상징이 되어버렸다. 코로나19가 엄습했던 그 시기에 경찰청과 국토교통부 통계에서는 2020년 10월 기준 한 해 이륜차 사고 사망자가 446명으로 코로나로 죽은 사람보다 더 많았다는 사실이 드러난다. 지금, 그리고 향후 기후위기 상황을 온몸으로 겪어야 하는 배달노동자의 상황은 또 얼마나 심각할 것인가?

코로나가 '사태'에서 '시대'로 접어들자 사람과 자본은 적응하고 이동했다. 피부에 붙어버린 마스크처럼 '적당한 거리'도 익숙해졌다. 마스크뿐이겠는가! 귀에는 무선이어폰과 헤드셋이, 손에는 스마트폰이 우리 몸에 거의 이식되었다. 이 이식된 도구들이 우리 자신과 배달노동자를 이어준다. 사람들은 만남과 거리를 두기 시작했다. 이동이 어려워진 만큼 누군가의 이동량은 늘어났다. 사람이 오가지 못하고 택배와 배달음식이 오갔다. 앱 터치 한 번으로 주문하는 배달음식이 유행하자 도로에는 눈에 띄게 배달노동자 · 라이더가 많아졌다. 이들은 근로기준법의 보호를 받지 못해 갑질에 시달렸으며, 피 말리는 플랫폼 경쟁과 감시에 속박되어 '자유롭게' 자유를 빼앗겼고, 나날이 가중되어가는 기후위기 속 폭염과 폭우로부터 안전조차 잃었다. 그렇게 소비자는 '안전하게' 배달음식을 받는다. 여러 겹 비닐에 싸이고 일회용 플라스틱 용기에 담긴 그것은 무던히 많은 쓰레기도 낳는다.

이동과 안전이 간편하게 사고 팔린다. 위험이 '혁신'이라는 이름으로 포장되어 외주화된다. '한국판 뉴딜'에는 코로나 시대의 대안으로 비대면 산업(언택트 산업)을 육성하겠다는 목표가 내걸려 있다. 초고속 인터넷망을 깔고 모든 영역에서 플랫폼을 구축하겠단다. 이를 어떻게 봐야 할까. 플랫폼 노동에 대해, 기존의 사회적 안전망조차 보장되지 않는 현실에 대해 어떻게 생각해야 하는가? 더군다나 플랫폼과 디지털이 지배하는 세상은 기후위기를 막는 세상일까? 아무도 디지털 부문의 탄소배출량을 신경 쓰지 않는다. 가상공간(클라우드), 무선연결(와이파이, 데이터 통신)은 점점 전체 탄소배출량 중 차지하는 비율이 높아지고 있다. 만남에 거리를 두고 이를 전부 가상계의 초연결로 대체할 때 탄소를 비롯한 처리량은 급증한다. 물적 기반을 두지 않는 데이터, 클라우드, 네트워크는 존재할 수 없으며, 가상이 아닌 현실에서는 대량의 에너지를 소비하고 있음에도 말이다. 언택트 산업이 탈색된 디지털 뉴딜과 만나 대안으로 논의되고 있는 시점에 우리는 이것을 '포스트 코로나 시대의 플랫폼 자본주의'라 부른다. 청년 배달노동자의 현실처럼 인간도 배제하기 시작한 물류유통이 과연 우리를 편리하게 하는지, 독점적인 플랫폼이 과연 공정한지 등 근본적인 질문이 이어진다.

우리는 코로나19 사태 이래로 로지스틱스(=병참=물류)의 최말단으로서 물류, 운송, 배달노동자의 상황과 접촉하게 된다. 로지스틱스가 가장 극적으로 증가하고 무인화된 자동화 시스템이 더욱 일반화된 상황은 역설적으로 직접적인 육체노동자의 노동 부담 가중과 위험의 확산을 가져온다. 지난 4월 22일 평택항 부두 화물 컨테이너 날개 아래에서 나뭇조각 등을 치우다 압사당한 젊은 노동자 이선호의 사망은 플랫폼 자본주의와 로지스틱스 산업의 극대화가 어떤 결과로 귀결되는지를 말해준다. 여기, 누구에게도 주목받지 못하는 로지스틱스 노동자의 죽음이 있다. 도대체 무슨 일이 일어난 것일까? 코로나19 사태로 최악의 상황이라고 연일 떠드는 미디어와 달리, 플랫폼 자본주의에는 최상의 상황이라는 역설이 도사리고 있다. 우리가 포스트 코로나 시대 플랫폼 자본주의의 현실을 그 최말단인 배달노동자를 통해 규명할 필요성이 여기서 제기된다.

이 책의 1장 '배달플랫폼의 문제: 신종코로나 시대와 플랫폼 자본주의'에서는 코로나19 상황에서 플랫폼의 작동과 배달노동의 열악한 노동조건, 노동계약상 문제점에 대해 진단한다. 2장 '로지스틱스 문제: 생산과 유통의 통합과 그에 따른 사회의 보안화'는 오늘날의 자본과 노동 형태를 진단하면서 '로지스틱스'라는 전 지구적 물류유통 시스템의 정착 이후의 현실을 다룬다. 이를 통해 물류와 배달노동자의 현실과 플랫폼 자체의 특징이 낳은 오늘날 노동의 형상을 추출한다. 3장 '플랫폼 노동의 그림자: 위험의 외주화와 실상의 비가시화'에서는 코로나 시대에 필수노동자가 된 배달노동자에게 드리운 그림자를 '위험의 외주화'와 '실상의 비가시화'라는 노동의 성격으로 설명한다. 4장 '기후위기 시대의 플랫폼 자본주의와 정의로운 녹색전환'에서는 플랫폼 자본주의를 성장에 대한 열망이 걱정과 성찰을 덮어 낙관주의적 전망을 만들어내는 구도로 관찰하고, 이로 인해 우리가 처한 사회적 한계와 물리적(생태적) 한계에 주목한다. 사회적 한계로는 디지털 구빈원과 자동화된 불평등을, 물리적 한계로는 기술의 반생태적 경향과 기후위기의 가속을 들며, 이러한 이중 한계를 풀어갈 대안으로 적정기술에 맥락을 둔 정의로운 녹색전환을 제안한다. 5장 '플랫폼 사업모델의 특성과 독점규제 방안'에서는 네트워크 효과라는 독점 자체를 전제로 한 플랫폼 사업모델의 규제방안에 대해 고민한다. 6장 '정동자본주의: 플랫폼 내부의 정동, 그 외부의 정동'에서는 플랫폼 자본주의가 정동의 흐름을 포획한 상황으로 치달아가면서 '정동자본주의'라 불리는 이유와 이에 대한 작동 양상에 대해 규명한다. 7장 '사회적 배달: 사회적 배달 논의의 가이드라인과 사회적 합의'에서는 플랫폼 자본주의의 대안으로 지역 플랫폼과 공공 플랫폼의 도전에 대해 전망한다.

이 책은 신승철, 이승준, 장윤석, 전병옥 네 명의 필자에 의해 2020년 4월부터 서울연구원 · 서울특별시 평생교육진흥원에서 「서울 도시인문학」 프로젝트를 수행하면서 서술되었다. 이들은 생태적지혜연구소 학술위원회의 구성원이며, 언택트 산업과 플랫폼 자본주의 양상에 대해 고민해오던 차에 프로젝트를 계기로 연구 작업을 할 수 있었다. 이 책이 나오기까지 팀 행정과 운영을 이끌어주신 서울연구원 김효정 연구원님께 감사드린다. 더불어 어려운 출판 현실에서 출간을 선뜻 허락해주신 북코리아 이찬규 대표님께 매우 감사드린다. 또한 쫓기는 마감 기한에 최선을 다해 마무리해준 팀원들의 노력에 대해서도 치하하고 싶다. 더불어 조언과 지원을 아끼지 않은 라이더유니온의 구교현 정책부장님께도 깊이 감사드린다. 특히 생태적지혜연구소협동조합의 조합원들과 학술위원들의 관계망과 판이 없었다면 이 책은 나오지 못했을 것이다. 이 책을 통해 열악한 상황에서도 분투하는 배달노동자의 노동조건이 나아졌으면 좋겠다. 더불어 이 책이 플랫폼 자본주의를 넘어 탈성장 전환사회로 향하는 데 하나의 특이점으로 자리 잡았으면 한다. 희망은 우리 가까이 있는 공동체에 있다. 빠르고 효율적인 플랫폼이 아니라 느리고 탄력적인 공동체와 커먼즈에 희망을 걸어본다. 이 책이 보여주는 '플랫폼 자본주의와 배달노동자'의 현실과 이상 사이에는 언제나 열악한 노동 현실을 개선하고 바꾸고자 하는 실천과정이 있다. 이런 점에서 이 책이 라이더유니온의 배달노동자와 수많은 플랫폼 노동자, 로지스틱스 노동자의 현실을 개선하는 데 조금이라도 기여했으면 하는 바람을 가져본다.

2021년 8월

저자 신승철, 이승준, 장윤석, 전병옥

CONTENTS

CONTENTS

CONTENTS

표

그림

01

배달플랫폼의 문제:

신종코로나 시대와 플랫폼 자본주의

이승준

1.
신종코로나 시대의 경제위기와 플랫폼 자본주의

신종코로나바이러스(COVID-19)의 대유행은 채 1년도 안 되는 짧은 시간 동안 전 세계인의 일상적인 삶의 지형, 노동 형태, 소비양식 등을 크게 바꿔놓았다. 상점, 식당, 술집, 운동 및 여가시설, 카페는 전면 폐쇄되거나 아니면 중앙 및 지방정부가 허용한 한정된 시간 동안만 고객을 유치하는 일을 반복하고 있다. 사망자와 바이러스 감염 확진자가 속출하는 지역의 공장들은 폐쇄되거나 잠정휴업에 들어갔고, 비대면 업무가 가능한 직종들은 재택근무로 전환되었다. 스웨덴이나 영국처럼 '집단면역만이 해법'이라는 환상에 사로잡혀 바이러스의 통제를 수수방관하는 국가 및 지역도 있다. 그와 달리 좀 더 강한 통제가 이뤄지는 지역의 기업들은 일정한 안전조치 이후에 최소 접촉만 허용하는 식으로 생산 활동의 범위를 극도로 제한했다. 이렇게 겉보기에 전 지구의 상품 생산량은 전년에 비해 단시간 안에 급속도로 감소한 것처럼 보이며, 대부분의 생산 부문이 과거 수준을 회복하는 데도 수개월의 시간은 소요될 것처럼 보인다. 아니 좀 더 비관적으로 말하자면, 어쩌면 우리는 지난 수년간 예견되고 지연되어온 공황과 장기침체에 이제 본격적인 한 발을 내디딘 것이 아닌가 하는 생각에 사로잡힐 수도 있다.

일부 비판자들은 이러한 비관적 예감을 더욱더 밀어붙이기도 한다. 하나는 알렉스 캘리니코스를 비롯한 고전적 마르크스주의자나 현대 자본주의에 대해 날카로운 비판을 제시하는 마이크 데이비스(2020: 66-95) 같은 이들의 주장이다. 그들에 따르면 코로나19는 세계 경제 대공황으로 이어지고 있으며, 이는 "하락한 이윤율을 회복하지 못하는 자본주의 체제"의 고유한 문제이므로 차라리 현재의 비관적 상황은 역설적으로 공황과 파국이라는 전 세계 노동계급 투쟁이 혁명적인 힘으로 확장될 수 있는 가장 낙관적인 시기를 반영한다는 것이다. 다른 하나는 이와 유사한 주장을 반복하지만 좀 더 세련된 전망을 내놓은 철학자 슬라보예 지젝(2020: 76-85)의 주장으로, 현재의 팬데믹 패닉 상황에는 "예기치 못한 해방적 전망이 숨어 있다"라는 것이다. 그가 말하길, "전 세계 도시들에서 코로나바이러스로 인한 격리가 불러온 뜻밖의 결과 중 하나는 적어도 어떤 사람들은 정신없이 바쁜 활동에서 놓여나 자신의 시간을 활용해 자신이 처한 곤경의 (무)의미를 반추할 것이라는 희망이다. 따라서 코로나바이러스 감염병은 공산주의에 새로운 생명의 활기를 불어넣을 수 있다"[1)]라는 것이다.

---

1) 고전적 마르크스주의자들이 펼치는 투쟁에 대한 호소가 대체로 산업노동계급(혹은 좀 더 넓게 재규정된 노동계급 일반)에 향하는 것이라면, 그래서 무수한 형태의 비물질적 · 인지적 · 정동적 생산자들이나 배달 · 유통 노동자의 생산적 · 주체적 성격이 충분히 고려되지 않을 뿐만 아니라 현재와 같이 대면접촉이 바이러스를 확산시키는 상황에서 대책 없는 기존의 투쟁 전망만을 제시하고 있다면, 지젝의 낙관적 전망은 누가 어떤 투쟁을 벌여야 할지를 해명하지 않은 상태에서 막연한 '개인적' 기대감을 표출한다는 점에서 현재의 자본주의 위기 상황에 대한 적실한 대안이 되기는 어려워 보인다. 누가 어떻게 어떤 상황에서 노동투쟁을 전개할 수 있는가를 위해 필요한 것은 현재의 변화된 자본 상황(우리는 이것을 '플랫폼 자본주의'나 '정동자본주의'로 이름 붙이고 있다)을 올바로 이해하는 것이며, 그 속에서 향후 투쟁의 잠재력을 파악하고 그

하지만 이런 일부 비평가들의 말처럼 공황이 임박했다거나 장기침체가 일반화된다고 전망하는 것은 너무 섣부른 것처럼 보인다. 코로나19 시대를 맞아 우리의 생활 및 소비 방식은 새롭게 바뀌어 식료품에서부터 도서, 의류, 청소, 꽃배달, 생필품 등에 이르는 물품 및 서비스가 직접 가정으로 송달되는 배달 수요의 폭발, 즉 유통 및 물류 시장의 급속한 팽창으로 나타나고 있기 때문이다. 코로나19가 본격적으로 확산되던 2020년 초반의 일부 비평적 예측 중에는 사람들이 집에 머무는 시간이 늘어나 그만큼 집 안에서 요리나 청소를 하는 즐거움을 다시 발견하게 될 것이고, 따라서 음식 배달로 대표되는 배달서비스 시장이 침체에 빠질 것이라고 본 견해도 있었다. 하지만 제레미아스 아담스-프라슬(2020: 6)이 말한 바 있듯이 코로나19 사태를 겪는 전 세계인의 소비추세를 보면 '배달 수요는 지속적으로 폭증'했다.

이제 전 지구 경제의 상당 부분은 '초유연 공유노동'으로 상징되는 '긱 경제'에 의해 그 동력을 공급받고 있다. '긱(gig)'은 음악 · 연극 · 코미디의 '비정기적인 단발성 무대공연'을 의미한다. 따라서 '긱 경제'는 정규적인 직장과 그에 따른 노동계약이 아니라 단기간 노동이 요구되는 상황을 위해 재능이나 시간이 있는 사람들을 필요에 따라 임시적이고 초단기적으로 서로 연결하여 재화나 용역을 거래하는 방식(이른바 '노동력 공유 서비스'나 '공유경제')을 말한다.[2] 노동자는 이러한 긱 경제 속에서 노동을 매개해주

힘과 연합할 방법을 모색하는 일일 것이다.

2) 이에 대해서는 이광석(2020: 19-27)과 래브넬(2020: 54)을 보라. 이광석이 공유경제를 "플랫폼 기업들의 공식화된 시장 유형"으로 규정하는 데 비해, 래브넬은 그것을 "재화와 서비스를 분배, 공유, 재사용하기 위한 목적으로 사람들을 연결하는 P2P 업체를 통칭하는 용어"라고 규정한다. 이광석이 공유경제를 시장 안에서 상품의 특정한 유통 유형에 초점을 두고 있다면 래브넬은 시장 안에서의 특정한 업종이나 업체에 초점을 두어 규정하는데, 두 규정 모두 '공유경제'를 시장이라는 전제하에서 그 안에서 이뤄지는 경제행위라는 개념만 부과한 것은 문제가 있다.

는 파견업체를 통해 공급되어 초단기 계약을 맺고 일하거나 앱과 플랫폼을 통해 소비자나 상점의 중간에서, 혹은 그 각각과 직접 계약을 맺는 단위 사업장 자체가 된다.

바로 이런 점에서 플랫폼 자본과 긱 노동의 성장을 전통적인 두 가지 관점, 즉 한편으로는 뛰어난 사업수완을 가진 기업가의 성공 신화 이야기나 다른 한편으로는 착취와 불안정 노동에 시달리며 노동자연합을 이뤄내려는 전통적인 노동자 투쟁의 서사만으로는 이해하기 어렵다. 이러한 관점들이 가진 가장 큰 문제는 독립계약자 분류에 관해 산업계(경영자그룹)가 거의 보편적으로 주장하는 내용과도 차이가 없다는 데 있다. 즉, 전통적으로 노동을 이해하는 관점은 긱 경제의 노동자를 노동자나 생산자가 아니라 유통시장에 참여하는 개인 사업가로만 분류하거나 설령 노동자로 이해하고자 할 때조차 예외적인 영역의 특수노동으로 이해할 뿐이다. 따라서 이들은 대부분의 나라에서 수립된 일반적인 노동법에 따른 임금계약이나 노동조합 설립, 집단적 항의(파업이나 노동쟁의), 보건과 안전 그리고 해고보호에 이르는 법적 장치에서 벗어나 있거나 기껏해야 그러한 법이 부분적으로만 적용되는 대상으로 취급된다. 여기에 더해 설령 상황이 더 좋아져 긱 노동자를 독립계약자로 분류하고 기업가나 경영자로 바라볼 때조차 해당 계약자들은 기존의 독립적 사업장이 누릴 수 있는 권리나

공유경제는 오히려 기존의 시장체계와 이질적이거나 심지어 충돌하는 질서를 드러낸다는 점에서 그러한데, 이런 이유로 공유경제는 기존 시장질서의 가치생산체계와는 구별되는 새로운 규정으로 접근하는 것이 더욱 유용해 보인다. 더 이상 교환가치의 등가적 이전 형태로만 이해될 수 없는 배달 · 물류 노동, 사람들의 관심과 참여에 의해 가치가 창출되는 '주목경제', 과거에는 시장의 '외부효과'(오염된 공기, 혼잡한 교통, 소란스러운 이웃, 높은 범죄율, 혐오시설 등)로 간주되었지만 오늘날의 가치체계 안에서 더욱 중요한 요소로 기능하는 측면 등이 공유경제의 중요한 구성요소로 고려되어야 할 것이다. 그런 점에서 공유경제를 "'자원+공동체+사회적 규약'의 상호작용이 일어나는 전체"로 이해하는 볼리어(2015: 40)의 규정은 그들보다 좀 더 폭넓은 시야를 제공한다.

이익이 보장되는 것도 아니다. 오히려 그들은 거대 프랜차이즈 회사 입장에서는 사업상의 위험이나 비용손실을 떠넘길 수도 있는 힘없는 '을'에 불과하며, 따라서 이들 물류 · 배달노동자는 자본(기업)가와 노동자 사이의 회색지대에 머물며 새로운 형태의 고통스러운 삶을 살아가고 있다.

2.
코로나19와 물류 · 배달노동자의 현실

코로나19는 플랫폼 배달 · 물류 노동자를 노동이 겪는 위험의 한계치로 몰고 간다. 의료진 및 해당 실무자들을 제외한다면, 각 노동자는 코로나바이러스에 감염될 확률이 가장 높은 직업군이다. 이것은 현재 코로나19 상황에서 정부와 방역 당국이 시민에게 내리는 공식적인 조치를 생각해보면 더욱 분명해진다. '증상이 나타나면 사회적 접촉을 중단하고 자가 격리하라.' '증상이 없더라도 가능한 한 사회활동을 자제하고 집 안에 머물라.' '출근 시에는 안면 마스크와 보호 장구, 장갑과 손 소독제에 이르기까지 적절한 보호 키트를 착용하라.' '항상 다른 사람들과 사회적 거리를 유지하라.'

배달 · 물류 · 운송 노동자는 다른 이들보다 그러한 정부 권고 조치를 실천하기가 훨씬 더 어렵다. 금전 문제를 고려했을 때, 자가 격리는 삶을 극단적인 빈곤으로 몰아붙일 것이고, 그렇다고 배달노동을 재택근무로 전환한다는 것은 현재로서는 실현 불가능하기 때문이다. 사회적 거리 두기 역시 마찬가지다. 그 이유는 무엇인가?

첫째, 자가 격리의 경우. 정규직 노동자, 혹은 좀 더 넓게는 비정규직이지만 적어도 노동고용 계약 안에서 권리를 인정받을 수 있는 노동자는 병가 중이거나 일시적인 노동 중단 기간 동안에도 많든 적든 일정한 봉급을 받을 수 있다. 그들은 회사의 일방적인 정리해고가 통보될 때, 최소한의 법적 보호 장치를 이용해 개인적 · 집단적으로 회사와 맞설 근거를 얻을 수 있을 것이다. 그리고 많은 나라에서 대규모 사업장들은 정부의 지원을 받아 자가 격리와 그에 따른 부수적 손실을 만회하는 재원을 국가나 지방자치단체로부터 지원받을 수도 있을 것이다. 다시 말해 기업의 입장에서 봤을 때, 소득이 꾸준히 들어올 것이라고 예상된다면 노동자의 자가 격리를 결정하거나 아니면 노동자의 입장에서 실제 삶에서 자가 격리를 실행하는 것은 상대적으로 어려운 일이 아니다. 하지만 이는 물리적 공간을 이동하면서 (사람이든 사물이든) 대면접촉을 통해서만 물류를 이동시킬 수 있는 플랫폼 배달 · 물류 · 운송 노동자에게는 해당하지 않는다.

둘째, 재택근무의 경우. 물류창고에서 일하거나 음식을 배달하는 일에 종사하고 있다면 집에서 머물며 일하는 것은 불가능하다. 물론 플랫폼을 통한 경제활동 중에는 아마존에서 운영하는 '메커니컬 터크'[3] 같은 순수한 디지털 긱 노동도 있기는 하다. 그러나 학교가 폐쇄되고 아이들을 재택 교육하게 되면 교육에 들어간 제반 비용을 노동자가 직접 감당해야 하는 상황에 직면하게 된다. 그러면 노동자가 모아놓은 소득은 빠르게 소진

3) 아마존의 메커니컬 터크(mechanical turk)는 전문인력과 지식을 공유하는 플랫폼으로, 일감을 가진 수요자와 그 일을 해내는 공급자를 연결하는 방식으로 운영된다. 컴퓨터가 인간보다 일을 잘 못 하는 부분에서 컴퓨터 대신 작업을 수행하는 사람을 일컬어 '터크'라고 부른다. 메커니컬 터크는 플랫폼 노동의 대표적인 형태로 분석되며, 여기에 대해서는 닉 서르닉(2020: 43-95)을 참고하라.

될 수 있으며, 저소득층일수록 경제적으로 받을 타격은 더욱 심각해진다. 최근 일부 연구기관들이 실시한 조사에 따르면 코로나19 시기에 소득과 재택근무 능력 사이의 상관관계가 얼마나 밀접하게 연결되어 있는지, 즉 소득이 높을수록 재택근무를 수행하는 비율이 정비례한다는 것을 잘 보여준다. 아담스-프라슬(2020: 8)에 따르면, "소득이 2만 달러 미만인 노동자는 4만 달러 이상인 노동자와 비교했을 때 집에서 일할 가능성이 절반으로 나타났다".

마지막으로 사회적 거리 두기의 경우. 각 노동자는 노동과정에서 다른 직업군보다 훨씬 더 높은 빈도로 고위험 감염접촉에 노출된다. 방문자의 집 문손잡이, 엘리베이터, 아니면 고객과의 직접적인 접촉, 잦은 대면접촉을 피할 수 없는 동료 노동자, 감염자들이 접촉했을지 모를 물류 등 감염될 수 있는 위험 요소가 노동과정의 처음부터 끝까지 상존한다. 노동자 자신이든 고객이든 미리 보호 장비를 갖추고 대면접촉을 하는 경우는 매우 드물고, 설령 노동자가 자비를 들여 보호 장비를 완벽하게 갖추고 싶어도 마스크를 제외한 나머지 장비 가격이 너무 비싸 구매하기 쉽지 않다. 또한 장비 착용은 이동성, 즉 노동생산성을 현저하게 감소시킬 수 있다. 그리고 그로 인해 떨어진 노동생산성은 그만큼 개별 노동자의 일감을 계속해서 줄어들게 할 것이다.

정리해보면, 플랫폼 노동자는 노동법상 권리가 전혀 없거나 있어도 아주 제한적인 형태로만 적용되므로 불가피하게 죽음의 딜레마에 직면하게 된다. 그들은 바이러스 감염의 증상이 나타나든 그렇지 않든 야외활동을 해야 하며, 그만큼 바이러스에 감염될 확률이 높다. 즉, 그들은 가만히 앉아서 빈곤을 견뎌야 하거나 아니면 사망률이 높은 바이러스의 위험에 지속적으로 노출되면서 상대적으로 높은 노동강도에 시달려야 한다.

어느 쪽이든 플랫폼 배달 · 물류 노동자에게 죽음의 위험은 피할 수 없다. 나아가 그들이 겪는 바이러스 감염의 위험은 절대 그들과 가족에게만 한정되지 않는다. 소비자나 고객, 동료 노동자의 건강 또한 위태롭게 만들기 때문이다. 현재는 고용을 보장할 수 있는 법적 · 제도적 장치가 부족하여 배달노동자는 코로나19에 감염될지 모른다는 의심이 들더라도 부당한 선택을 해야 하는 상황에 놓인다. 그러니 심지어 정부나 방역 당국에서 집에 머물라고 권고할 때조차 전 세계의 배달 · 물류 · 운송 노동자는 생존을 위해 출근할 수밖에 없다.

3. 호출노동으로서의 배달노동

신종바이러스 시국이 장기화되면서 방역 당국과 일부 플랫폼 기업들은 비대면 배달을 시작했으며, 노동자에게 재정적인 지원과 보호 장비 일부(대부분은 가격이 저렴한 마스크에 한정되겠지만)를 제공하기 위해 나서고 있기도 하다. 또한 한국을 포함한 상당수 나라는 기본소득[4]과 함께 자영업자들에게 재정적인 보호를 제공하기 시작했다. 이것은 배달노동자가 처한 죽음의 딜레마에 대한 일정한 치료책이긴 하지만, 장기적으로는 문제의 해법이라고 할 수 없다. 긴급재정지원은 일시적일 뿐만 아니라 지원 대상 역시

4) 코로나19 국면을 거치면서 이제 한국에서 기본소득은 낯설지 않은 개념이 되었다. 이는 통상 "모든 사람이 생활에 필요한 소득을 '무조건적으로' 받을 권리"를 말하는 것으로, 그러한 생각의 기초는 오늘날 경제적 가치가 더 이상 임금노동을 행하는 노동시간에 비례하지 않으며, 상품의 가치 역시 보편적 가치척도인 시간에 비례하지 않는다는 점이다. 이는 오늘날의 가치생산 일반이 임금노동 바깥의 사회적 활동에 크게 의존하고, 그만큼 사회구성원 모두의 비물질적 활동이 가치생산에 기여하고 있는 만큼 생산에 참여한 모든 이는 임금을 받을 권리를 갖게 된다는 것이다. 기본소득에 대해서는 필리페 판 파레이스, 『모두에게 실질적 자유를』, 조현진 옮김, 후마니타스, 2016과 야마모리 도루, 『기본소득이 알려주는 것들』, 은혜 옮김, 삼인, 2018을 참고하라.

상점을 운영하는 자영업자이지 긱 노동자는 아니기 때문이다. 지난 몇 년간 한국 사회에서 18~24세 청년의 산재 사망 원인 1위는 '배달'이며, 꼭 청년이 아니라도 배달노동자는 늘 교통사고나 과로사의 위험, 호흡기질환을 비롯한 각종 질병의 위험에 노출된다.[5] 그렇다면 이러한 긱 노동자의 생명을 위협하는 구조적 원인은 무엇인가? 배달 · 물류 노동자가 처한 현실과 그들의 노동 지위는 어떤 위상을 갖고 있는 것일까? 배달 플랫폼이 특수를 누리는 코로나19 상황에서 배달노동자는 어떠한 노동 상황에 놓여 있는 것일까?

배달 플랫폼 노동은 흔히 '호출노동'이라 불리는 온디맨드(on-demand) 방식의 노동을 말하며, 그때그때 필요한 일감을 앱에 올리고 호출하면 거기에 노동이 응하는 방식이다. 하지만 이때 호출에 응하는 노동이 모두 똑같은 방식의 노동력을 발휘하는 것(배달 속도, 배달물의 보존, 소비자를 향한 태도 등)은 아닐 것이다. 플랫폼 회사가 개입해 배달 서비스 상품의 품질을 일정하게 유지하지 않는다면, 플랫폼에 대한 신뢰도는 현저히 낮아질 것이고 시장 내 경쟁에서 밀리게 될 것이다. 그런데 바로 여기에 플랫폼 기업의 역설이 있다. 아담스-프라슬(2020: 24)에 따르면, "실제로는 전통적인 사용자처럼 종종 행동하면서도 긱 경제 사업자들은 자신들이 (상품, 서비스 등의 거래가 이루어지는) 시장이라고 주장"하기 때문이다. 즉 노동력이 일정한 형태로 유지되기 위해 지휘 · 감독 · 교육 · 감시하게 된다면 플랫폼 노동자는 개인 사업자가 아닌 고용된 노동자가 되고, 그에 따라 기존 노동법의 적용을 받아야 할 것이며, 노동자의 노동조건(예컨대 노동시간 준수, 최저임금 적용, 휴식공간 제공, 식

5) 더불어민주당 한정애 의원이 고용노동부로부터 받은 자료에 따르면, 2016~2018년 총 27명의 청년이 배달하다가 목숨을 잃었다. 27명의 사망자 중 3명은 첫 출근일에, 3명은 둘째 날에, 6명은 보름 안에 사망했다. 이에 대해서는 박정훈(2020: 227)을 보라.

사 및 식비 제공 등)을 공식적으로 승인된 기준하에서 일정하게 유지해야 한다.

하지만 여기서 주목해야 할 문제는 플랫폼 배달노동이 '긱 경제'의 '초단기 유연노동'이라는 점에 있다. 즉 플랫폼의 노동 중개 과정이 데이터, 노동, 토지 및 주택, 자동차, 서비스, 지식 등 누군가의 남아도는 자원을 시장 거래 대상이 되는 품목으로 올려놓고 이를 필요로 하는 소비자에게 기술적으로 매개해주는 형태를 띠는 만큼 플랫폼 기업은 시장수익을 최대한 증대시키기 위해 노동자와의 고정된 장기간 고용계약을 피하고자 할 것이다. 특히 배달 플랫폼의 경우는 생산자의 의지에 따라 일정한 노동을 부여해 상품을 생산하는 것이 아닌 소비자의 비정기적인 욕구에 노동이 응답하는 구조이기에 노동의 유연성을 필수적으로 유지하고자 한다. 이는 플랫폼 노동이 (추상적) 일반노동이 아닌 바로 그 순간에 (구체적인) 사적 노동이 되어야 하는 역설적 상황에 있음을 말해준다. 다시 말해 배달노동은 그 밖의 다른 모든 노동 생산자의 생활주기 및 노동 패턴과는 완전히 정반대, 즉 노동 생산자 일반의 퇴근 후 여가, 수면시간, 휴가 기간에 가장 많은 노동을 수행한다. 그러다 보니 일반적으로 점심 식사시간, 저녁 식사시간, 가장 무더운 하절기, 혹한의 추위, 평일보다는 주말, 낮보다는 밤, 평일보다는 명절 연휴 등에 노동이 집중된다. 따라서 플랫폼 회사 입장에서 배달노동자는 '직원, 사원, 소속 노동자'가 되어서는 안 된다. 그들의 노동이 휴일과 연휴에 가장 필요하며, 다른 사람들이 일하지 않고 쉬는 바로 그 순간에 가장 많은 노동이 수행되길 바라는 한에서는 말이다. 그리고 플랫폼 기업이나 배달 대행업체는 이렇게 배달·물류 노동을 독립된 자영업의 일종으로 규정하고 그런 형태로 상호 간의 계약을 맺는 것으로 배달 사고(교통사고든, 배달 내용물이 손상되든)가 발생할 때 그 책임에서 회피할 근거를 마련한다.

4.
배달노동의 불공정 계약 분석

이러한 딜레마 상황이 플랫폼 기업과 배달 대행업체에는 역으로 자신들과 관련하여 발생하는 골치 아픈 책임 문제를 해결하는 교묘한 장치가 된다. 예컨대 플랫폼 기업 '쿠팡'의 음식배달 서비스인 '쿠팡이츠'의 계약서는 한편으로는 배달노동자와 독립적인 파트너 계약을 맺으면서도 다른 한편으로는 그들의 노동에 대해 관리 · 감독 · 훈육을 강제하고 있는 모순된 상황을 문서로 적시하고 있기까지 하다. 잠시 그것을 살펴보자.[6)]

---

6) 해당 자료는 박정훈(2020: 101-107)을 참고한 것으로 2020년 9월까지의 계약 상황을 반영한 것이다. 2020년 1월 20일자로 배포된 공정거래위원회의 「통합형 배달대행 플랫폼 사업자-배달기사 계약 자율시정」은 불공정 계약에 대한 권고안을 제시하며, 계약서상의 이러한 불공정 상황이 향후 개선될 여지는 있다. 물론 이것은 아주 최근에야 제시된 것으로, 이러한 정부의 노력조차 '라이더노동조합' 활동이나 배달노동자의 커뮤니티 등에서 부단한 문제 제기로 가능했음을 이해할 필요가 있다. 그리고 이는 오늘날의 전 지구 경제에서도 사실이다. 이광석(2020: 88-91)은 독일과 프랑스에서 라이더유니언조합이 노동권을 방어하는 차원에서 "시위나 파업 투표, 안건의 표결, 긴급 메시지 전달 등을 위해 그들 자신의 플랫폼 앱을 구축"하는 방향으로 나아갔음을 밝힌 바 있다.

"제4조 회사 및 배송사업자 간 관계 1항. 회사와 배송사업자 또는 일체의 제3의 제공자 사이에는 (i) 자회사 또는 계열사 (ii) 파트너십, 고용 또는 대리인 관계가 존재하지 않음을 확인합니다."[7)]

배달노동자를 '배송사업자'로 규정하면서 "고용 또는 대리인 관계"가 존재하지 않는다고 말하는데, 이는 배달노동자를 자회사의 직원이나 고용인으로 보지 않는다는 점을 밝힌 것이다. 즉 배달노동자는 플랫폼 자본에게는 노동자가 아니라 개인사업자, 자영업자, 독립적인 사업 단위다. 그리고 그런 조건에 기초해 다음과 같은 조항이 성립한다.

"제2조 본 약관의 효력 및 변경 3항. 회사는 본 약관을 개정하는 경우에는 개정된 약관과 사유를 적용 일자 7일 전까지 배송사업자에게 전화, 문자 메시지, 이메일, 앱 푸시 등의 방법으로 고지하며, 배송사업자가 그 기간 안에 이의를 제기하지 않거나, 본 약관에 의한 배송 사업을 수행하는 경우 본 약관의 개정안에 동의한 것으로 봅니다."

"제3조 본 약관의 기간 및 해지 2항. 회사는 언제든지 어떠한 사유로든 배송 사업자에게 통지함으로써 본 약관을 해지하거나 배송프로그램(앱) 등 서비스를 중단할 수 있습니다."[8)]

---

7) 박정훈(2020: 101) 재인용.

8) 공정거래위원회의 권고 및 조정 조치에 따라 쿠팡의 계약서는 이러한 악성 조항이 일부 변경되기는 했다. "3조 3항: 배송파트너는 언제든지 어떠한 사유로든 유선, 서면, 배송프로그램(앱) 등으로 해지의사를 회사에 통지함으로써 본 약관을 해지할 수 있습니다." 하지만 그 내용을 확인해보면, 계약해지를 통지할 수 있는 수단(유선, 서면, 배송프로그램)을 명시했으며 그래서 해고의 객관적 증거를 남기고 그에 따른 법적 대응을 강구할 수단이 생겼다는 (배달노동자 입장에서의) 이점이 생겼지만, 그렇다고 이것이 배달회사가 '임의적인 이유로' 해고를 통보할 권리가

"제13조 계약의 해지 1항. 일방 당사자는 상대방 당사자가 본 계약에서 정한 사항을 위반한 경우 상당한 기간을 정하여 그에 대한 시정을 상대방 당사자에게 요구할 수 있고, 그럼에도 불구하고 상대방 당사자가 정당한 사유없이 이를 시정하지 않을 경우에는 상대방 당사자에 대한 서명 또는 구두 통지로써 본 계약을 즉시 해지할 수 있습니다. 해지 2항. 배송사업자의 귀책 사유로 인하여 물품이 훼손 · 분실 · 도난된 경우 또는 배송사업자가 물품을 절취하는 등 회사에 대한 위법 행위가 발생한 경우 배송사업자는 해당 물품에 대한 손해배상액은 판매가(쿠팡이츠 판매자의 판매가격)로 합니다."[9)]

독립된 배송업자(배달노동자)와의 계약은 상호협의와 동의로 이루어진 것이 아니다. 플랫폼 회사는 일방적으로 계약조건을 변경하거나 계약 자체를 해지할 권리를 가진다. 배달노동자는 계약서에 사인하고 배달을 시작할 수 있지만, 바로 그때부터 노예계약과 다를 바 없는 일방적인 명령을 이행하는 일에 동의한 것으로 간주된다. 배달노동자 박정훈(2020)에 따르면, 이는 "자유로운 개인 간의 거래처럼 보이지만 사실상 계약서에 사인

약화되거나 사라진 것은 아니다. 「배달서비스 플랫폼-종사자 계약개선안」, 2020년 12월 29일.

9) 이는 박정훈(2020: 101-102)을 재인용한 것이며, 최근의 변경된 계약 내용은 다음과 같다. "13조 3항: 배송사업자의 귀책사유로 회사의 고객의 개인정보 등이 분실, 도난, 유출, 위 · 변조되는 등의 사고가 발생하고 그로 인하여 개인 정보주체를 비롯한 제3자와 회사 사이에 민 · 형사 또는 행정상 분쟁이 발생한 경우, 배송사업자는 이를 자신의 책임과 비용으로 해결하고, 회사를 면책시켜야 합니다. 다만 관련 법률에 따라 회사가 책임을 부담하여야 하는 경우 또는 회사의 고의 · 과실이 입증된 경우에는 회사가 책임을 분담합니다." 「배달서비스 플랫폼-종사자 계약개선안」, 2020년 12월 29일. 물론 이러한 규약이 없을 때보다는 배달노동자가 회사에 대한 손실대응의 수단이 생겼다는 의의는 있을 수 있다. 하지만 이렇게 변경된 계약 내용에도 문제는 있다. 가령 "법률에 따라 회사가 책임을 부담하여야 하는 경우"에서 배달회사의 책임 '분담'은 '법적 판결' 이후에나 성립될 것이며, 법정 소송이 진행되는 시간 동안 배달노동자가 떠안아야 할 심리적 · 금전적 부담감은 여전히 남아 있기 때문이다.

하지 않으면 앱에 등록할 수 없고, 일을 시작할 수 없다"라는 점에서 이미 '계약하는 순간부터 불공정 계약'이다. 그러고는 계약서에 따라 플랫폼 회사가 자의대로 근무조건이나 기타 제반 계약사항을 변경하더라도 항의조차 할 수 없도록 명시되어 있다. 이 계약에는 배달 수수료, 근무조건, 배달사고, 해고 등 모든 사항이 포함되어 있으니 이제 개별 노동자의 선택지는 둘 중 하나만 남는다. '무조건 회사가 계약조건을 변경하는 대로 순응할 것. 그게 아니라면 앱 접속의 중단, 즉 일방적인 해고를 받아들일 것.' 어느 쪽이든 노동자로서의 권리나 인간적 존엄성의 보장이 이뤄졌다고는 말하기 어렵다.

5.
기계가 가하는 명령

그런데 문제는 여기에서 그치지 않는다. 회사와 개인의 계약(이것은 비록 자발적 노예의 길을 강제하는 것이지만, 그럼에도 서로를 상대방으로 인정할 수 있는 인간-인간의 계약이다)에 더 놀라운 것이 숨어 있기 때문이다.

1) 별점평가

"제8조 배송사업자에 대한 평가 1항. 물품 수령인은 쿠팡이츠 사이트 등에 배송사업자의 배송서비스를 평가할 수 있습니다. 2항. 배송사업장 대한 배송서비스 평가 결과가 회사가 정한 기준에 미달하는 경우, 회사는 배송사업자의 회사 배송 프로그램(앱)의 접속

권한을 상실 · 제한할 수 있습니다."[10)]

노동자를 규율하고 평가할 수 있는 감독자나 관리자의 권한이 '손님', '고객'에게 주어진다. 고객이 별점평가를 통해 노동자를 해고할 근거를 제공해주는 것이다. 물론 몇 점까지, 어느 정도의 배달 평점이 일거리 지속과 해고를 결정하는지 공개되어 있지는 않으며, 그 권한은 전적으로 배달회사에 부과되어 있다. 그만큼 배달노동자에게 평점(여기에는 고객의 평가를 포함해 배달요청 수락률, 수락 이후의 배달 완료율, 음식점 도착시간, 고객에게 도착시간 등도 포함된다)은 노동하는 동안 모든 곳에서 그를 압박하는 동인이 되며, 날씨나 도로 사정 등 여러 가지 변수는 대체로 크게 고려되지 않는다. 또한 고객에 대한 '친절'이 노동 안에 포함되어 있음에도 그에 대한 노동 성과를 임금으로 반영받기보다는 당연한 요소로 첨가되어 있고, 그에 부응하지 않을 경우 곧바로 해고(계약해지)로 이어질 수 있다. 결국 1분 1초를 절약하라는 명령을 무차별적인 대중 및 고객에게 하달받으면서 코드화된 명령이 담긴 스마트폰을 지켜보며 스스로 친절을 체화한 존재로 채찍질해야 한다.[11)]

---

10) 변경된 조항은 다음과 같다. "8조 1항: 회사와 물품 수령인은 소비자보호 및 서비스 품질향상 등의 목적으로 배달파트너의 배달서비스를 배달 평점, 수락률, 배달완료율, 피크참여현황 등의 기준으로 평가할 수 있고, 평가기준은 정책을 통해 변경될 수 있습니다", "8조 2항: 배송파트너에 대한 배송서비스 평가결과가 회사가 정한 기준에 미달하는 경우, 회사는 배송파트너에 대한 위수탁 업무 범위를 조정하거나 배송파트너의 회사 배송프로그램(앱)의 접속권한을 상실 · 제한할 수 있습니다", "8조 3항: 회사가 배송파트너의 회사배송프로그램(앱)의 접속권한을 상실 · 제한할 경우 회사는 배송파트너에게 유선, 서면, 문자메시지, 배송프로그램(앱) 등으로 그 사유를 안내합니다." 변경된 조항은 배달서비스에 대한 평가를 좀 더 명시적으로 밝혔고(1항), 배달서비스 평가에 미달될 경우 "업무범위를 조정"할 수 있다는 조항이 추가되었으며(2항), 앱에의 접속권한을 상실할 때 회사가 통보를 해줄 수 있다는 점(3항)이 추가되었다.

11) 이는 단지 배달노동에만 적용되는 특수한 노동규율 수단이 아니다. 대학 강사, 교사 혹은 학원 강사, 각종 서비스업, 공무원, 교통업에 종사하는 노동자(버스, 택시, 지하철, 대형 크루즈, 항공사), 청소 노동자, 경비 노동자, 텔레마케터 등 오늘날 대부분 노동자에게 가해지는 노동규율

2) 위치추적

> *"제9조 위치정보 제공 동의 1항. 배송사업자는 배송업무를 수행하는 동안에 배송사업자의 위치정보가 회사에 제공되는 것에 동의합니다. 2항. 배송사업자는 자신의 위치정보가 물품 수령인에게 실시간으로 표시되는 것에 동의합니다."*

라이더는 처음 주문이 접수된 후부터 음식점을 거쳐 고객에게 도착하는 모든 경로에서 자신의 위치와 이동과정을 노출해야 한다. 화장실을 가거나 지인이나 연인을 만나거나 음료수를 구매하러 가는 등의 행동이 원천 차단된 것은 아니지만, 배달노동자의 일거수일투족이 공개되고 기록되는 만큼 필요한 경우 회사와 고객에게 그 모든 일을 해명해야 하는 상황이 연출된다. 찰리 채플린은 노동자의 담배 피우는 시간, 밥 먹는 시간마저 아까워한 자본가의 욕망을 '공장 내 감시카메라'와 '식사 기계'로 우화화해 그려낸 바 있는데, 이제 그것이 실시간 위치추적을 보여주는 디지털 기계와 스마트폰으로 현실화되었다! 아니 그보다 더 뛰어난 기계가 있다. 가장 빠르고 흔들림 없는 이동기계, 그것은 바로 오토바이든 전동 자전거이든 그 위에 올라타 지도 속의 깜빡거리는 하나의 점이 된 배달노동자 자신이다. 시간 낭비는 있을 수 없고, 앱에 로그인한 이후부터는 음주와 흡연은 물론 갈증도, 배설도, 배고픔도, 주변 풍경에 잠깐 한눈파는 낭

수단이다. 그리고 거의 모든 곳에서 이러한 '평판 체계'는 세부항목이나 평가반영 비율 등이 투명하게 공개되어 있지 않다. 이것은 무엇을 말하는 것일까? '평판 체계'를 통한 노동의 규율부과에 대한 대응은 개별적인 사업장이나 특정 업종에 한정될 수 없는 오늘날의 보편적 노동 상황을 반영한다.

만적 동작조차 모두 기록으로 남으며, 그런 유혹·본능을 가장 잘 참아내는 순서대로 내일의 일자리가 보장될 것이다. 디지털 기계장치가 배달노동자의 노동 일상을 금욕주의로 이끌어가도록 명령하는 것이며, 자연스럽게 노동자의 일터 바깥의 삶 전체를 그런 방식으로 원격조종한다.

3) 사고 당사자의 책임

> *"제14조 면책 2항. 배송사업자가 배송업무를 수행하는 과정에서 교통사고가 발생하는 경우 배송사업자의 책임과 비용으로 해결하여야 하며, 회사는 이에 대한 어떠한 책임도 부담하지 않습니다."*[12)]

회사가 배달노동자를 독립된 배송업자로 설정하고 계약할 때 그러한 계약이 생긴 이유가 가장 선명하게 드러나는 조항이다. 여기에는 연민이나 동료 의식이 끼어들 틈이 없다. "당신의 노동은 나에게 이윤을 가져다주지만, 노동과정에서 발생한 손실은 나의 책임이 아니라 바로 당신의 것이다. 당신은 사장이다. 당신의 투자손실은 당신이 메워야 한다." 그런

---

12) 개선된 계약서 내용은 다음과 같다. "16조(면책) 2항: 배송사업자가 배송업무를 수행하는 과정에서 교통사고가 발생하는 경우 배송사업자의 책임과 비용으로 해결하여야 하며, 회사는 이에 대한 어떠한 책임도 부담하지 않습니다. 다만, 관련 법률에 따라 회사가 책임을 부담하여야 하는 경우 또는 회사의 공의·과실이 입증된 경우에는 회사가 책임을 분담합니다." 기존의 계약 내용보다 법률에 의거해 "회사의 공·과실이 입증된 경우" 노동자의 부담이 줄어들 여지가 마련되었다는 점은 긍정적인 측면이 있지만, 앞선 조항들처럼 법적 판단에 맡겨진 기간 동안 노동자가 져야 할 심리적 부담, 회사와 노동자가 법적 판단에 따라 다툼의 여지가 발생할 때 소송비를 비롯한 각종 금전적 부담, 사고 발생 시 일을 중단해야 하는 노동자의 생계 부담 등이 계약서상으로 해소될 수 있는 것은 아니다.

점에서 오늘날 플랫폼 회사는 과거 산업자본이 짊어졌던 지진, 해일, 화재, 사고, 분쟁, 폭염, 폭설 등 모든 자연적 · 인위적 사건 · 사고에서 발생하는 모든 손실에서 해방되었다. 오늘날의 플랫폼 자본은 산업자본이 노동자의 재생산을 위해 사회를 디자인하고자 한 경영자, 지배자로서의 지위를 스스로 내려놓았다. 노동자는 자본의 이윤을 위해 이제 저주받은 이름인 '노동자'라는 이름조차 스스로 사용할 수 없게 되었다. 경영주의 권리도 노동자의 권리도 모두 상실한, 이상한 '사장님' 자리에 오르게 된 그는 과거 정규직 산업노동자의 노동시간보다 더 많이 일하면서도 그들보다 (평균적으로) 더 적은 돈을 받는다. 노동과정에서 발생할 수 있는 무수한 형태의 교통사고나 배달사고는 그를 끊임없이 노동계약 바깥으로 밀어낼 것이며, 나아가 그렇게 발생한 사고의 모든 손실은 자기 수입에서 차감된다. 비록 최근 노동자에게 악성으로 기능했던 노동계약이 일부 개선되어 회사와 일정한 법적 다툼을 벌일 여지가 생기고 그래서 노동자가 회사에 대항할 수 있는 일부 조건이 마련되긴 했지만, 그것이 산업노동자가 노동현장에서 당한 사고와 재해에 대한 보상 수준을 유지할 것이라고 기대할 수는 없다. 이 역시 그가 노동자도 사장도 아닌 모호한 지위에서 비롯되는 문제로 여겨진다.

6.
자동화된 명령시스템

일부를 제외한 거의 모든 배달 플랫폼 회사는 이러한 '별점평가, 위치추적, 사고 당사자의 책임'을 계약서상에 명시하고 있다. 이 모든 것은 배달노동자가 자기-규율하면서 스스로 생산력을 높이는 활동을 원격적으로 강제하는 기제가 된다. 계약은 플랫폼 회사와 맺는 것이지만 계약의 세부 사항은 '자동화된 메커니즘'에 따른 것으로, 이 세 경우 모두 계약의 한쪽 당사자인 플랫폼 기업이나 배달 대행업체는 알고리즘으로 작동하는 기계장치 뒤로 물러나 있다. 여기에는 구글이나 네이버 지도 같은 디지털 지도, 개인이 자기 사고에 스스로 책임지도록 만든 업무 위탁 계약서와 보안확약서 그리고 보험계약서 등의 문서가 있으며, 이것들은 최소한의 인력과 재원만으로도 배달노동을 24시간 관리 · 감시하면서도 손해는 감수하지 않는 방식으로 플랫폼을 운영하게 만들어주는 노동 지배장치가 된다. 산업자본이 노동자를 규율 및 감독하는 데 들인 노력과 정성은 이제 소모적인 낭비로 인식된다. 모두의 손에 쥐어진 스마트폰 속 앱이 손쉽게 소비자를 연결해줄(혹은 이전에는 존재하지 않았던 새로운 소비자와 시장을 형성해줄) 뿐만 아니라 일거리에 목말라 있는 배달 대행업체나 배달노동자와도 곧바로 연결해주기 때문이다.

심지어 플랫폼 앱을 만드는 일조차 메커니컬 터크 같은 또 다른 플랫폼을 활용해 외주를 주면 간단히 처리되며, 배달 플랫폼이 활성화될수록 축적되는 데이터를 이용해 인력과 재원의 낭비 없이 가장 효과적인 방식으로 시장을 만들어내면 된다. 플랫폼 자본 입장에서 배달노동자에게 부과하는 훈육은 골치 아프고 돈이 많이 드는 일로 여겨질 뿐이다. 신규채용을 위해 면접하고, 채용한 노동자에게 관심을 쏟고 일을 가르치고, 기업의 가치를 숙지하게 하고, 노동자 간의 협력에 적응시키는 등 오랜 기다림을 통해 한 명의 숙련된 노동자를 만들어내는 일은 서서히 사라져간다. 이제 배달사고를 일으키거나 아니면 게으르다고 간주되거나, 혹은 고객의 마음을 조금이라도 불편하게 하는 라이더들과는 빠르게 계약을 해지하고 단시간에 몰려드는 새로운 계약자들을 이 자동화된 시스템으로 안내한 뒤 나머지 일은 고객과 기계에 맡기면 된다. 모든 것이 이렇게 디지털화된다. 그리고 그러한 디지털 세상 속에서 노동시간의 자연적 한계라는 장벽도 무너진다. 박정훈(2002: 23)에 따르면 "디지털 세계에는 퇴근이 없다. 서버는 잠을 자지 않는다." 그렇다면 디지털 세계는 어떻게 구축된 것일까? 어떠한 수고나 적대적 갈등도 사라진 듯 보이는 자본의 천국이 탄생하게 된 것일까? 플랫폼과 디지털 세계는 어떤 특징을 가지는 것일까? 배달노동이 안고 있는 죽음의 딜레마를 이해하려면 바로 그러한 플랫폼의 탄생 과정과 전개 양상을 확인할 필요가 있다.

7.
플랫폼 자본주의

오늘날 우리는 인지 · 정보 · 비물질 · 지식경제 시대에 살고 있다. 이는 이전의 산업자본, 즉 노동자가 공장에서 육체노동을 통해 생산하고 그렇게 생산된 상품의 잉여가치가 자본 증식의 주요한 원천이 되는 경제와 대조된다. 이제는 노동자의 육체노동보다 사회화된 노동력의 집단적인 협력과 공유지식이 가치의 원천으로 바뀌었으며, 기존의 물질적 상품생산 측면에서 보아도 공장에서 생산된 상품에는 이전보다 훨씬 더 많은 지식과 정보가 포함되는 것을 의미한다. 이는 농업에서 산업으로 생산의 헤게모니가 바뀔 때, 농업이 산업화된 것과 마찬가지로 이제는 산업이 인지적이면서 정동적 · 협력적 노동에 의해 주도되는 것을 의미한다. 이와 동시에 지배계급의 변화도 있는데, 이항우(2017: 56-57)에 따르면, 이제는 "생산수단이 아니라 정보에 대한 독점권을 소유한 계급이 경제를 지배한다." 그 결과 오늘날 자본의 이윤 창출은 데이터를 원료로 추출하는 것에 기반하며, 누가 더 많은 정보와 데이터를 소유하고 그것을 활용하느냐가 이윤

증식의 원천이 된다. 그리고 수집된 데이터는 사람들의 욕망과 관심을 감지하고, 많은 사람에게 주목되는 정보, 관심사, 소비패턴, 생활반경 등을 기록해 그것을 일정한 알고리즘에 따라 분석하는 거대한 인프라 구조에 의존한다. 닉 서르닉(2020: 46)에 따르면, "데이터는 추출해야 하는 원료이며, 이용자의 활동은 그 활동의 천연자원으로 여겨져야 한다." 이렇게 데이터는 알고리즘을 개선하게 해줌으로써 하나의 플랫폼 회사가 다른 플랫폼들과의 경쟁에서 비교우위를 가져오게 만들며, 앞서 살펴보았듯이 노동자는 맨 처음 계약단계에서부터 감시와 통제가 전제되는 체제로 포섭된다. 플랫폼은 유연성이 떨어지거나 이윤 창출의 장애가 되는 모든 일을 외주화하며, 그렇게 생산 및 유통과정을 최적화 · 유연화하고자 한다. 데이터는 과거에는 저조한 수익에 머물러 있던 상품을 높은 이익을 유발하는 서비스로 전환하게 하고, 축적된 데이터에 대한 분석은 분석된 내용만으로도 이미 그 자체로 하나의 정보상품이 되며, 또한 그것은 이후 다른 데이터 생산을 촉발하는 계기가 된다. 이렇게 데이터는 무한히 복제되는 상품 연쇄의 기초단위가 된다.

전통적인 산업 생산모델은 이와 같은 데이터 추출 및 사용에는 유용할 수 없다. 비록 최근에 린 생산[13] 및 전 지구적 물류망의 등장으로 산업생산이 이전과는 비교되지 않을 정도로 엄청난 개선을 이뤄냈다고는 해도 여전히 소비자에 관한 정보나 시장에서의 동향이 기록된 정보를 아주

13) 린 생산(lean production)에서 lean이 '기름기 없는', '군살을 뺀'이라는 의미가 있듯이 생산의 효율화를 극대화하는 것으로, 이는 포스트포드주의 생산에서 '테일러주의'가 차지한 위상과 유사하다. 보통 린 생산은 ① JITC(just in time production), 즉 고객 맞춤형 주문생산 혹은 무재고생산, ② 지능성 자동화를 통한 불량품 사전 차단, ③ 가치흐름에서 낭비를 배제하는 다양한 기법, ④ 작업장 부하의 균등화, ⑤ 한 작업자에게 다기능 공정에 참여할 것을 요구하는 일 등을 특징으로 한다.

제한된 형태로만 보존하는 방식에 의존한다. 반면, 플랫폼 생산모델은 단기간 내에 순식간에 쌓이는 막대한 양의 데이터를 독점하고 추출 및 분석, 활용하는 효과적인 데이터처리 방식으로 발전했다. 이런 점에서 플랫폼은 서르닉(2020: 49)이 규정했듯이, "복수의 집단이 교류하는 디지털 인프라 구조"로 정의할 수 있다. 즉 플랫폼은 생산자와 소비자, 광고주, 서비스 공급자, 유통업자, 직접적인 상품판매자에 이르는 서로 다른 복수의 이용자를 서로 만날 수 있도록 조력하는 중간 매개자의 위치를 차지하며, 디지털 도구를 통해 그들 스스로 제품과 서비스 그리고 관련 시장이라는 포괄적인 인프라 구조를 구축하게 한다.

그래서 오늘날 플랫폼은 닉 서르닉(2020: 50-54)이 밝힌 바 있듯이 대체로 다음 네 가지 특징을 지닌다. 첫째, '플랫폼은 시장 자체를 제작자의 의도에 맞춰 선제적으로 구축하지 않는다.' 이제 소비시장의 개척은 기업가 정신 시대에서나 통하는 낡은 모험으로 간주될 뿐이다. 플랫폼 자본은 이전부터 존재해온 다양한 소비 집단 사이에서 그들을 서로 매개해주는 방식으로 인프라 구조를 제공할 뿐이다. 이것이 이전의 산업자본 모델보다 더욱 효과적인 이유는 플랫폼이 '이용자 사이에 위치하고', 따라서 '이용자의 활동이 일어나는 기초를 점유'함으로써 플랫폼 이용자의 활동(그들의 개별적 특성)에 접근하는 특권을 갖는다는 데 있다. 즉 이용자의 활동과 욕구에 따라 발생하는 데이터에 의존함으로써 시장실패의 부담이 줄어들며, 노동자가 생산 활동을 벌이던 자리에는 소비자와 서비스 이용자의 부불노동이 채워진다.

둘째, '디지털 플랫폼은 네트워크 효과를 생산하고 그것에 의존한다.' 플랫폼에서는 이용자가 늘어날수록 그 뒤 추가로 접속하는 다른 이용자에게 더 많은 정보와 실용적 가치를 제공할 수 있게 된다. 이렇게 앞선 이용자가 다음 이용자를 점점 더 불러 모으는 순환 효과에 더해 더 많은 활동, 더 많은 데이터를 확보하고자 하는 플랫폼의 영구적 시스템이 안착하게 된다. 바로 이런 이유로 플랫폼의 성장에는 자연적 한계가 없으며, 무한한 영구 확장이 가능해진다.

셋째, '플랫폼 회사는 주로 교차보조 전략을 사용한다.' 즉 한쪽에서는 서비스나 상품을 저렴하게 판매(경우에 따라서는 심지어 무료 제공)하고, 다른 한쪽에서는 가격을 올려 손해를 만회한다. 그리고 바로 이 점이 산업생산 모델의 최근 형태인 포스트포드주의의 린 생산과 플랫폼 경제가 다른 점이다. 린 모델은 수익이 창출되지 않으면 사업 비중을 줄이거나 과감히 정리하는 데 비해 플랫폼은 수익이 없는 경우에도 이용자를 끌어들이는 전략을 도입하기 때문이다.

넷째, '플랫폼은 최대한 다양한 이용자가 매력을 느끼게끔 설계된다.' 대체로 플랫폼은 낯선 타자들이 접속하는 텅 빈 장소로 자신을 표방하지만, 사실상 그 안에는 무수한 형태의 권력관계가 내재해 있다. 이는 플랫폼 소유자가 시장 안에서 이루어지는 상호작용 방식뿐만 아니라 상품 서비스 형태를 개발 및 평가하는 규칙도 결정하는 데서 드러난다. 예컨대 우버는 콜 수를 예측해 실제 수요보다 가격을 끌어올리고 유령택시를 만들어 플랫폼에 공급되는 물량이 많다는 가짜 인상을 심어주는데, 이것이 가능했던 것은 그들이 매개자라는 위치를 점하면서 많은 데이터를 독점하고 그에 따라 게임 규칙을 스스로 제어할 수 있기 때문이다. 물론 이 과정에서 소수자의 입장이나 강한 정치적 입장을 드러내는 일은 가능한 한 배제되며, 그것은 우리 사회의 일반적 규범성을 반영하고 또한 그 규범을 고착시키는 기능을 한다.

이처럼 플랫폼은 여러 행위자가 교류하는 디지털 공간을 제공하고,

이를 통해 자연조건(날씨, 경작 주기, 각종 재난 등)이나 생산과정(일괄배치 생산, 연속흐름 생산, 토요타식 생산 등)에 크게 구애받지 않으면서도 다른 기업이나 이용자의 데이터(웹 트래킹,[14] 사용 이력, 동료집단)를 추출하는 강력한 위치를 점유한다. 요컨대 네그리 · 하트(2020: 295)가 말했듯, 오늘날 플랫폼은 '데이터 채굴'의 핵심 장치가 되었다. 데이터 채굴 방법을 중심으로 플랫폼의 세부적인 유형을 다섯 가지로 범주화할 수 있는데, 배달 앱과 플랫폼 자본을 이해하기 위해서라도 플랫폼 자본주의에 대한 닉 서르닉(2020: 56-91)의 세부 분석을 면밀히 검토할 필요가 있다. 배달 플랫폼은 아래의 다섯 가지 유형 중에 '클라우드 플랫폼'과 '린 플랫폼' 형태를 띠면서 '광고 플랫폼'과는 일정 부분 연동되어 있다.

---

14) 웹 트래킹(web tracking)은 웹사이트 운영자가 인터넷에서 특정 사용자의 활동에 대한 정보를 수집, 저장 및 공유하는 방법이다. 예컨대 광고회사가 사용자에 대한 정보를 적극적으로 수집하고 광고를 개인화하는 데 사용하기 위해 사용자의 웹사이트 방문, 영상 시청, 소셜 네트워크에서의 상호작용 및 온라인 거래 등을 추적해 데이터를 확보하는 것을 말한다. 넷플릭스 같은 웹사이트가 사용자가 시청하는 프로그램에 대한 정보를 수집하여 사용자가 원하는 프로그램을 더 많이 제안하는 것도 마찬가지다.

8. 플랫폼의 다섯 가지 세부 유형

1) 광고 플랫폼

플랫폼의 새로운 사업방식은 처음에는 광고 플랫폼으로 등장했으며, 이는 1990~2000년대 초반까지 전 세계적 닷컴 경제의 풍부한 신용공급에서 비롯된 것이다. '닷컴 경제'는 1970년대 후반부터 선진국의 제조업 산업이 일본과 동남아시아 등 제조업 분야가 저렴한 노동력에 기초해 가격경쟁력의 우위를 바탕으로 경쟁에서 우위에 선 이후, 그에 대한 대책으로 1980년대 동안 달러 금리 인하 기조를 유지했을 때 등장했다. 저금리 기조는 혁신적인 기술을 새로운 유통시장 구조로 확장하려 한 신생 닷컴 기업들의 호황을 이끌었다. 그리고 2000년대 들어 이러한 호황 거품이 꺼지면서 두 가지 효과가 나타났다. 한편으로 수많은 경쟁자가 파산하고 살아남은 회사가 기술 산업의 여러 분야를 지배하기 시작했고, 그로 인해 초기 기술 호황의 독점화 경향이 더욱 강화되었다. 다른 한편으로 닷컴 붕괴의 여파로 벤처자본과 주식투자에 투여되는 자본금이 부족해지자 인터넷 기반 회사는 새로운 수익 압력에 직면했으며, 닷컴 회사가 처음 주목받기 위해 광고에 자금을 쏟아부었던 경험이 활용되어 광고와 이용자 유치를 목표로 한 모델로 향했다. 예컨대 구글이 닷컴 붕괴에 직면했을 때, 그들이 이용자를 떠나게 만드는 유료 서비스로 전환한다는 것은 아주 위험한 선택이었다. 그래서 구글은 자동화된 경매 시스템을 도입해 검색 데이터, 쿠키, 기타 정보를 활용해 온라인 표적 광고를 팔기 시작했다. 그리고 현재에 이르러 구글이나 페이스북의 사용자는 데이터와 콘텐츠를 생산하고, 기업은 그렇게 산출된 정보를 끌어와 광고주와 다른 기업에 팔아치우는 방식으로 이용자의 노동을 공짜로 이용할 수 있었다.[15] 광고 플랫폼 회사는 현재까지도 높은 수익을 거둬들이는데, 이들은 자신의 수입을 저축(기업의 높은 사내 유보금)이나 대대적인 인수합병, 혹은 벤처투자로 돌렸다. 결국 광고 플랫폼 회사들은 최근의 기술 호황에 결정적 조건을 제공하며, 이런 모델이 오늘날 여러 형태의 플랫폼으로 복제되고 있다.

---

15) 닉 서르닉(2020: 59)은 이러한 이용자의 활동을 전통적인 의미에서의 '노동' — 이른바 비물질 노동 — 으로 이해하는 것은 문제가 있다고 보았다. 오늘날은 사회적 필요노동시간, 말하자면 '생산과정에 압력을 가하는 암묵적 기준'이 고려되지 않는다. 그만큼 플랫폼 기업은 이러한 활동을 의도적으로 촉진하지 않을 뿐만 아니라 나아가 그만큼 실제로 노동 가치를 생산하는 다른 산업에 이들 기업이 기생해야 하는 상황을 이해할 필요가 있다는 것이다. 나는 산업자본 당시의 전통적 노동 개념이 더 이상 통용되기 어렵다는 데서 착안한 이러한 입장이 '노동'의 개념이 플랫폼 자본 시대에 새롭게 재규정될 가능성을 미리부터 차단하는 문제가 있으며, 그만큼 노동을 둘러싼 여러 문제를 풀어내는 데도 한계가 있다고 생각한다.

2) 클라우드[16] 플랫폼

2016년 아마존은 데이터센터, 자동화된 물류창고, 대규모 컴퓨터 장비 등에 막대한 자금을 투여했고, 그에 기초해 저렴한 형태의 배송을 최초로 시도할 수 있었으며, 시장의 독점을 가져올 수 있었다. 그 과정에서 아마존프라임의 배송서비스는 주문이 들어올 때마다 손해를 감수했고, 인터넷 서적을 읽어내는 전자책 단말기는 원가 수준으로 판매되었다. 이와 같은 저렴하고 신속한 배송은 소비자를 끌어들이는 수단이었는데, 일단 다수의 소비자가 플랫폼에 몰려들면 그때부터는 몰려든 소비자 풀을 활용해 다른 부문에서 수익을 내는 전략이다. 가령 아마존은 다른 회사들이 구축된 인프라를 필요로 한다는 것을 파악해 자사의 웹서비스를 공개하고 클라우드 컴퓨터 서비스("서버, 스토리지, 컴퓨터 연산에 필요한 주문형 서비스" 제공, "소프트웨어 개발자 도구, 운영체제, 완성된 애플리케이션"[17] 등)를 빌려주는데, 그 결과 임차 회사는 하드웨어를 비롯한 소프트웨어 개발도구, 애플리케이션 개발 등에 들어가는 시간을 절약함과 동시에 그에 들어가는 비용을 획기적으로 절감할 수 있게 된다. 이러한 비용 절감은 기존 기업들의 정보기술 부서를 외주화하는 것으로, 그 결과 지식노동자는 일터에서 쫓겨나고 관련 업무는 자동화된다. 이렇게 클라우드 플랫폼은 광고주의 데이터 구매에 의존하는 대신에 디지털 경제의 기초인 인프라 구조를 구축해 자신이 필요한 데이터를 수집하는 동시에 다른 회사에 자산을 빌려주는 방식으로 높은 수익을 올리게 되었다.

---

16) 클라우드(cloud)는 인터넷이 연결된 중앙 컴퓨터에 데이터를 저장해 인터넷에 접속하면 '마치 구름이 언제 어디에서든 보이듯이' 데이터를 자유롭게 이용할 수 있는 시스템을 말한다.

17) 닉 서르닉(2020: 67).

3) 산업 플랫폼

산업 플랫폼은 전통적인 제조업 기업에서 도입한 것으로, 이른바 '산업의 사물인터넷', 즉 "센서와 컴퓨터 칩을 생산과정에 집어넣고 물류 이송과정에 추적 장치를 장착해" 인터넷과 연결하는 형태를 띤다. 그리고 그 과정에서 쌓이는 데이터는 생산과정의 다른 부문들과 자동으로 공유된다. 이렇게 산업 플랫폼은 생산과정에서 발생할 수 있는 마모와 파괴 지점을 예측해 관련 설비의 유지비용을 절감하고, 적절한 작업계획을 세우게 함으로써 낭비되는 시간을 없애며, 불량률을 낮춘다. 산업 플랫폼은 "센서와 작동장치, 공장과 공급업자, 생산자와 소비자, 소프트웨어와 하드웨어 사이에 연결을 확보하는 기초 뼈대"로 기능하며, "산업 인터넷을 움직이는 하드웨어와 소프트웨어를 구축해 터빈, 유전, 엔진, 작업현장, 운송 트럭, 각종 애플리케이션 사이"를 이어주는 매개 장치로 작동한다.[18] 결국 이러한 형태의 네트워크 구축은 제조업 기업에는 기존에 그들이 누리던 독점적 지위를 확보해주고 더 많은 이용자를 유치하는 기제로 이용된다.

4) 제품 플랫폼

가령 오늘날 음악 사업은 CD를 구매하지 않는 소비자를 플랫폼으로 끌어들여 청취자로 확보하고, 광고주나 레코드 회사를 끌어들이고 있다.

---

18) 닉 서르닉(2020: 69-71) 참고.

여기에는 구독자 모델이 활용되는데, 이런 구독자 모델은 오늘날 주택, 자동차, 칫솔, 면도기뿐 아니라 개인용 비행기 같은 제품 판매를 위한 플랫폼 형태로 변해간다. 나아가 제품 플랫폼에는 '주문형 플랫폼'도 있는데, 예컨대 항공기의 제트엔진 같은 내구재 상품이 그렇다. 롤스로이스나 GE는 엔진을 개발하고 판매하는 방식의 전통적 모델에서 오늘날은 엔진을 리스해주고 그 유지보수비로 이익을 보장하는 방식으로 나아갔다. 엔진의 유지보수에 들어가는 비용이 워낙 높게 책정되다 보니, 제품을 직접 판매하던 기존 방식보다 전체 수익에서는 훨씬 더 높은 수익을 벌어들이게 한다. 즉, 플랫폼을 통해 이제 고가의 제품들은 직접 판매에서 리스 형태를 띠는 서비스로 전환되고 있다.

5) 린 플랫폼

우버나 에어비앤비 같은 회사는 이용자, 소비자, 노동자의 만남을 주선하는데, 이는 전통적인 의미의 '투자 자산'이 전혀 없는 회사로 여겨져 '가상 플랫폼'으로 불리기도 한다. 이들 플랫폼 회사는 자신들이 스스로 만들어낸 상품이나 소유 건물, 토지 등을 전혀 보유하지 않는 상태에서 오로지 소프트웨어와 데이터 분석만으로 기업을 운영한다. 그런 점에서 린 플랫폼은 초외주화 모델의 형태를 띠며, 그럼에도 이것은 계약된 사람들의 노동을 감시 및 통제하는 특정한 테크놀로지를 가지고 있다. 이른바 '평판 체계'가 그것이다. 게다가 평판 체계는 "젠더화되고 인종차별적이며 사회적 편견에 취약"[19] 한 만큼 노동자는 처절한 생존경쟁에 내몰리는 것에 더해 자신에게 부과되는 권력 위계도 견뎌내야 한다. 이런 맥락에서 자영업은 사업자가 자유롭게 선택한 업종이 아닌 생계로 인해 강제로 내몰린 결과로 이해되어야 한다. 이는 린 플랫폼 노동자의 통계적 특성을 살펴보면 더욱 분명하다. 태스크래빗[20] 노동자 가운데 "70%가 대학을 졸업했으며, 심지어 그중 5%는 박사학위를 갖고 있다." 린 플랫폼이 여타 플랫폼과 다른 것은 그것이 기존 경향을 새로운 영역으로 넓혔다는 데 있다. 이제 외주화는 제조업, 행정기관, 병원을 넘어서 택시, 미용, 패션, 청소, 배관, 운전, 콘텐츠 정리 등 화이트칼라의 작업으로까지 확대된다. 교정교열, 프로그램 생성, 관리 업무 등. 또한 이들 회사는 재무제표에서 비용을 떼어내 노동자에게 전가한다. 예컨대 "투자비(에어비앤비의 숙박시설, 우버와 리프트의 자동차), 유지보수비, 보험료, 감가상각비" 등이 그렇다. 하지만 최근에는 이런 린 플랫폼 회사들 역시 수익성에서 고전을 면치 못하며 외부자금에 크게 의존하고 있다. 정리해보면, 린 플랫폼은 "저금리 상황이 유발한 거대한 잉여자본"의 결과로 생겨나 계속해서 착취에 쉽게 노출되는 노동자 집단을 만들어낸다. "탈세, 막대한 기업저축, 완화된 통화정책이 결합해 천문학적 금액"이 융통될 수 있었고, 이에 기초한 플랫폼 기업들은 더 높은 수익을 만드는 과정에서 기존의 노동 상황을 더욱 악화시키는 방식으로 기능한다. 이러한 점에서 린 플랫폼 경제는 "자본주의를 재건하는 선구자가 아니라 초저금리와 극단적 유동성이 촉발한 잉여자본의 배출

19) 닉 서르닉(2020: 80-81).

20) 태스크래빗(TaskRabbit)은 심부름 같은 것을 대행해주는 회사로, 단기 알바 형식의 서비스를 연결하는 온라인 장터다. 높은 수수료가 부과되며 개인을 단위로 외주화가 이뤄진다.

구"로 간주되어야 한다.[21] 그리고 그만큼 플랫폼 자본주의에 대한 장밋빛 전망은 기대하는 것처럼 소유의 종말에 접어들기는커녕 그와 정반대로 소수 플랫폼으로의 '자본 독점 및 집중'이 더욱 가속화될 것이다.

21) 닉 서르닉(2020: 81-94).

9.
플랫폼의 내적 특징

플랫폼은 복수의 사람들이 만들어내는 네트워크 효과를 결합하면서 강화하는 독특한 힘을 갖는다. 예를 들어 우버는 운전자의 증가로 네트워크 효과를 얻기도 하지만, 고객인 승객이 늘어나도 똑같은 효과를 얻는다. 또한 선도적 플랫폼은 다양한 기법에 의해 자신이 누리는 네트워크로의 수렴 및 확장이라는 지위를 유지하려 한다. 결국 이런 식으로 우리 삶의 더 많은 영역에 접근할수록 플랫폼의 예측력은 더 좋아지고 그만큼 더 많은 접속, 더 많은 데이터가 플랫폼에 집중될 것이다. 이전의 산업자본주의에서는 자본의 집중이 더 많은 독점수단만이 아니라 더 많은 경쟁수단도 만들어냈다. 법인 형태가 출현하고, 거대 금융기관이 부상하며, 국가의 통화정책이 발전한다. 그리고 이 모두는 산업의 새로운 노선을 열어젖혀 기존의 독점 구조를 무너뜨리는 계기가 되기도 한다. 그리고 가격에서 시작해 그 밖의 다른 영역(서비스가 무료로 제공되는 식으로)에서 치열한 경쟁이 벌어진다. 하지만 제조업과 달리 플랫폼에서는 가격과 비용의 최대 차이가 경쟁력을 좌우하지 않으며 데이터 수집과 분석이 경쟁력을 결정하고 우열에 영향을 미친다.

서르닉(2020: 102-116)에 따르면 플랫폼 자본의 내적 특성으로는 다음 네 가지가 있다. 첫째, '추출의 확대'. 광고 플랫폼에서 확인되듯이 플랫폼의 확장은 이용자를 확보하는 데 머물지 않고 이용자로부터 다양한 형태의 데이터를 추출하려는 동기도 작동한다. 그리고 그렇게 확보된 데이터는 광고회사, 제조업, 오락 산업, 건강보조식품, 의료분야 등 삶의 여러 영역에 걸친 자본의 관심사를 모으는 저수지가 된다. 둘째, '경계관리의 지배'. 플랫폼은 특정 영역에서 시작해 주변으로 생태계를 확장하면서 새롭게 형성되는 정보에 대해 주도적 지위를 유지하려 한다. 이런 전략은 전통적 방식의 합병이 아니며 수평적 통합이나 다각적 통합도 아니다. 생태계 전략은 그물망적 확산 형태를 띠는데, 독립되어 있던 각각의 영역을 잠식해 들어간다. 셋째, '시장의 수렴'. 플랫폼이 발달할수록 데이터 추출의 확대와 함께 전략적 위치의 점유가 중요하기 때문에 같은 영역에 수많은 회사가 경향적으로 몰려들 것이다. 예컨대 알리바바와 애플은 디디추싱[22]의 주요 투자자로 나서는데, 아이폰이 택시 서비스의 주요 인터페이스라는 점을 고려하면 애플의 협력관계는 지극히 전략적이다. 닉 서르닉(2020: 112)에 따르면, "2015년 전 지구의 인수합병은 금융위기 이전보다 40% 이상 늘어났고, 선도적인 플랫폼은 경쟁자를 물리치려고 전방위에 걸쳐 자원을 확보했다. 결국 영역을 가로질러 경쟁이 벌어지고 최종적인 수렴현상이 일어났다." 넷째, '생태계 폐쇄'. 플랫폼은 경쟁 우위가 충분하지 않

22) 우리나라의 카카오택시처럼 모바일 앱을 통해 승객의 위치에서 가장 가까이에 있는 택시를 배차해주는 중국의 차량공유 서비스로, 2015년 2월 텐센트가 투자한 디디다처와 알리바바그룹이 투자한 콰이디다처가 합병해 탄생한 플랫폼이다.

을 때는 이용자와 데이터를 그물 안에 가두는 방식으로 잡아두려고 한다. 서비스 의존도를 강화하거나 다른 서비스의 사용을 막아버리거나 데이터 이전을 어렵게 만드는 방식으로 말이다. 애플이나 페이스북, 우버 등은 이런 가두리 양식의 전형적인 사례일 것이다. 결국 주요 플랫폼 네트워크 효과 덕분에 거대한 규모로 성장하지만, 이런 경향은 시장의 압력이 작용함에 따라 서로 형태가 닮아가는 수렴 경향으로 이어진다. 또한 경쟁자를 물리치기 위한 수단으로 폐쇄 전략이 출현한다.

앞서 린 플랫폼에서 살펴보았듯이, 플랫폼 자본은 잉여 금융자본의 열광적 투자에 의존해 성장해왔다. 나아가 신생 플랫폼 회사가 자금을 끌어올 때 금융을 생산으로 변형시키기보다는 오히려 그 역할을 고착시킬 뿐이다. 또한 최근 스타트업회사들은 수익률이 처음보다 급격히 떨어져 금융회사로부터 끊임없이 수익 압력에 시달리게 되었다. 결국 수익이 낮은 회사는 사업에서 철수하거나 비용을 줄이고 가격을 올리는 방식의 선택을 강요받게 된다. 그 결과 몇 년 안에 많은 서비스가 사라질 가능성이 크고 일부 서비스는 고가의 유료시장으로 옮겨갈 것이다. 또한 광고가 감소하면 플랫폼에서는 장단기 벤처(드론, 가상현실, 무인자동차 등)에 들어가는 사치성 투자가 줄어들고, 그 대신 핵심 역량으로 사업이 재편될 것이다. 결국 벤처와 관련된 교차보조(한쪽으로는 무료서비스를 제공하면서, 다른 쪽으로는 예컨대 광고나 프리미엄 이용료를 올리는 것과 같이 가격을 상승하는 방식)는 다른 거대 플랫폼과 경쟁하는 과정에서 결국 사라질 것이다. 즉 이윤 창출이라는 자본주의 명령 아래 플랫폼은 경제 전체의 몫에서 잉여를 가로채는 새로운 수단을 만들어내거나, 교차보조를 널리 쓰는 기존의 모델에서 훨씬 더 전통적인 사업 모델로 방향을 바꾸어야 할 것이다.

지금까지 살펴보았듯이, 플랫폼은 경제 영역 전체로 점차 확산되어 엄청난 경쟁을 불러올 것이며, 그 결과 경쟁에서 탈락한 일부 플랫폼은 폐쇄될 것이다. 광고 플랫폼은 직접적인 수익 사업으로 변해갈 것이고, 린 플랫폼은 각각의 개별 서비스 이용료를 계속해서 올릴 수밖에 없을 것이며, 클라우드 플랫폼은 수집한 데이터를 더욱 폐쇄적인 형태로 유지하려 할 것이다. 이 모든 것이 말해주는 것은 결국 플랫폼 자본주의는 이윤 창출이라는 자본의 내재적 경향에 따라 현재 실행되는 무료서비스 제공을 점점 더 줄여나가고, 그 대신 네트워크에 모인 정보를 이용해 이익을 증대시키는 방향으로 나아갈 것이다. 물론 그 과정에서 기존 플랫폼 이용자의 항의에 직면하거나 경우에 따라서는 해커들과도 대결을 벌여야 할지 모른다. 이 과정에서 무료서비스 전략은 종말을 고하며, 이에 기반한 개방적인 공적 네트워크 공간이라는 플랫폼의 외양도 대부분 자취를 감출 것이라는 점을 예상해볼 수 있다. 그리고 그만큼 현재 자본주의 사회 구조가 가진 근본적인 소득 불평등은 플랫폼 자본주의에서도 반복되어 '접속의 불평등'과 '정보의 불균형'을 더욱 심화시켜나갈 것이다. 나아가 이런 형태의 플랫폼이 현재의 경제적 생산방식을 헤게모니적으로 지배하게 되면서 다른 형태 자본의 상당 부분을 플랫폼으로 끌어들여 흡수하게 될 것이다. 그렇다면 이런 플랫폼 자본주의 상황에서 배달노동의 대안은 무엇인가? 플랫폼 경제 안에서 배달 · 유통노동이 느끼는 고통을 어떻게 해소할 수 있는가?

10.
고정자본의 재전유

마르크스(2000: 388)가 『정치경제학 비판 요강』에서 [기계의 발전에 따른] "노동시간의 절약은 자유시간의 증대"를 가져오고, "직접적 생산과정의 관점에서 볼 때 이 발전은 고정자본의 생산으로 간주될 수 있는데, 이 고정자본은 인간 자신이다"라고 말했을 때, 그는 현재 우리가 사는 플랫폼 자본주의 시대로의 발전을 어느 정도 예측하는 데 성공한 것일지 모른다. 고정자본은 과거 노동이 생산한 결과물이자, 타인의 노동이 자본에 의해 전유된 형태(마르크스의 표현에 따르면 '죽은 노동')다. 또한 여기에 더해 기존에 사회적으로 축적된 과학적 지식, 그리고 마르크스가 '사회적 두뇌'나 '일반지성'이라고 불렀던 집단지성의 생산성이 자본의 통제 아래에서 기계 안으로 통합되고 자본은 이 모든 사회적 산물을 공짜로 전유한다. 오늘날 이런 마르크스의 생각을 통해 읽어야 하는 것은 이처럼 기계를 통한 노동의 전유가 지속되었을 때, 한편으로는 노동의 고통도 증가하지만 다른 한편으로는 노동의 창조적 활동력이나 집단적 · 사회적 생산력도 그만큼 증가해

자본과 노동 사이에서 발생하는 착취관계를 뒤집을 조건이 형성된다는 것이다. "노동은 … 유희가 될 수 없고", 또한 많은 노동력이 일자리에서 퇴출되지만, 바로 그러한 이유로 늘어난 "여가이자 더 고차원적인 활동을 위한 자유시간은 그 보유자를 당연히 다른 주체로 전환시키고, 그러면 그는 이러한 다른 주체로서 직접적인 생산과정에도 투입된다."[23)]

마르크스가 보기에 고정자본으로서의 기계가 생산과정 안으로 더 많이 진입할수록 노동과 그들의 집단적 활동은 늘어난 여가만큼 더욱 사회화되고, 그만큼 자본의 명령 바깥에서 점점 더 자본과는 독립적인 가치생산 활동으로 작동할 수 있게 된다. 말하자면 한편으로는 과거 노동자의 물질적 생산 활동과 과학적 지성 능력이 고정자본(기계이자 죽은 노동) 안으로 스며들어 응축되지만, 다른 한편으로는 그와 정반대되는 흐름으로서 인간의 삶의 활동(산 노동)이 거꾸로 고정자본을 자신 안으로, 사회적 삶으로 다시 끌어올 수도 있다. 마르크스가 "고정자본이 인간 자신"이라고 한 의미는 바로 이러한 두 가지 점에 기인한 것이다.

하지만 이처럼 노동력이 고정자본을 재전유하는 것이 그저 쉬운 길일 수는 없을 것이다. 여전히 자본주의 내에서 기계는 산 노동에게는 신체적 · 정신적 고통을 주는 대상물이며, 따라서 노동은 아주 긴 세월 동안 기계의 명령 아래로 노동을 밀어넣는 과정이 어떻게 중단될 수 있을지에 대해 오랫동안 고투해왔다. 오늘날 노동이 점점 더 협동적이고, 또 그만큼 비물질적 · 정동적이게 됨에 따라, 그리고 노동자가 기계를 다루면서 과거보다 생산활동에서 점점 더 많은 책임을 지고 협동 속에서 서로에 대해 더 많은 책임을 져야 함에 따라 기계로 인한 고통이 증가하는 것은 피할

---

23) 마르크스(2000: 388).

수 없게 되었다. 왜냐하면 기계는 생산의 필수요소가 되었고, 그것이 노동자의 자리를 채우게 된 만큼 직접적 생산자 중 소수만이 일자리에 남게 되며, 이는 역설적으로 기계 도입 이전보다 임금노동자가 더 많은 노동시간을 견뎌야 한다는 것을 의미하기 때문이다. 또한 고용되지 않는 이들은 굶거나 빚의 부담을 짊어지면서 저임금 반복노동에 시달려야 한다는 것을 말해준다. 따라서 기계의 명령[24)]하에서 인간은 자신의 존엄을 쉽사리 상실하고, 그들이 지닌 전문 능력, 자기 일에 부여되는 책임, 무수한 사회관계 등이 노동자를 소진과 탈진에 빠져들게 한다.[25)]

더욱이 비물질노동이 헤게모니적인 오늘날과 같은 상황에서 디지털 알고리즘과 정동적 사회관계가 중심적으로 작동하는 만큼 노동의 고통은 더욱 증가하게 되었다. 그런 점에서 노동과 연관된 병리 현상이 점점 더 사회적이고 정신적인 형태를 띠는 일이 증가하게 된다. 비포(2012: 138)에 따르면, "사이버공간의 무한한 확장 속도, 유기체의 생존에 사활적인 것으로 간주되는 신호들에 대한 무한한 노출 속도는 호흡 및 심장박동 같은 모든 사활적인 기능의 위험한 가속화에서 정점에 이르는, 즉 결국 실신하게 되는 지각적 · 인지적 · 정신적 스트레스를 유발한다." 이런 상황에서 노동자의 육체적 · 정신적 건강은 더 이상 정상적이고 안정된 삶의 조건이 아니라 어쩌다 겨우 만족할 수 있는 우연한 상태가 된다. 오늘날 많은 현대인이 헬스나 요가, 다이어트 프로그램 등과 같은 건강관리산업에 여

24) 물론 이러한 기계의 명령 뒤에는 항상 자본과 그로부터 비롯되는 경쟁 시스템이 자리하고 있다. 오늘날의 배달노동은 자신이 지닌 스마트폰과 이동수단을 통해 원격명령을 받고 있으며, 그것은 과거 그 어느 시대의 노동보다 더 많은 감시와 명령이 가해지고 있음을 알게 해준다.

25) 이에 대해 지난 몇 년간 많은 비판이 있었다. 그중에서도 특히 한병철, 『피로사회』, 김태환 옮김, 문학과지성사, 2012와 조너선 크레리, 『24/7: 잠의 종말』, 김성호 옮김, 문학동네, 2014를 참고하라.

가의 많은 부분(돈과 시간)을 쓰고 있다는 것은 역설적으로 그들의 실제 건강이 얼마나 불안정한 상태인지를 반영하는 것이리라. 무수한 사회관계가 강제적으로 이뤄지는 이면에 나타나는 우울증, 불안장애, 불면증, 공황상태, 주의력결핍은 개인의 질병이거나 선천성 질환이 아닌 배달노동을 포함해 오늘날 모든 노동이 겪는 보편적 증상이다. 인간은 고정자본을 전유할수록 자신들이 더 강력해진다는 것을 알지만, 바로 이러한 이유로 인해 고정자본과의 접속은 늘 고통을 야기한다.

배달노동에서는 누가 사장이고 누가 노동자인지 구별하기 어렵다. 오늘날의 플랫폼 자본주의에서 사장은 가치가 산출되는 사회화된 생산과 노동력 재생산 영역과는 점점 더 멀리 떨어진 채로, 즉 추상의 형태로 존재하게 된다. 반면 자본가는 주택, 토지, 부채, 파생상품, 주식시장 같은 금융 기술을 통해 가치를 추출하는 방식으로 자신의 기능을 수행한다. 한국사회에서 자본가의 이상적 이미지가 '금욕적으로 일에 몰두하는 사업가'에서 '가만히 있어도 천문학적 돈이 쌓이는 불로소득자'로 변모한 것은 바로 이러한 자본의 추상과 추출 메커니즘에서 비롯된 것일지 모른다. 비생산적인 자본의 모습과 달리 노동의 모습은 디지털과 접속된 노동자의 생산능력이 점점 더 심화되는 상호소통적 관계로 인해 비약적으로 증가했다. 노동이 소통적 · 협동적이게 된 만큼 자본으로부터 추상되어 더 높은 자율성을 획득한다. 특히 기계와 맺는 관계는 노동자에게 생산이 일어나는 영역에 대해 더 높은 실행력, 책임성, 결정권한 등을 갖게 만들면서 또한 그만큼 이전과는 비교할 수 없을 정도로 스스로를 조직하고 배치할 능력을 요구했다. 오해하지 말아야 할 것은 기계와 마주함으로써 생산과정이나 생산 조직에서 노동자의 권한과 책임이 늘어났다는 것이 자본으로부터 독립되었다는 것을 말하는 게 아니다. 노동은 여전히 가치추출 시스템에 그대로 노출되어 자신의 최종 결과물을 자본에 추출당하며, 자신이 벌어들인 수익의 상당 부분을 화폐 형태로 양도하고 있기 때문이다.

생산성 증가는 사회적 협동이 확대되어 노동의 자율성이 증가하는 것에서뿐만 아니라 생산구조 속에서 사회적 · 인지적 노동력이 더 중요해지는 것에서도 알 수 있다. 협동의 확대는 노동자 간의 물리적 접촉이 증가한 데서 기인하기도 하지만, 그보다는 '대중지성'의 형성에서 비롯된 것이다. 대중지성은 언어적 · 문화적 능숙함, 정동 능력, 디지털 설비에 의해 활성화된다. 이로부터 사회적 · 인지적 노동력의 중요성이라는 요소가 뒤따라 오는데, 이를 통해 노동능력 및 노동의 창조성이 생산성을 증가시킨다. 빠올로 비르노(2004)는 바로 이 점에 착안해 사회적 노동의 수행적 성격, 즉 물질적 결과가 없는 생산 형태를 강조하면서, 이를 '탁월한 기예'라 부른 바 있다. 물론 편의점, 음식점, 약국, 도로 등을 오가며 고통스러운 배달 속도 경쟁에 내몰리는 플랫폼 노동자를 떠올리면 이는 과장처럼 들릴 수도 있다. 이런 생각은 오늘날 노동의 경향을 나타내는 것, 즉 사회 전체에 퍼져 있으며, 심지어 최저임금에도 미치지 못하는 수입으로 기계의 명령에 응답하는 이들이 띠는 경향성으로 이해되어야 한다. 예를 들어 자본-노동 관계의 역사에서 지식의 역할이 어떻게 변했는지를 생각해보라. 산업자본주의 하에서 노동자는 생산에 요구되는 지식이나 지성 능력을 지니지 못한 것으로 여겨진 대신 지식은 관리직이나 간부급 이상에게 집중되었다. 하지만 오늘날의 플랫폼 자본주의에서는 지식이 생산과정과 유통과정에서 점점 더 집단적이고 협력적 형태를 띤다. 비록 플랫폼 자본에서는 이것이 자기 자신의 혁신적 아이디어의 산물처럼 여겨지고 있긴 하지만 말이다.

11.
플랫폼과 오늘날 노동의 형상

오늘날 노동의 형상은 알고리즘의 기능에 가려져 있다. 우리는 오늘날 자본의 힘이 미치는 효율성에 관한, 그리고 그와 함께 알고리즘의 세계가 보여주는 자동화에 대한 찬미를 종종 듣곤 한다. 그러나 네그리 · 하트(2020: 221)가 마르크스를 참고해 말했듯이 알고리즘이란 "사회적 · 협동적 지성에서 나온 기계"이자 "일반지성의 생산물인 고정자본"에 다름 아니다. 비록 생산활동의 가치가 플랫폼 자본에 의해 추출되지만, 그 바탕에는 배달노동자, 고객, 텔레마케터, 물류노동자, 배송물품 생산자, 음식생산자 등 살아있는 무수한 움직임이 있다. 이러한 살아있는 활동들이 없다면 알고리즘은 애초에 구성될 수 없다. 그러나 알고리즘이 살아있는 노동의 산물이라고 해서 마르크스가 말한 산 노동으로만 환원되어 이해될 수는 없다. 알고리즘은 그와는 별도의 몇 가지 새로운 특징을 갖고 있기 때문이다.

음식배달 플랫폼들을 생각해보자. 음식배달업종의 순위는 접속자 수나 주문량에 의해 결정되며, 높은 순위에 있는 음식점은 그곳이 인기 있는 가게임을 의미한다. (물론 맨 상단에 걸리는 업체가 항상 최고의 음식을 만들어내는 곳은 아니며, 또한 상단에 걸리기 위한 개별 가게들의 지출이 만만치 않은 것도 사실이다.) 그런 점에서 배달 플랫폼은 배달을 주문하는 이용자가 드러낸 판단 및 관심, 가격, 친절도 등의 데이터를 모으고 병합하는 메커니즘으로 기능한다. 이 점에서 각각의 댓글과 별점 산정은 배달노동자의 '정동 활동'과 이용자의 '지적 활동' 결과다. 네그리 · 하트(2020)에 따르면, 이러한 알고리즘이 이전의 기계와 한 가지 다른 점은 "산업적인 기계가 과거의 지성을 비교적 고정되고 물질화된 형태로 구현하는 반면, 플랫폼의 알고리즘은 계속적으로 과거의 결과에 사람들의 사회적 활동 및 관심 표현을 더하여 개방 및 확대되는 동학을 창출한다는 것"이다. 알고리즘 기계가 그 자체로 자동적인 지능 기계처럼 작동하는 듯 보이지만, 이는 인간의 활동과 지성이 알고리즘 기계를 끊임없이 변경할 수 있다는 점에서 사실이 아니다. 또 다른 특징은 그러한 알고리즘에 의해 확립된 가치 추출과정이 노동과 삶의 경계를 흐리는 방식으로 인해 점점 더 개방적이고 사회적이 된다는 점에 있다. 가령 네이버나 유튜브 사용자는 정보 취득과 흥미, 주목, 즐거움 등에 이끌리지만, 심지어 인식조차 하지 못하는 사이에 그들이 지닌 지성, 욕망, 인간관계가 포획되는 형태로 일정한 가치를 창출한다. 마지막으로 마르크스가 연구한 (산업)자본 생산과정과 플랫폼 자본 가치생산 간의 또 다른 차이는 오늘날 협동이 더 이상 자본가나 경영자에 의해 부과되지 않고 플랫폼 이용자와 생산자, 매개자 등이 맺는 관계에서 생성된다는 사실이다. 오늘날의 생산자는 고정자본을 전유하는 것에 대해, 그리고 자율적인 사회적 통제 아래에서 인공지능의 기계 시스템을 노동자의 삶으로 통합하는 것에 대해 생각하기 시작했다. 이러한 통합과정은 그 모든 연결과 접속에서 협동적인 사회적 생산 및 재생산의 자기가치화 경향을 띠는 알고리즘의 자동화 과정과 일치한다.

여기에 추가해야 할 것은 네그리 · 하트(2020: 220)가 말했듯이 "디지털 도구들이 자본주의적 가치화를 위해 복무하고, 사회적 두뇌가 노동에 이용되고 복종하는 주체성을 생산하도록 요구받을 때조차 고정자본은 노동자의 신체와 정신에 통합되어 그들의 제2 자연이 된다"라는 점이다. 그런 점에서 데이터 집적으로서의 알고리즘을 둘러싼 갈등은 우리 시대의 계급관계를 상징하는 것일지 모른다. 즉 플랫폼 자본이 사람들이 생산한 데이터를 축적과 추출의 원천으로 바라보고 따라서 그것을 공개하지 않고 비밀스럽게 코드화하고 싶어 하는 반면, 노동은 그런 데이터를 모두에게 공개할 것을 요구하면서 알고리즘의 데이터 수집과정을 분석하려 할 때 그 대결은 가시화된다. 그런 점에서 네그리 · 하트(2020: 222)는 오늘날 노동자가 "노동하는 동안 고정자본을 전유하여 그것을 다른 노동자와의 사회적 · 협동적 · 삶-정치적 관계에서 발전"시킬 수 있다고 말한다.

권력 및 계급관계가 이런 형태를 띤다면, 오늘날의 플랫폼 자본은 노동과정과 사회관계의 장과 더욱 거리를 둘 때만, 즉 추상화될 때만 자신의 통제력을 확보할 수 있다. 오늘날의 플랫폼 자본은 사회관계와 그들의 협력을 추출해서 가치를 포획하는데, 이런 유형의 노동 조직화 및 가치화에서는 "주체성 생산이 하는 역할"이 점점 더 커지고 복잡해진다. 네그리 · 하트(2020: 223)에 따르면, "주체성 생산이란 한편으로는 주체화, 즉 사회적 협동의 자율적 회로들을 통한 생산을 의미하며, 다른 한편으로는 예속화, 즉 표현적이고 협동하는 특이성들을 명령받는 주체로 환원시키려는 자본 측의 계속적인 시도"를 의미한다. 마르크스(2004: 961)가 말한 바 있듯이, 이러한 인간 생산의 방식 그리고 생산자들이 서로에 대해 맺는 관계는 일정한 정치적 함의를 가진다. "생산조건의 소유자들이 직접적 생산자들과 맺는 직접적인 관계 — 항상 해당 노동 유형 및 방식의 일정한 수준의 발전에 자연적으로 상응하고, 따라서 그 사회적 생산력에 상응하는 특정한 형식을 띠는 그러한 관계 — 안에서 우리는 사회라는 구조물 전체의 가장 내적인 비밀, 숨겨진 토대를 발견한다." 즉 사회적 가치를 만들어내는 존재는 생산자 자신이라는 것, 자본가와 사장은 그러한 가치에 기생할 뿐만 아니라 오히려 그러한 생산성이 충분히 발현되지 못하게 만드는 장애물에 불과하다는 것이다.

오늘날 주체성을 생산하는 다양한 과정이 혼합되는데, 이는 탈산업주의 상황에서 살아있는 노동력의 다양한 인간 형상을 만들어낼 뿐만 아니라 그들이 머무는 지형이 어떻게 중심적인 투쟁 장소가 되는지를 드러낸다. 그런 점에서 플랫폼의 재전유, 즉 생산자들이 만들어낸 물리 기계, 인공지능 시스템, 사회적 · 협동적 관계, 과학지식 및 아이디어 등에 대한 통제권을 되찾는 일은 플랫폼 자본주의 노동자에게는 다른 그 어떤 것보다 우선적인 대안이 된다. 플랫폼의 재전유는 여러 형태로 플랫폼에 접속하는 이들의 주체성 생산과 그들이 맺는 사회관계를 더 강력하게 자본으로부터 자율적으로 만들어줄 것이며, 그 안에서 이뤄지는 기계와 결합한 활동들은 더 많은 공유재를 개방시키고 창출하는 활동이 될 것이다. 그리고 바로 이 점이야말로 진정한 의미의 '공유경제'를 출발시킬 플랫폼일 것이다.

02

로지스틱스 문제:

생산과 유통의 통합과 그에 따른 사회의 보안화

이승준

1.
디지털 경제의 우울한 노동

플랫폼 자본주의에서 노동의 일반적 상황은 '메신저와 SNS의 감옥'으로 나타난다. 'SNS 감옥'은 스마트폰으로 언제 어디서나 실시간 연락이 가능해지면서 사무실이나 공장, 창고, 공공기관, 학교 같은 고정된 일터를 벗어나도 업무에서 자유롭지 못한 현대인의 감옥 같은 상황을 빗댄 것이다. 오늘날 노동에서 비롯되는 고통은 감옥에 빗댈 정도로 작업장에서의 업무가 일상생활을 빈번하게 침투하는 데서 비롯되며, 또한 수행해내야 할 일이 시간에 구애받지 않고 퇴근시간, 휴식시간 등에도 고스란히 적용되어 자동명령 형태로 작동하는 일이 과거 어느 시대보다 높은 데서 비롯된다. 이는 오늘날 자본의 착취가 공간적으로는 특정한 작업장이나 일터에 한정되지 않고 가정, 놀이터, 식당, 거리, 여가와 유흥의 장소 등 사회 전체로, 시간적으로는 노동시간과 여가, 이동시간, 재생산시간이 엄격하게 구별되지 않고 무차별적으로 노동이 삶-시간 전체로 확장되었음을 말해준다. 디지털 모바일 시대의 노동은 그렇게 수행되는 노동이 어떤 형태(고용된 형태와 비고용된 형태, 정규직 혹은 비정규직, 생산노동 혹은 유통노동, 육체노동 혹은 인지노동)이든 모두 노동자의 일상을 자본이 내린 명령에 집중하게 하고 그것을 벗어난 삶을 불가능하게 만드는 노동감옥과 업무지옥 풍경을 만들어낸다.[1)]

플랫폼 자본주의에서 발전하는 신기술이 겉보기에는 개별 노동자의 업무 처리시간을 획기적으로 단축하는 것처럼 보일지라도 실상은 새로운 종류의 업무가 계속해서 이전 작업량에 추가되어 늘어나고, 업무 처리 속도에 대한 요구수준도 과거 어느 때보다 높아져 다시 새로운 업무의 기준으로 설정되면서 노동자는 이전보다 훨씬 더 많은 업무를 더 신속하고 정확하게, 그리고 또한 안전하고 친절하게 처리해야 하는 상황에 놓인다. 케인스주의 시대의 '테일러주의'가 오늘날 더 높은 강도로 재개된 것이다. 예컨대 금융업에 종사하는 노동자라면 단순한 마우스 조작이나 키보드로 숫자를 입력하는 일에 불과하지만, 관련된 업무 비중은 커서 아주 사소하고 작은 실수에도 개별 노동자가 감당하기 어려운 정도의 비용손실을 유발한다는 것(신입사원의 경우가 특히 그렇겠지만, 이건 훨씬 더 오랜 기간 동일한 업무를 수행해온 베테랑 직원도 피하기가 쉽지 않다)을 잘 알고 있을 것이다. 이것은 비단 금융업에만 해당하는 일은 아닐 것이다. 여러 가지 형태의 플랫폼을 운영하는 데 참여하는 지식 · 관리노동자, 광고 문구를 만들어내는 카피라이터, 홈쇼핑 판매자, 유튜브 크리에이터 등 오늘날 인지적 · 비물질적 · 정동적 생산자들은 아주 사소한 자막 오류나 배경화면 설정, 일상의 사소한 말실수,

---

1) 2015년 취업 포털 사이트 '사람인'의 조사에서 직장인의 69%가 업무시간 외에 메신저로 업무 연락을 받았다. 그 가운데 88%는 즉시 업무 처리를 해야 했고, 심지어 60%는 회사로 복귀했다. 2015년 한국노동연구원이 내놓은 「스마트기기의 사용이 근로자의 일과 삶에 미치는 영향」에 따르면 그 비율이 70.3%로 더 높았다. 이에 대해서는 강현철(2013: 85); 이경희 · 김기선(2015: 15); 김영선(2017: 80-81)을 보라.

습관적인 몸짓 같은 찰나의 시간 동안 지나가 버리는 자신의 업무 안에서 일어나는 사건으로 인해 감당하기 어려운 결과를 초래한다. 이는 오늘날 디지털화되고 자동화되는 생산 과정에서 하나의 단위로 일하는 모든 노동자가 겪는 일반적 상황이기도 하다.

또한 업무 처리의 전 과정이 24시간 실시간으로 감시되고 기록(영상이든 문자나 통화든)으로 남게 된다는 점에서 더 강한 압박에 시달려야 하는 상황도 새롭게 추가된 마음의 부담이자 스트레스다. 위치기반 기록시스템으로 인해 이동속도와 소요시간이 자동으로 데이터화되고, 그것을 입증할 무수한 영상물과 음성기록이 산재해 있다는 사실은 이제 모두의 상식이 되었다. 상 · 하차할 물량 및 그것의 시간과 장소, 이동 경로와 이동시간, 휴식시간과 빈도, 오류 횟수와 비율, 심지어 담당자 프로필에 이르기까지 업무 처리와 연관된 모든 과정이 분초 단위로 데이터화된다는 점은 감시와 통제의 일상화 · 고도화와도 연결된다. 이러한 데이터 처리기술의 자본주의적 사용은 이전 산업자본주의의 상징과도 같은 특성들, 즉 낡고 구식인 업무 관행, 억압적인 조직문화, 시간을 자율적으로 사용하는 데 대한 낮은 권리, 제도와 법률에 팽배한 불신, 사업장에 대한 유명무실한 규제, 안전 문제에 특히 허술한 관리감독, 그리고 신자유주의적 문화의 상징들인 낮은 노동조합 조직률, 노동자 측의 약한 교섭력, 일상화된 구조조정, 폭력적인 실적압박 등으로 상징되는 한국적 노동환경에서 더욱 기승을 부린다. 비대면 업무를 수행하는 노동자는 이미 현재 같은 코로나19 상황 이전에도 자신들이 수행하는 일의 어려움과 노동의 불안정성을 토로하곤 했다. "100% 재택근무라 사실상의 모든 소통이 모바일로 처리된다. … 회사전용 아이폰 앱으로 「데일리 리포팅」이라는 전자보고서를 낸다. 일종의 근무일지 형식이다(토요타의 주별 개선 보고서 같은 것은 아니다). 그런데 이런 전자 보고(콜 보고, 정산 등)가 필요업무임에도 업무시간 외에 올리라는 팀장이나 회사의 암묵적인 지시가 있기는 있다. … 앱을 통해 개인별 · 팀별 실적이 수치별로 다 뜨고, 1등부터 줄 세우기가 가능하다. … 정규직이라 해도 고정급이 20% 정도이고 나머지 80%는 매출실적에 따른다."(김영선, 2016: 173-174)

2.
그림자 노동의 병리학

이처럼 오늘날의 노동은 디지털 전자기기와 소셜미디어를 통해 원격적인 업무지시를 받으면서 일하고, 여러 형태로 전송될 명령을 '항시 대기 모드'로 기다리는 긴장 상태로 일상을 보낸다. 일터와 일상의 경계가 허물어지면서 '보이지 않는', 그래서 그동안 숨겨져 있던 노동시간이 점점 더 기하급수적으로 증가하고 있다. 일하는 시간은 배변시간, 식사시간, 여가를 가리지 않고 침투해 삶의 모든 시간을 지배하게 되었다. 그럼 점에서 이반 일리치가 말한 '그림자 노동'은 이제 임금노동의 뒷면에서 부불노동을 하는 가사노동자에게만 해당하는 것이 아닌 오늘날의 일반적 노동 상황을 상징한다.[2)]「모던 타임즈」에서 컨베이어 벨트가 가동되는 빠른 작업 속도와 지루한 반복 노동에 시달리던 찰리 채플린이 작업장을 나와서도 볼트 조임질을 되풀이하는 기이하면서도 우스꽝스러운 행동이 산업 시

2) 이에 대해서는 이반 일리치, 『그림자 노동』, 노승영 옮김, 사월의책, 2015를 참고하라.

대의 질병이라면, 퇴근 이후에도 일거리의 네트워크(메일로, 소셜미디어로, 언제든 받을 준비가 된 스마트폰으로)로 연결된 채 일상의 다른 측면에 집중하지 못하는 모습(주의력결핍장애)은 디지털 노동이 유발하는 새로운 질병의 일면이라고 할 수 있다. 나아가 디지털 노동은 인간생존에 필요한 최소한의 수면시간조차 빈번하게 침범한다. 항상적인 대기상태의 긴장이 숙면을 취하기 어렵게 만들 뿐만 아니라, 업무를 신속하고 빠르게 처리할 것을 요구하는 노동에 대한 압박이 잠자는 시간을 '아까운 시간'으로 여기게(누가 시간을 아까워하는가? 한편으로는 업무를 감독하고 명령하는 자본이 그렇게 여기겠지만, 다른 한편으로는 치열한 경쟁 속에서 성과를 내고자 하는 노동자 자신도 시간을 아까워한다) 만들며, 그렇게 수면시간의 부족이 오늘날 노동이 처한 민낯을 그대로 드러내준다. 그런데 이렇게 잠에 빠져들지 못하게 만드는 노동 테크놀로지는 사실 '전쟁 상황에서 자행되는' 고문 기술 중에서도 최고의 기술 중 하나였다. "실험에 의하면 2~3주 동안 잠을 자지 못한 쥐는 죽게 된다. 잠을 못 자면 극단적인 무기력과 순응 상태가 초래되는데, 이때 희생자에게서 의미 있는 정보를 캐내기는 불가능하다. 그는 그 무엇이라도 시인하거나 지어내게 된다. 잠 안 재우기는 외적 무력에 의한 폭력적인 자아 박탈, 계산된 개인 파괴다."(크래리, 2014: 21) 전쟁에서의 고문기술보다 오늘날의 노동기술이 더 뛰어난 측면이 있는데, 노동하는 사람 스스로 잠을 자발적으로 줄인다는 점이다. 자본이 이렇게 식사시간, 휴식시간 이상으로 수면시간을 아까워하면서 줄일 것을 종용하는 동안 그런 시간을 통해 삶을 재충전해야 하는 노동은 늘 욕구불만에 빠져 있게 된다. 하루 24시간이 일주일(7일) 풀로 가동되는 '24/7시간'은 낮-밤, 빛-어둠, 행동-휴식의 경계를 잠식하며, 그것은 무감각 지대, 기억상실 지대, 경험의 가능성을 좌절시키는 어떤 지대로 나타난다. 시간만 그러하겠는가. 공간 역시 마찬가지 상황에 놓인다. 침실과 욕실, 화장실 같은 개인의 내밀한 공간, 휴양지, 술자리, 친목 모임의 공간, 길거리, 차 안, 학교, 병원 등은 모두 디지털 노동이 수행될 수 있는 공간이다.

과거 산업노동자에게 8시간 노동이 일종의 일시적 죽음(이와 관련해 마르크스의 '죽은 노동' 개념을 이해할 수 있을 것이다. 마르크스에게 '죽은 노동'은 자본의 관점에서는 임금으로 지불되는 산 노동이 물화된 형태로, 잉여가치를 담지한 생산물을 가리킨다. 이를 노동의 관점으로 확장한다면 '죽은 노동'은 노동자 일반의 상태, 즉 노동자의 생명성 파괴, 살아있는 노동의 시체화를 지시하는 것이겠다)이었다면, 오늘날 인지노동, 물류노동, 정동노동 시간은 일반적인 노동의 보편적 죽음으로 이해될 수 있다. 프랑코 베라르디 비포(2012: 104-105)는 이렇게 말한다.

> *"인간의 신경 말단들은 컴퓨터[현재는 스마트폰] 앞에서 똑같은 신체적 몸짓들을 수행하고, 그것들은 모두 정교화와 소통의 보편적 기계에 연결된다. 하지만 그들의 작업이 신체적으로 단순화될수록 그들의 지식, 능력, 수행은 점점 상호교환이 불가능하게 된다. 디지털 노동은 절대적인 추상적 기호들을 능숙하게 다루지만, 재결합 기능이 더욱 특수할수록 그것은 점점 더 개인화되고, 그리하여 훨씬 더 교환이 불가능하게 된다. 결국 하이테크 노동자는 노동을 자신들의 삶 속에서 가장 본질적인 부분으로, 가장 특수한 개인화된 부분으로 여기는 경향이 있다. 이것은 산업노동자에게 일어난 일들과 정반대다."*

'잠을 극복하고 언제든 항시 대기 상태가 되어야 한다!', '속도를 내 최대한 빠르게 일을 처리할 수 있어야 한다!', '기계는 당신을 다른 생산자나 소비자와 빠르게 연결하고 업무효율을 극대화할 것이다!', '시간을 놓치면 당신은 경쟁에 뒤처지게 된다!' 같은 디지털 경제, 플랫폼 자본주의의 '시간을 둘러싼' 명령은 개별 노동자의 업무를 무한경쟁으로 내몬다. 그리고 이러한 경쟁의 극대화는 위험한 자기도취적 자극을 수반한다. 그 이유는 수행해야 할 업무에 많은 사람이 몰려들지만, 오직 소수만이 선택되기 때문이다. 그런 점에서 오늘날 자본의 명령은 경쟁에서 실패할 가능성을 용인하지 않는다. 그리고 이것은 개별 노동자를 신체와 정신이 도달하는 극한의 한계(수면 부족, 업무 스트레스, 속도 경쟁, 기계에 24시간 노출된 신경 반응체계 등) 내에서 그것을 견뎌내고 노동할 것을 강제한다. 그리고 이러한 강제된 노동을 견디기 위한 정신자극제나 항우울제, 그리고 그 밖의 각성제들(프로작에서 코카인, 두통약, 수면제, 프로포폴 그리고 그보다는 약한 것으로 다량의 카페인까지)은 오늘날의 경제가 띠는 정신병리학의 근간을 이룬다.[3)]

3) 프랑코 베라르디 비포는 오늘날의 기호 자본주의(그리고 마찬가지겠지만 디지털 자본주의, 플랫폼 자본주의)의 이러한 정신병리학적 환경이 조성한 비극적 결과를 사회학적으로 탐구한다. 항우울제는 우리가 표출할 우울감, 분노, 감정의 주체할 수 없는 상태, 무기력증을 근본적으로 해소하는 것이 아니며 그것을 단지 일시적으로 억누르고 제어할 뿐이다. 무기력감, 분노, 스트레스는 우리의 내면적 구조에 켜켜이 쌓여 화산이 폭발하기 직전의 긴장감을 우리 안에 조성한다. 비포에 따르면, 이러한 정신적 상황은 약을 일시적으로 끊었을 때나, 아니면 약물에 내성이 생긴 우리의 신체가 약물을 일상적인 섭취 양식으로 받아들일 때 문제가 되는데, 그렇게 더 이상 제어될 수 없게 된 감정의 표출은 반드시 폭발적 형태로 나타날 수밖에 없다는 것이다. 그 가장 극단적 형태에는 자살테러, 무차별 폭행, 광기 어린 공격이 놓여 있다. 이에 대해서는 비포(2015)를 참고하라.

3. 오늘날의 자본 형태

그렇다면 이러한 오늘날의 자본주의 형태를 어떻게 이해해야 하는가? 그리고 그러한 자본 형태를 떠받치는 노동은 또 어떻게 이해할 수 있는가? 오늘날 자본주의 체제는 사물인터넷[4)]과 네트워크에 기반해 지식, 정보, 정동, 코드, 소통 같은 비물질 재화가 수익 창출의 핵심적 동력이 되는 자본주의 형태로 변화하고 있다. 이를 기술적 구성, 즉 테크놀로지 수준에서는 '디지털 자본주의', '데이터 자본주의', '플랫폼 자본주의'로 명명할 수 있고, 노동의 구성 형태로는 '인지 자본주의', '정동 자본주의', '생명(관리) 자본주의' 등으로 명명할 수 있을 것이다.

이는 축적 양식의 측면에서는 "원료나 단순노동 같은 물질 요소보다

4) 이항우는 사물인터넷을 "네트워크에서 창출되는 엄청난 양의 데이터를 추적하고, 저장하고, 분석하고, 표현하고, 상용화하는 컴퓨팅 표준을 개발하고 적용함으로써 모든 일상적 사물과 배태된 지능을 서로 연결하고 우리의 생활 환경 속으로 통합시키는 기술"로 규정한다. 이항우(2017: 155)를 보라.

는 지식이나 정동 같은 비물질 요소에 대한 투자"가 축적의 기초가 되는 체제이며, 생산양식의 측면에서는 "기업 내부의 위계적이고 수직적인 노동 분업보다는 전체 사회의 네트워킹을 통한 인구 사이의 대규모 협업"(이항우, 2017: 9)에 의존하는 정치경제적 시스템이다. 즉, 비물질적 재화를 생산하기 위해 기존의 제조업 공장에서 이루어지는 생산에만 의존하지 않고 전 지구적 네트워크로 연결된 사회 전체에서 긍정적 외부성을 최대한 확보하는 일에 집중하는 경제다. 물론 이때의 '외부성'은 기존의 정치경제학적 관점에서나 가능하다. 오늘날 플랫폼 자본주의 경제에서 자본주의 바깥에서 발생하는 가치란 있을 수 없다. '외부성'은 단지 고용관계의 경계를 한정 짓는 용어로만 사용될 뿐이다.[5] 그리하여 오늘날 사회적 부와 가치생산은 기존의 전통적인 임금노동 형태에 국한되지 않고 고용관계 외부에서 일어나는 다양한 일상적 · 사회적 활동이 지닌 인지적 · 문화적 · 예술적 · 정동적 요소에 기초해 이루어지게 되었다.

그런데 이러한 플랫폼 자본주의, 정동 자본주의가 편안한 느낌, 행복감, 욕망의 만족, 감정적 흥분, 열정을 가진 집중, 타자와 대상에 대한 관심을 포괄하는 우리 마음과 몸의 활력으로 정의될 수 있는 정동(affect)의 관리와 개입을 통해 이윤을 축적한다는 것은 자본의 잉여가치 획득이 상품의 직접적 생산에만 한정되지 않고 유통과 소비, 그리고 삶의 재생산과정 전체를 대상으로 조직해야 한다는 점을 말해준다. 그런 점에서 정동의 생산은 안토니오 네그리와 마이클 하트(2017)를 따라 삶의 관리, 삶-형태의 생산 형태를 띤다는 점에서 '삶-정치적 생산'으로 명명될 수도 있겠다. 어쨌든 그 결과 경제의 핵심적 불변자본은 종종 전 지구 주민의 모든 일상 활

5) 이에 대해서는 네그리 · 하트(2014: 226-231)를 보라.

동을 실시간으로 수집하고 분석하는 언어 기계로서의 알고리즘으로 대변되며, 가변자본은 소비, 생활방식, 재생산, 상상력을 구성하는 사람들 간의 관계, 감정, 욕망, 상호작용 등으로 표상된다. 그리고 상품의 가치도 생산에 투입된 노동의 양이라는 기존의 전통적인 정치경제학적 범주가 아니라 브랜딩과 관련된 사람들 사이의 관심, 공통 의견, 평판, 유행을 조직하는 활동, 즉 '폴리네이션'에 의해 결정된다. 즉, 노동가치 법칙이 정동과 기호의 가치논리로 대체되고 있는 것이다.[6)]

그런 점에서 플랫폼 자본주의 혹은 정동 자본주의는 자본축적의 관점에서 봤을 때, 인류의 오랜 사회적 · 공통적 자원의 사유화, 즉 토지와 지식에 이은 최근의 정동에 대한 '제3의 인클로저'에 토대를 둔 경제라고 할 수 있다. 정동은 전통적으로 사람들의 개인적 관계 안에서 이뤄지는 내밀한 현상으로 간주되었으나, 오늘날의 디지털 네트워크는 사적 정동이 공개적이고도 공식적으로 표출될 수 있는 공간을 점점 더 확대하고 있다. 또한 자본은 사람들 간의 관계와 소통에서 형성되어 네트워크에 떠다니는 정동들을 상품화하거나 화폐 형태로 변형시킴으로써 이윤 창출의 새로운 주요 수단으로 삼고 있다. 그리고 바로 이러한 자본의 변화를 현재 구글, 아마존, 애플, 페이스북, 카카오, 배달의민족, 쿠팡, 우버 같은 플랫폼 기업들이 선도하고 있다.

그런데 역사상 모든 인클로저가 시초 축적을 통해 자본에 거대한 지대 수익을 가져다주었듯이, 정동 인클로저도 이들 플랫폼 자본에 막대한 지대 수익을 안겨주고 있다. 다시 말해 현대 경제에서 이윤(profit)은 점점 더 지대(rent) 형태를 띠게 된다. 즉, '이윤의 지대화'가 현대 경제를 압축한

6) 이항우(2017: 10)를 보라.

다. 플랫폼에서 유통되고 생산되는 거의 모든 콘텐츠와 데이터는 네트워크 사용자 스스로 만들고 생성한 것이지만, 거기에서 창출되는 모든 경제적 부와 가치는 플랫폼을 제공한 자본에 의해 사적으로 전유되고 있다.[7] 그렇다면 오늘날의 노동을 어떻게 이해해야 할까? 왜 마르크스의 관점과는 달리, 오늘날 가치의 생산적 측면은 생산과정 내에서만이 아니라 유통과정 및 자본의 총 과정에서도 산출된다고 할 수 있는 것일까? 이를 위해 잠시 오늘날의 변형된 노동인 비물질노동과 그것이 중심이 되는 생산 형태에 대한 검토가 필요할 것이다.

7) 이에 대해서는 이항우(2017: 10-11)를 보라.

4.
오늘날의 노동 형태

오늘날의 노동을 통칭하는 '비물질노동' 개념은 현대적으로 변형된 새로운 형태의 노동을 산출된 노동생산물의 성격, 생산과정, 노동생산물이 유통되는 영역과 그 생산물을 소비한 효과(즉, 유통과 소비의 측면), 노동자의 생산방식 및 그로부터 비롯되는 행위를 통한 수행 능력 등에 초점을 두고 그것들이 상호적으로 관계 맺는 형태를 고찰하는 가운데 나온 개념으로, 다음과 같이 세분화할 수 있다(이승준, 2005: 311-339).

> *"첫째, 산출된 생산물의 내용과 성질이 비물질적인 노동*
> *둘째, 노동과정 및 생산과정 자체가 수행적인 노동*
> *셋째, 산출된 생산물이 파급되는 영역과 그 효과가 정동적인 노동*
> *넷째, 생산방식 및 행위의 경향과 능력이 잠재적인 노동"*

이 개념을 오늘날의 생산 형태를 이해하는 데 사용하는 이들은 '자율주의적 마르크스주의' 그룹이다. 저자들로는 마우리치오 라차라토, 마이클 하트, 안토니오 네그리, 빠올로 비르노 등이 있는데, 이들이 파악한 '비물질노동' 개념은 앞서 언급한 네 가지 차원과 상호 중첩적으로 연결되어 있다. 오늘날의 로지스틱스, 물류 · 운송노동을 이해하기 위해서는 바로 이러한 비물질노동의 여러 양상을 분석하고, 그것이 드러내는 다층적 맥락을 파악하는 것이 중요하다.

라차라토(2005: 311-312)에 따르면, 비물질노동은 "상품의 정보적 · 문화적 내용을 생산하는 노동"으로, 이때 상품의 정보적 · 문화적 내용을 이루는 노동에는 "사이버네틱스와 컴퓨터 통제를 포함하는 숙련기술", "문화적 · 예술적 표준들, 유행들, 취미들, 소비규범들 그리고 더 전략적으로는 공공 여론 등을 정의하고 고정하는 것에 수반되는 종류의 활동들"이 있다. 결국 라차라토의 설명에서 '비물질적인 것'은 한편으로 오늘날의 자본주의 안에서 산출된 노동생산품의 질적 성격인 정보 및 문화 생산물을 가리키며, 다른 한편으로 그러한 상품을 만들어내는 과정에서 나타난 노동의 성격을 가리킨다. 이러한 라차라토의 생각은 앞서 언급한 비물질노동의 첫 번째 측면(산출된 생산물의 내용과 성질이 비물질적인 노동)과 두 번째 측면(노동과정 및 생산과정 자체가 수행적인 노동)을 따라 노동의 '비물질성'을 파악하고 있음을 말해준다.

마이클 하트와 안토니오 네그리는 비물질노동을 좀 더 세분화하여 '상징분석 노동'과 '정동노동'으로 나누어 이해한다.[8] 하트 · 네그리(2005)에 따르면, 상징분석적인 노동이 "문제를 해결하고 문제를 명시하며 전략적으로 중개하는 활동"이라면, 정동적인 노동은 "인간적 상호작용과 소통

8) 이에 대해서는 안토니오 네그리 · 마이클 하트(2001: 381-387); 안토니오 네그리 외(2005: 138-157)를 보라.

의 계기들 속에 심어진 서비스 산업 전체에 걸쳐 일정한 역할을 수행"하는 노동이다. 그리고 이러한 형태의 노동으로 생산된 것은 '비물질적 재화'이며, 손으로 만질 수 없고, 몸-마음이 지닌 활력을 포함한다는 의미에서 비물질적이다. 그리고 그들은 오늘날의 생산에서 "가치의 구축이 척도를 넘어 발생"한다는 점을 강조하면서 그만큼 노동의 성격이 "전체 삶-정치적 직조를 물들이는 잠재성"으로 구성된다는 점을 보여주려 했다. 여기서 확인할 수 있는 것은 그들의 비물질노동 개념은 한편으로 생산된 상품의 비물질적인 성격을, 다른 한편으로 그러한 상품이 미치는 영향력과 그런 상품을 소비하는 데서 비롯되는 소비자의 정동 상태, 그리고 바로 그 생산과정이 띠는 특징을 지시한다는 점이다. 즉 그들은 앞서 언급한 비물질노동에 대한 첫째, 셋째, 넷째 정의의 수준으로 비물질노동을 이해한다는 것을 보여준다.

비르노(2004)는 자신의 글에서 오늘날의 생산에서는 내면적인 '정신의 삶'이 "생산의 시간 · 공간 안에 완전히 포함"됨으로써 노동과 비노동의 경계가 유동적 · 임의적이게 되고, 따라서 노동이 항상 "보이지 않는 노동", 즉 그림자 노동으로 나타난다는 점에 집중한다. 이때 그가 말한 '비가시적 노동'이란 "생산력으로 계산되지 않는 인간 활동의 부분"을 말하는데, 그 결과 오늘날 모든 노동시간은 비가시적인 시간, 비노동시간이 되며 이는 총생산시간의 "보잘것없는 잔여물"로 나타난다.[9] 생산에서 차

9) 빠올로 비르노는 마르크스의 노동시간과 생산시간의 구분을 다음과 같이 설명하면서 그것이 마르크스 자신에게서도 흐려지고 있음을 언급한다. "파종과 수확의 주기를 생각해보자. 농업노동자는 한 달 동안 일한다(노동시간). 이후 곡물이 자라는 데는 오랜 막간의 시간이 소요된다(노동시간이 아니라 생산시간이다). 그리고 마침내 수확의 시기가 도달한다(새로운 노동시간). 농업과 다른 산업부문에서 생산은 노동활동보다 외연이 훨씬 더 넓다. … 마르크스가 제시한 목가적인 예들을 넘어서 생산과 노동 사이의 간극은 「기계에 대한 단상」에서 노동시간을 그저 '보잘것없는 잔여물'에 불과한 것으로 제시하고 있는 상황에도 딱 들어맞는다." 이에 대해서

지하는 가시적 노동시간의 역할과 중요성이 약화되고, 생산시간의 계열이 비노동시간으로 바뀜에 따라 이제 '살아있는 노동'은 "공식적 · 비공식적 앎, 상상, 윤리적 기질, 멘탈리티, '언어놀이'를 포함"하며, 그에 따라 "산 노동은 점점 더 언어적 수행으로"(비르노, 2004: 176-183) 나타나게 된다는 것이다. 또한 여기서 다음의 내용에 주목할 필요가 있는데, 그것은 비르노가 마르크스의 '일반지성' 개념을 하트 · 네그리처럼 '다중지성'이나 '대중지성'으로 변형시킨다는 점이다. 마르크스는 일반지성을 "고정자본 및 기계 시스템의 '객관화된 과학적인 능력'과 등치"시켰지만, 비르노는 오늘날의 노동이 기계 시스템으로는 완전히 객관화될 수 없는 인지능력과 소통능력을 발휘함에 따라 "다중지성으로서 정신의 가장 유적인 소질, 즉 언어능력, 배우려는 경향, 기억, 추상화 및 상관시킬 수 있는 능력, 자기성찰을 향한 경향"으로 마르크스가 일반지성으로 명명한 형태를 대체해야 한다는 것이다. 따라서 그에 따르면 "대중의 지성성은 사유의 최종 결과물(책, 수학 공식 등)과 무관하며, 그저 사유한다/말한다 등의 능력과 관련되어 있다."(비르노, 2004: 185) 결국 비르노가 비물질노동 개념을 파악하는 방식은 그것이 지닌 수행적 특성이나 그러한 수행성을 발휘하는 대중의 지성능력을 강조하는 데 있으며, 이는 그가 비물질노동을 앞서 언급한 둘째와 넷째 수준에서 바라보고 있음을 알게 해준다.

지금까지의 내용을 정리해보면, 라차라토, 네그리 · 하트, 비르노 등이 제시한 '비물질노동' 개념은 세부 내용에서는 약간의 차이가 있긴 하지만, 크게 보아서는 "생산의 결과물이 비물질적이며, 생산과정 자체에서 노동이 수행적 형태를 띠는 정동적이고 잠재적인 노동"이라는 점을 공유

는 비르노(2004: 178)를 보라.

한다. 이것은 고전적 마르크스주의자들이 마르크스를 계승하여 유지하고자 한 자본의 생산과정 및 임금노동과 관련된 정치경제학상의 범주들, 예컨대 생산적 노동과 비생산적 노동, 생산과정과 유통과정, 필요노동과 잉여노동, 추상적 노동과 구체적 노동, 정신노동과 육체노동 등의 구분이 오늘날의 플랫폼 자본주의와 정동 자본주의에서는 그 경계가 흐려질 수밖에 없으며, 서로에 대해 변별적이던 특성들이 혼용되는 상황을 상정하게 한다. 생산적 노동이 비생산적 노동과 구별될 수 있었던 가장 결정적인 근거는 생산과정을 거친 생산물이 물질적 형태를 띠면서 측정 가능하고, 따라서 수적으로 계산이 가능하다는 데 기초했으며, 또한 그러한 생산물을 산출한 노동시간 역시 시간량의 단위로 계산될 수 있음에 기초했다. 그런데 바로 이러한 기초가 비물질적 재화의 생산, 그리고 그것의 생산 형태인 비물질노동이나 정동노동으로 인해 무너지게 되었다. 이렇게 한편으로 수행적인 정동노동과 집합적 · 사회적인 인지노동이 생산에서 지배적인 역할을 차지하고, 다른 한편으로 생산의 자동화와 더불어 점점 더 가치 측정이 불가능해진다는 사실은 우리에게 오늘날 자본의 방향이 어떻게 변화되고 있는가를 짐작하게 만든다. 즉 오늘날 자본은 부가 축적되는 원천을 직접적 생산과정에서가 아니라 그 바깥에서, 가령 사회적 네트워크 안에서의 생산 속에서 혹은 유통과정에서의 손실감소 및 효율성에서 찾거나 아니면 소비시장의 '전 지구적' · 미시적 확대에서 찾으려 한다. 아래에서는 그중 특히 '유통'을 포함하는 자본의 총 순환과정을 중심으로 그 발전을 추적하고, 그 안에서 노동은 어떤 상황에 놓이게 되었는지를 살펴보고자 한다.

5.
로지스틱스와 새로운 지도 제작

오늘날의 자본주의 시스템은 생산과 유통으로 엄격하게 분리되어 있던 각각의 영역이 '로지스틱스'(물류의 보관 · 운송 · 유통)라는 새로운 분야로 통합된 것으로 보인다. 즉, 잉여가치의 생산을 이윤의 중심에 두는 관점에서 유통과 소비를 중심으로 한 공급사슬을 하나의 경제 시스템으로 보는 새로운 관점으로 자본의 변환이 이루어진 것이다. 그에 따라 자본에는 '재화 흐름의 보안'이 중요해졌으며, 21세기 초에 들어서면 전체 사회질서가 안보 체제를 구축하는 방향으로 나아갔다. 여러 형태의 테러리즘에 직면한 국가의 안보 요구에서부터 재난에 대비해 시민을 보호할 것을 요청하는 비정부기구의 요구, 생활임금을 추구하는 활동가들의 소득 보장 요구, 지역 식량 안보에 대한 사회 운동의 커져가는 요구에 이르기까지 안보는 이제 정치의 모든 영역에서 가장 중요한 의제가 되었다. 여기에 더해 전 지구적 물류 공급의 연쇄작용은 보안 · 안보화를 새로운 차원으로 이끌었다. 생산의 하위범주로 이해되었던 유통영역(로지스틱스 시스템)이 이제 국경선을 가로질러 무역의 관문과 항로들로 확장된다는 것은 공급사슬 보안이 정부가 적극적으로 개입해야 할 대상이라는 것을 넘어서서 사회영역 전체에서 보안의 논리와 공간 형태까지 재구성된다는 것을 의미한다.[10) 현재는 세계시장 전체가 '가능한 한 마찰이 없도록' 혹은 '언제 어디서든 신속하게 물류가 이동할 수 있도록' 만들어진 보편적 운송 시스템에 의해 작동되고 있다. 문제는 바로 이런 과정이 역설적으로 그 시스템을 근본적으로 취약하게 만든다는 점인데, 그것은 운송 시스템의 한 영역의 부분적 붕괴조차 세계 경제에 근본적인 손상을 가할 것이기 때문이다.[11)]

이렇게 로지스틱스가 특정 기업의 물류나 운송을 지칭하는 것을 넘어서서 전 지구적인 용어로 보편화된 것은 비교적 최근의 일이다. 오늘날 세계시장 안에서 벌어지는 로지스틱스 간의 경쟁은 그 분야를 진지하게 취급하는 특정한 글로벌 대기업만이 아니라 중소기업이나 영세한 자영업을 모두 포괄하는 영역에서 일어난다. 여기에 무수한 대중적인 광고 캠페

10) 로지스틱스(logistics)는 통상 '병참학'을 의미한다는 점을 고려해보면, 그 출발부터 군사적인 개념이었다. 로지스틱스를 발전시키고자 한 비즈니스 사상가들에게는 전쟁 시 군수품을 조달하는 무기와 식량이 없다면 군대가 무력화되는 것처럼 로지스틱스 없이 소비자에게 도달하는 상품이 없다면 자본주의 경제 시스템은 무력해질 것으로 여겨졌다. 여기에 대해서는 네그리 · 하트(2020: 306-307)를 참고하라.

11) 이러한 로지스틱스의 취약성은 오늘날 전 지구적 주권 구조가 협치 체제로 이행하게 된 상황과도 유사점을 갖는다. 국민국가 단위에서 민주적 정책 결정이 내려졌어도 전 지구적 협치 시스템 안에서는 쉽게 무력화된다는 점은 2000년대 중 · 후반 한국 사회의 '반FTA 운동'에서도 확인된 바다. 즉, 국제적 협상과정에서 한 국가의 헌법이 규정한 내용들이나 세부적인 법적 규범들은 쉽게 무력화되며 협상에 참여한 엘리트 협상가들의 논리와 주장이 어떤 사안이 채택되는 데 결정적인 근거가 된다. 이것은 국민국가의 주권적 힘의 약화를 말해주는 것임과 동시에 전 지구적 사안에서 임시방편적으로 어떤 정치적 · 경제적 · 군사적 결정이 내려질 가능성이 커진다는 것을 말해준다. 이렇게 되면 특정 지역에서 발생하는 위기(금융위기, 핵위기, 테러, 재해, 쿠데타, 기후위기 등)에 대한 대처가 여러 국가의 협상을 거쳐 순발력 있게 내려진다는 측면의 이면에는 그러한 대응을 실행하는 규범적 근거가 약해진다는 점, 또한, 그만큼 지속적인 대안을 수립하는 데 전 세계 모든 국가가 어려움을 겪게 된다는 점을 암시한다. 여기에 대해서는 네그리 · 하트(2014: 316-322)를 참고하라.

인들은 로지스틱스를 전 지구인이 접근할 수 있는 것으로 이미지화하는 데 기여했다. 기업이나 국가 그리고 초국가적 영역에서 일어나는 공급을 둘러싼 경쟁에서는 알맞은 시간에 신뢰할 수 있는 방식[12]으로 물류를 순환시키는 능력이 우선적으로 요구된다. 이제 기업에 있어 이윤의 증식은 생산에서 잉여가치를 최대로 창출하는 것만이 아니라 '로지스틱스 혁명'을 통해 운송과 전체 경제 순환에서 비용을 아끼고 낭비를 최소화해 여기서 추가되는 가치를 최대로 만드는 일에 달렸다.[13]

데보라 코웬은 이러한 물류 순환의 능력을 '홈 파임이 없는 공급사슬'[14]을 만들어낼 수 있는 능력으로 개념화했다. 이러한 '로지스틱스 혁

12) 이러한 방식에는 물류를 얼마나 안전하게 이동시킬 것인가, 어떤 사람들을 이동시키는가, 전 지구에서 통용 가능한 윤리적 규범을 준수하면서 물류를 이동시키고 있는가, 질병 · 유해 생물 · 유독가스 등에서 물류는 안전하게 이동되고 있는가 등이 있다.

13) 마르크스는 비록 '로지스틱스'라는 용어를 직접적으로 사용하진 않았지만, '사회적 총자본' 개념을 통해 이러한 유통과 물류 문제를 이론화한 바 있다. 그는 『자본론』 1권에서 자신의 관점을 개별적인 자본가가 운영하는 생산과정에 한정시킨 것과 달리, 『자본론』 2권에서는 관점을 이동하여 유통과 소비를 포함하는 전체 경제 순환으로 나아갔다. 이때는 상품의 이동과 소비자의 구매과정은 생산과정과 분리 불가능하다. 운송산업에서는 "가치가 지불되고 소비되는 것이 생산과정 자체이며, 생산물은 그와 분리될 수 없다."(마르크스, 2006: 63) 다시 말해 유통 산업은 한편으로 '재생산'이라는 분리된 분야를, 따라서 생산적 자본의 투자를 위한 특정한 영역을 구성한다. 다른 한편 유통 산업은 유통에서 생산과정을 지속하는 것으로 나타난다. 좀 더 자세한 내용은 『자본론 Ⅱ』(마르크스, 2006: 175)를 참고하라.

14) 데보라 코웬(2017: 88-140)은 『로지스틱스: 전 지구적 물류의 치명적 폭력과 죽음의 삶』에서 '홈 파인 공간', '매끈한 공간' 등의 표현을 사용하지만, 그것을 이론적으로 해명하지는 않는다. 아마도 그러한 표현이 이제는 일반적으로 받아들여지는 '관용적 표현'이라고 생각했기 때문일 것이다. 그러한 개념에 가장 크게 기여한 텍스트로 들뢰즈 · 가타리의 『천 개의 고원』과 네그리 · 하트의 『제국』을 꼽을 수 있다. 들뢰즈 · 가타리는 『천 개의 고원』 마지막 장에서 '매끈한 공간'과 '홈 파인 공간'을 이렇게 규정한다. "매끈한 공간과 홈이 파인 공간, 유목적 공간과 정주적 공간, 전쟁 기계가 전개되는 공간과 국가 장치에 의해 설정되는 공간 — 이 두 공간의 본성은 완전히 다르다."(들뢰즈 · 가타리, 2001: 907) 그들은 격자 모양의 지도가 발간된 1440년 이래로 바다 위에서 두 공간의 대립이 일어나면서 한편으로는 홈 파인 공간으로서의 영토화 질서가, 다른 한편으로는 매끈한 공간으로서의 탈영토화 흐름이 서로 주기적으로 교차한다고 설명한다. 하지만 들뢰즈 · 가타리는 두 공간의 대립이 자본주의의 발달과정에서 점점 더 '매끈한

명'에서 주목할 점은 그것이 특정한 마을이나 일개 기업에서부터 지방정부, 국민국가, 세계은행 및 유엔 같은 초국적 기구, 특정 대륙, 세계시장까지 그에 관심을 두는 관리 단위의 범위가 점점 커져갔고, 이제는 통합적인 수준에서 상호 연계되어 유통망을 운영하게 되었다는 점이다. 세계은행과 『이코노미스트』에 따르면, 오늘날 '사물인터넷'은 "광대한 새로운 시장에 대한 접근 기회를 제공해준다"라고 거론된다. 그리고 그것은 세계은행 같은 거대한 금융 단위가 전 지구적 단위로 로지스틱스 계획에 돈을 투자하게 만들었는데, 그 계획은 "2010년 베트남에서 20만 명의 노동자를 고용하고 9,400만 켤레의 신발을 생산한 나이키의 요청(로비)에 따라 구체화되었다."(데보라 코웬, 2017: 97) 이 계획은 오늘날 전 지구에서 진행되는 로지스틱스 사업에서 작동하는 다양한 역학을 보여준다. 브렛 닐슨과 네드 로

공간'으로 통합된다는 점을 강조했다. "잉여노동과 노동의 자본주의적인 조직화 전체는 점점 더 물리적-사회적 일 개념에 일치하는 시간-공간의 홈 파기와는 무관하게 된다. 오히려 잉여노동 속에서 인간 소외 자체가 일반화된 '기계적 예속'으로 대체되어가며, 이리하여 전혀 노동하지 않고도 잉여가치를 제공할 수 있게 된 것처럼 보인다. … 자본주의가 전례 없을 정도로 완벽하게 밀고 나간 홈 파기의 결과, 유통되는 자본은 인간의 운명을 좌우하게 되는 일종의 매끈한 공간을 필연적으로 재창조하고 재구축하는 것처럼 보인다. … 통합된(또는 오히려 통합하는) 세계 자본주의의 보완적이고 지배적인 층위에서는 자본이 이미 노동이라는 인간적 성분이 아니라 기계적 성분들에 기초해 '절대' 속도에 도달하도록 해주는 새로운 매끈한 공간이 산출된다."(들뢰즈 · 가타리, 2001: 937-938) 네그리 · 하트는 철학적 · 잠재적으로 이해된 자본주의의 발전 및 변화과정을 정치적 · 현실적 개념으로 재구성하는데, 그들은 '통합된 세계 자본주의'의 상황을 '제국'으로 명명한다. "제국이 바로 우리 눈앞에서 구체화되고 있다. 과거 수십 년에 걸쳐 식민지 체제가 무너지고 그다음에 자본주의 세계시장에 대한 소비에트라는 장벽이 최종적으로 황급히 붕괴한 뒤에 우리는 저항할 수도 되돌릴 수도 없는 경제적 · 문화적 교환들의 전 지구화를 목격해왔다. 전 지구적 시장 및 생산 회로와 더불어 전 지구적 질서, 새로운 지배 논리와 지배 구조 — 간단히 말해서 새로운 주권 형태 — 가 등장해왔다. 제국은 이렇게 전 지구적 교환들을 효과적으로 규제하는 정치적 주체, 즉 세계를 통치하는 주권 권력이다."(네그리 · 하트, 2001: 15) 두 텍스트 모두가 공유하는 것은 자본주의의 발달과정에서 자본 스스로 권력의 위계적 지형으로 형성했던 홈 파임의 공간(국경선, 행정적 관할 구역, 해양의 관문 등)이 자본의 자기확장 과정에서 자신의 '홈'을 스스로 평탄화하면서 세계질서를 '매끈한(홈 없는)' 공간으로 재구조화했다는 것이다. 코웬의 '홈 없는 공간'의 이미지는 이러한 내용에서 차용된 것이다.

지터(2014: 4-10)가 주장했듯이 "로지스틱스는 다양한 회사 및 노동력을 찾아내 연결하는 체계 이상의 어떤 것이다. 로지스틱스는 또한 환경과 주체성을 능동적으로 생산한다." 로지스틱스 산업은 인프라, 즉 법 구조 및 사회의 각종 기반시설을 통해 노동, 자본, 상품의 흐름을 원활하게 촉진시키고, 생산 · 유통 · 소비를 경유하는 사회적 총자본 운동을 보완한다. 그리고 이는 외국 투자자들의 주도적 역할, 인프라의 민간 소유와 민간출자, 그리고 각종 기간산업을 계획하고 운영하기 위해 만들어지는 민관협력 등을 추동하는 신자유주의적 흐름으로 이어졌다.

이처럼 전 세계를 대상으로 한 신자유주의적 통치 질서는 단지 국민국가의 기능만을 제한하는 데서 그치는 것이 아니라 자본의 새로운 과업인 소비시장을 창출하는 역할을 국민국가가 자발적으로 떠맡아 실행하게 만든다. 로지스틱스의 연계사업들인 이른바 '인프라 구축사업, 공공투자, 민관협력' 등을 실행함으로써 오늘날 국민국가들은 스스로를 기업의 보조자이자 대행자로 만들었다. 나아가 이와 더불어 전 지구적 로지스틱스 프로젝트에 대한 투자 또한 국민국가 단위에서 초국가 단위로 그 통치 규모가 변하는 데 일조한다. "새로운 시장을 차지하고 새로운 자원이나 노동력을 착취하기 위한 '자유무역' 지대의 이러한 확장은 신자유주의의 구성적 특징이 되었다."(데보라 코웬, 2017: 100) 그 결과 20세기 후반 이래로 수출가공지구, 경제특구, 자유무역지대, 각종 산업단지, 교통 허브, '국경 지역 산업화 계획'[15] 등 일련의 '구획된 지구들'이 우후죽순으로 나타나기

15) '국경 지역 산업화 계획(border industrial program)'은 미국의 국경선에 맞닿아 있는 인근 지역들의 저렴한 노동력을 이용한 '외주 생산' 계획을 말한다. 이는 멕시코에서는 흔히 '마킬라도라(Maquiladora)'로 알려진 것으로, 제품을 수출할 경우 해당 제품을 제조하는 데 사용되는 원료 · 부품 · 기계 등을 무관세로 수입할 수 있게 하여 국내의 노동력과 결합하는 외주 생산 시스템을 말한다. 멕시코가 대표적이지만, 다른 중남미 국가인 파라과이, 도미니카공화국, 엘살바

시작했다.

1960~1970년대 경제활동에서는 관문과 항로의 역할이 도시 시스템을 구축하는 데 핵심적인 역할을 했으며, 지리학이 이 역할을 떠맡았다. 이상한 것은 경제적인 수준에서 공급사슬이 근본적인 전환을 이루어내고 있던 이 시기에 오히려 지리학계는 관문과 항로에 대한 정보를 다루는 문제에 둔감하게 반응했다는 점인데, 이는 아마도 로지스틱스 혁명의 효과로 간주해야 할 것이다. 즉, 이 시기부터 기업의 로지스틱스가 '유통지리학'을 통해 대륙 간 관문과 대양의 항로를 관리하기 시작했다. 데보라 코웬(2017: 101-109)에 따르면 그 결과 지리학은 두 분야로 분리되어 갈등을 겪게 되는데, 각각 기업의 순환 효율성을 높이려는 '지리학 분야의 응용연구'와 자본주의가 전 지구적 차원에서 작동하기 시작했다는 데 관심을 두는 '비판적 지리학'이 그것이다. 오늘날 관문과 항로에 대한 지도 제작은 더 이상 지리학의 고유한 학문영역이 아니라 '지역을 가로지르는 재화의 이동에 관한 것일 뿐 아니라 부가가치 서비스의 창출과 관련해 이해관계가 걸려있는 로지스틱스 산업'에 관한 것, 즉 '지리경제학(geo-economics)'이 되었다. 그리고 이는 물류회사의 소유주에게는 국경을 넘나드는 비용을 획기적으로 줄여주는 계기가 되었다. 반대로 지구화된 로지스틱스의 핵심인 관문과 항로에 대한 지도 제작은 '비판적인 지리학 연구'에서는 거의 다루어지지 않았으며, 그만큼 로지스틱스 산업이 지리학을 활용해 전 지구화 안에서 새로운 권력지형을 펼치는 상황에 올바로 대응하지 못하게 되었다. 그런 점에서 공간-정치-경제의 관계를 고려하는 '지리경제학'은 영토-주권-국가정치를 중심으로 다루는 '지리정치학(geopolitics)'과 달리

도르 등에서도 유사한 제도를 채택하고 있다. 멕시코-미국의 '마킬라도라' 시스템이 원주민에게 준 고통에 대해서는 EZLN(2005)을 보라.

전 지구화된 시장 논리와 관국가적 행위자들에 의한 국제공간의 재편성을 통해 지리학 내에서의 헤게모니적 위상을 차지할 수 있었다. 예컨대 북미자유무역협정 이후 지리경제학 연구는 여전히 국경을 중심으로 세계를 이해하는 지리정치학이나 그에 기반해 세계의 권력지형을 비판했던 '비판적 지리학 연구'와 달리 국경을 가로지르는 지역통합 문제를 고려한 지역의 '재지도화'의 문제를 다룰 수 있었다. '북미슈퍼항로연합'의 경우에서 확인되듯 지리경제학의 연구대상은 물리적 인프라 강화와 더불어 통합과 표준화, 세관 및 무역규제의 동기화 같은 '소프트 인프라'에 주력하는데, 이는 로지스틱스의 전 지구화에 따른 항로의 공간을 보안하기 위한 노력으로 나타난다. 전 지구화 로지스틱스 프로젝트는 현재 아프리카, 아시아(그중에서도 특히 저임금 노동력과 연관되어 있으며 엄청난 소비시장을 자랑하는 중국과 동남아시아)를 가로지르며 진행 중인데, 데보라 코웬(2017: 109)에 따르면 아프리카의 '마푸토 항로 로지스틱스 계획'(그리고 그 일환으로서의 '원스톱 통관 사무소')은 모잠비크와 남아프리카공화국의 국경 관리뿐 아니라 인프라를 전환하는 데 성공적이었다. 이것은 두 국가를 위한 공동 가공 구역을 가능하게 만든다. 중국은 그 자체가 단순한 일국적 국민국가로서보다는 전 세계의 로지스틱스망을 상호 연결하는 마디로서 기능하면서 로지스틱스 제국건설의 전초기지가 되었다. 이것은 하나의 학문 분야로서 독자적인 영역을 구축했던 지리학이 경제학이나 경영학의 하위범주로 전락했음을 알려주며, 또한 그만큼 전 지구적 물류시장이 구축되는 과정에서 새롭게 형성된 권력지형에 대한 공간학적 비판이 그동안 전 세계적으로 전무했던 이유를 설명해주는 것이기도 하다.

6.
정치와 경제의 통합으로서의 '공급보안사슬'

『이코노미스트』는 2002년 "국가 간 보안의 필요와 전 지구적 무역의 필요 사이에는 긴장이 존재한다"라고 주장했다.[16] 이러한 보안과 무역 사이의 긴장은 특히 영토의 효과적 통제라는 주권질서의 명령과 공급사슬의 빠른 속도라는 자본질서의 명령이 충돌한 데서 발생한다. 다시 말해 이러한 긴장은 근본적으로 공간적 계산에 대한 국가 중심의 지정학적 모델과 로지스틱스 중심의 지경학적 모델 사이에 존재한다. 『이코노미스트』의 주장은 9.11 직후였던 당시의 시대적 상황인 국경개방과 국경폐쇄 사이의 갈등이 고조된 시기에 나온 것이다. 전 지구적 로지스틱스 산업의 핵심부를 이루던 사람들은 국가안보가 지구무역에 끼칠 악영향에 대해 반복적으로 경고하면서 그 영향을 우려했다. 하지만 이후 진행된 로지스틱스 산업의 통합화는 국가보안과 지구무역 사이에 야기된 갈등의 근간을 무

16) Economist, 'A moving story: Companies are outsourcing huge chunks of what they do to logistics companies', Dec 5th 2002.

너뜨렸다. 경제의 물질적 흐름과 그것을 뒷받침하는 교통 및 통신 인프라는 보안과 상충하는 힘이라기보다 보안을 보충하는 힘이 되었기 때문이다. 그로부터 몇 년 뒤 미국의 오바마 대통령은 2013년 미 국토안보부 정책자료집 서문에서 이렇게 말한 바 있다. "우리는 안보와 효율 사이에서 잘못된 선택을 거부하며 국가와 국민 같은 우리의 핵심 가치를 보호하면서 경제성장을 이룰 수 있다고 굳게 믿는다."[17)]

이러한 점에서 9.11이 일어난 2001년의 진정한 사건은 세계무역센터 건물에서 일어났다기보다는 로지스틱스 및 공급사슬관리 세계에서 일어난 것일지 모른다. 9.11에 대한 대응으로 중앙정부, 여러 형태의 국제통치기구들, 로지스틱스 기업들, 관국가적 소매업자, 민간 보안업체 그리고 다국적 싱크탱크들은 서로의 결정이 충돌하는 교란을 피하고 전 지구적 유통순환을 안정화하기 위해 관련 정책이나 기준, 실행 방법 등을 실험하는 일에 착수했다. 그래서 나타난 것이 이른바 '공급사슬보안(SCS)'이다. 세계은행에 따르면, 이는 "공급사슬에 대한 위협과 그로 인한 시민과 조직된 사회의 경제적 · 사회적 · 물리적 안녕에 대한 위협을 다루기 위해 적용되는 프로그램, 시스템, 절차, 기술 그리고 해결책을 포괄"한다.[18)] 즉 전 지구적 차원의 무역 보안이 시민과 사회의 안전에 직접 연결되어 있다는 식의 발상이 본격화된 것이다. 그렇게 해서 나타난 경제 영역과 정치 영역의 통합적 관리는 그 뒤로는 전형적인 신자유주의적 형태로서의 공급사슬보안을 구축하게 만든 원동력이었다. 공급사슬보안의 핵심 고려사

---

17) DHS(Department of Homeland Security), 'National Strategy for Global Supply Chain Security', Jan 2013. 데보라 코웬(2017: 121) 재인용.

18) IBRD(International Bank for Reconstruction and Development/World Bank), Supply Chain Security Guide, 2009. p. 8. 데보라 코웬(2017: 122) 재인용.

항은 상품 흐름과 그것을 뒷받침하는 교통 및 통신 인프라 네트워크를 보호하는 것이며, 무역 흐름을 방해할 잠재력을 지닌 세력을 관리하고자 하는 국가적 · 초국가적 프로그램들을 통해 형성된다. '공급사슬보안'은 그러한 과정에서 나타나는 취약성을 줄이기 위해 선제적 군사작전을 동원하고, 설령 물류 순환을 중단시키는 사건이 발생하더라도 곧바로 회복시킬 수 있는 준비태세를 갖추면서 교란을 일으키는 사람들과 위험물을 식별하고 이들을 순환시스템에서 떼어놓는 방식으로 위험 관리시스템을 마련했다. 이것은 고위험 컨테이너와 로지스틱스 기업의 소유주, 물류 · 운송 노동자를 예외 없이 모두 겨냥한다. 그리고 그에 따라 군대 배치도 그러한 패러다임의 일환으로 기능한다. 이 점에서 아덴만에서 무역로를 감시하고 단속하는 미 해군(그리고 물류 순환을 안정된 형태로 유지하고자 하는 선진국의 해군들)은 무역보안사슬의 핵심고리다. 이처럼 군사보안과 민간보안의 혼합은 관국가적 공급사슬 지리의 특징이다.

2002년 이후로 공급사슬 교란 범위가 '보안'의 렌즈 아래로 포착되고, 물류의 흐름을 방해할 잠재력을 지닌 무수한 형태의 사건, 행위자, 세력 집단이 보안의 평가 기준 아래에서 검토되고 관리된다. 노동자의 저항, 화산폭발이나 해일 같은 자연재해, 개인적 · 집단적 테러 공격, 해적, 원주민의 토지소유권 투쟁 등이 지역적이고 국가적 사안으로 다뤄지기보다는 지구적 규모의 위험유발 요소로 나타나게 된다. 작업장 안에서 민주주의를 요구하는 행위조차 공급사슬보안의 렌즈에서 보면 전 지구적 물류 흐름에 대한 공격이 되며, 그래서 저항 세력들의 행위는 테러행위 같은 범주로 파악되고 관리된다.[19] 또한 국경을 폐쇄하는 등의 국경보안은 공급사

19) 김진숙(2007)은 2000년대 중반 한국에서 물류 · 운송노동자의 처지와 상황을 잘 보여주었는데, 이는 2010년대 초반 부산지역 한진중공업 노동자의 파업을 지지하는 '희망버스' 운동을 촉

슬보안을 위협하는데, 새로운 보안 프로그램들은 정치적으로 주권 하에서의 영토를 보안의 검색대로 사용하면서 경제적으로는 통합된 지구 경제 공간의 하위범주로 설정해놓는다. 초국적 차원에서 작동하는 공급사슬의 네트워크를 중심으로 보안을 재조정하려는 노력은 국경관리 구역을 밖으로는 외국 항구로까지, 안으로는 국내 운송 · 유통망을 따라 '로지스틱스 도시'에 거주하는 개인들의 공간으로까지 확장한다. 그리고 기존의 법과 권리들이 새로운 질서에 따라 조정되거나 새로 수립되면서 낡은 국가 주권을 변경시키고, 수출가공지구나 각종 경제특구, 교통 허브 등을 섬 지역과 내륙의 항구 주변에 창출함으로써 국가 주권의 오랜 영토 개념에 도전한다. 이렇게 국민국가 중심의 영토적 보안 패러다임은 전 지구적 물류망을 전제한 '구획된 지대' 중심의 전 지구적 물류의 보안 패러다임으로 근본적인 전환을 겪는다.[20]

국경이 아닌 이 새로운 경계 공간은 '홈/이음매(seam)'로 불린다. 이것은 구체적으로는 데보라 코웬이 설명했듯이 "내부공간과 외부공간 사이의 (권)역지대"(2014: 124)를 말한다. 이러한 내부이면서 외부인 지대인 '홈/이음매'에서는 경찰권과 군사권의 경계가 흐려지며, 따라서 범죄와 테러의 경계도 사라진다. 토마스 고스(2006: 1-12)는 "국토에 대한 위협 스펙트럼"이 미사일 공격 같은 군사적 위협, 해적의 선박 공격 같은 해양 보안, 마약밀수 같은 국내 범죄를 모두 포괄하는 것으로 범위가 넓어졌으며, 따

발하는 결정적인 계기가 되었다. 물론 이 운동에서 더욱 결정적인 것은 그녀 자신이 크레인에 올라가 고공투쟁을 벌이면서 소셜미디어를 통해 연대를 호소한 데 있었지만 말이다. 2011년 이후 그녀가 출간한 책은 한국의 '군 불온서적' 목록에 포함되었는데, 이는 군대가 로지스틱스 산업과 그 노동자를 안보를 위협할 대상으로 이해하고 있음을 상징적으로 보여주는 것이라 할 수 있겠다.

20) 좀 더 자세한 내용은 켈러 이스터링(Keller Easterling, 2014: 27)을 참고하라.

라서 '군사작전'과 '비군사적 작전'(경찰 행동이나 법적 · 경제적 규제)이 안보를 위해 공동으로 실행되어야 한다고 밝힌다. 그가 이러한 군사적이면서 비군사적인 작전의 실행을 통상 국경 지역으로 이해되는 공항이나 항만 지역에서 일어나는 사건들을 통해 이해한다는 점에 주목할 필요가 있는데, 바로 그러한 '홈/이음매'가 물류 · 유통의 허브이자 무역이 가능하도록 '여닫는' 관문이기 때문이다. 컨테이너를 선별하는 수단, 고위험군과 저위험군의 거래 물품을 판독하는 장치들이 통관절차에 따라 물류를 분류 · 기록하게 되며, 예측 가능한 방식으로 행동하는(즉, 일정한 거래목록을 가지고 안정된 자금거래를 해온) 기업들은 저위험 점수를 받는다. 반면 불안정한 재정구조를 가짐으로써 예측이 어렵다고 판단되는 기업들의 물품은 정밀조사의 표적이 된다. 이것은 로지스틱스 기업 간의 경쟁에서 더 많은 물품거래, 더 안정된 자본구조를 갖춘 기업의 승리를 보장하며, 그만큼 로지스틱스 산업의 독점화를 가속화하는 계기가 된다.

국경을 외부로 확장하는 안보 프로그램의 다른 형태로는 미국에서 2002년 4월에 시작된 '대테러 민관협력'이 있다. 몬젤루조(2012)에 따르면, "'대테러 민관협력'하에서 기업들은 화물의 원산지로 거슬러 올라가는 자신들의 공급사슬보안을 위해 관세국경보호청의 가이드라인을 따른다. 세관은 그 운영의 보안을 확인한다. … 세관은 한 기업을 '믿을 수 있는 파트너'로 지정한다. '믿을 수 있는 파트너'란 보통 더 적은 화물 조사와 신속한 선적 처리를 받는 지위를 말한다."[21] 그 결과 '민관협력'하에서 기업들은 국가안보에 대한 책임을 분담하며, 자신이 운송하는 물류에 대해 일정한 사전검토를 실행하는 등의 자체 보안 절차를 강화한다. 이렇게 로지스틱

21) 데보라 코웬(2014: 133) 재인용.

스 기업과의 상호협력과정 속에서 국가안보가 민영화되는 것이다. 또한 이러한 안보/보안의 민영화가 신자유주의 통치의 새로운 특징이거나 일반적 모습은 아니지만, 적어도 이를 통해 신자유주의적인 국가적 · 초국가적 통치 질서는 강화될 수 있었다.

기존 권력의 보안/안보 위기에 대한 관심 집중은 국가가 정책을 책정하거나 기업의 경영 방향을 정할 때 일정한 역할을 하며, 또한 군사적 배치나 학문적 관심에도 영향을 미치는 등 전 사회적인 권력지형을 변화시키는 계기가 된다. 국가는 테러주의자나 마약 밀매 등에 맞서 안보의 실행이 국민을 보호하는 필수적 조치라고 주장하며, 국민은 불안정한 사회적 상황에 대한 조치로서 안보의 실행과 새로운 법 규범의 설정이 필요하다고 응답한다. 로지스틱스 혁명도 이러한 흐름에 동참한다. 2001년 9.11테러 이후 미국과 국제정치에 나타난 군사적 대응은 국가의 질서나 인구의 보안을 위한 조치라기보다 무역 · 유통 · 운송의 전 지구적 안정화를 향하는 방향으로 나아갔다. 광범위한 행위자들이 다양한 장소에서 서로 다른 전략에 대한 단편적 노력으로 시작한 것이 위기 대응, 자본의 변화, 국경의 약화, 네트워크 보안, 사회질서의 변화로 귀결되었다. 이러한 형태들은 특히 컨테이너/물류 이동이라는 이슈와 맞물려 있다. 오늘날 국경은 관문과 항로들로 개념화되며, 관국가적 순환 네트워크에 맞춰 개조되었다. 이 관로의 보안관리는 국제화되고 디지털화되고 대체로 민영화되었다. 나아가 영토경계는 점점 더 '구획된 지구' 혹은 예외 구역으로 관리되고, 이곳은 국가의 내부도 외부도 아니며, 잠재적으로 범죄나 테러로 분류되는 행동을 상대하는 경찰과 군대 모두의 권한 아래에 있다.

7.
코로나19와 물류 · 배달노동

내용을 정리해보자. 오늘날의 플랫폼 자본주의는 디지털 기술과 생산에서의 자동화를 통해 도달한 자본주의의 고도의 발전 형태를 압축하는 말이며, 이는 전통적인 산업생산 자본주의와 달리 생산, 유통, 소비, 분배가 각 분야의 고유한 작동 메커니즘 혹은 각 분야 담당자의 인격체 차원에서뿐만 아니라 시간과 공간 차원에서도 상호 중첩되고 혼용되어 작동하는 식으로 총체화된 자본의 일반적 상황을 말한다.

마르크스는 산업자본주의가 태동하던 당시의 유럽 사회에서 정치경제학의 이론들이 전제하고 있던 내용들, 즉 "나는 내 신체의 주인이며 따라서 내 신체는 나의 사적소유물이다. 나의 소유물인 내 신체를 움직여 자연의 산물을 가공하는 노동을 통해 생산한 생산물 역시 나의 소유물이다" 같은 이데올로기를 폭로하면서 자본주의 사회가 '잉여가치를 생산하는 노동'에 절대적으로 의존하고 있을 뿐만 아니라 그러한 잉여가치 생산노동의 산물을 계급적 분할선에 따라 사적소유의 형태로 전유하고 있음을 밝힌 바 있다. 나아가 마르크스는 바로 그런 정치경제학의 이데올로기를 더욱 밀어붙여 자본가의 소유물로 간주되는 생산물이 사실은 자본의 노동이 아닌 바로 노동자 자신의 노동생산물인 만큼 그것들을 자신의 것으로 가져가는 것이 얼마나 자연스러운 일인지를 역설한 바 있다. 마르크스에 따르면,

> *"생산물들을 자기 자신의 것으로 인식하고, 자신의 실현 조건들로부터의 분리를 부당하고 강제적인 것으로 판단하는 것 — 이는 대단한 의식의 발전인데, 이 의식 자체는 자본에 기초한 생산양식의 산물이며, 이것의 몰락을 알리는 종소리다. 이는 스스로 타인의 소유일 수 없다는 노예의 의식, 그의 인격체로의 의식과 더불어 노예제가 인위적인 현존만을 계속 낳았을 뿐 생산의 토대로서 존속하기를 중지했던 것과 마찬가지다."*(마르크스, 2000: 86)

나아가 자본의 권력 형태를 유지하기 위해서는 자본의 반복적인 확대재생산이 가능해야 하며, 따라서 그만큼 노동자의 집단적이고 협력적인 생산에 의존할 수밖에 없다. 바로 그러한 잉여가치 생산이 일어나는 장소(그 장소는 오늘날 생산이 일어나는 물리적 공간인 공장 안이기도 하고, 공장 바깥의 무수한 장소들에도 해당하며, 가장 중요하게는 생산을 가능하게 하는 노동자의 신체 자체이기도 하다)에 자본권력의 모든 이데올로기와 물리력, 제도화가 집중되고, 따라서 불가피하게 바로 그 안에서 적대가 격렬하게 발생할 수밖에 없는 이유를 밝힌 바 있다.

오늘날 자본은 이러한 적대를 사회 전체 영역으로 확장했다. 오늘날 적대는 고립된 생산영역에서만 발생하지 않으며, 유통, 소비, 분배 등 모

든 영역에서 발생한다. 노동의 비물질화, 인지(지식, 정동, 정보, 소통)적 생산의 헤게모니로 인해 노동은 물리적 공간에 머물며 신체를 움직여 수행되는 것 이상으로 장소와 시간에 구애받지 않고 보편적 시공간 안에서 수행되며, 바로 이 점이 오늘날 노동자의 육체적 · 정신적 고통을 가중시키는 이유로도 작동한다. 또한 생산, 소비, 유통, 분배가 서로 혼합되면서 총체적으로 작동하고 있는 만큼 오늘날 노동자의 형상도 과거 공장노동의 이미지에서 벗어나고 있다. 오늘날의 노동자는 '자본의 요구임과 동시에 노동자의 잠재적 역량에 의해' 그 자신 스스로 예술가이자 만능 엔터테이너가 되는 방향으로 나아가고 있다. 오늘날 대부분의 노동은 스마트폰을 손에 쥐고 인터넷과 SNS를 매개로 작업을 이어갈 수밖에 없다는 점에서 첨단과학 기술들을 개인 차원에서나 집단 차원에서 최대한 활용할 수 있는 지성 능력을 가지고 있어야 한다. 또한 자신의 노동 현장에서 매번 끊임없이 고객과 정동을 주고받아야 한다는 점에서 친절과 배려를 기본품성으로 갖춰야 하고, 적시적소에 물품을 운송 · 배달하기 위해 다른 어떤 시대의 노동자보다 무한속도의 세계에 적응해야 하며,[22] 매번 발생할 수 있는 우연적이고 돌발적인 사태에 직면해서 뛰어난 임기응변 능력을 발휘할 수 있어야 한다. 이러한 지성능력, 정동능력, 언어능력, 이동능력, 대처능력 발휘에 대한 요구는 한편으로는 노동자의 정신과 신체를 극도의 스트레스와 불충분한 수면, 매 순간의 사고위험, 우울증과 심리적 공황상태에 노출시키고 있는 만큼 노동자의 고통은 전시상태에서 적군에게 고문당하는

---

22) 마르크스(2000: 327)는 이를 이렇게 설명한다. "유통시간이 가격을 규정하는 시간으로 나타나지 않고, 또한 회전수가 유통시간에 의해서 결정되는 한에 있어서, 자본은 노동과 구별되어 자신에게 속하는 독특한 종류의 새로운 가치 규정적 요소를 추가하는 것으로 나타나지 않고 제한적 · 부정적 원칙으로 나타난다. 따라서 유통시간 없는 유통이 자본의 필연적인 경향이고, 이 경향이 신용 및 자본의 신용기구들이 지닌 기본 규정이다."(원문 수정)

병사들의 상태와도 유사한 환경에 내몰린다. 하지만 노동자의 고통만으로는 부족하며, 그러한 고통을 겪는 과정에서 해방을 위한 잠재력에도 주목할 필요가 있는데, 이것이 이후 대안의 가능성을 조건 지을 수 있기 때문이다. 그렇다면 유통 · 물류 · 배달노동자에게 어떤 잠재력이 형성되고 있는 것일까? 그들은 노동의 고통 이면에 '인종 · 젠더 · 섹슈얼리티 · 신체장애 · 민족 · 연령 · 학력' 등의 위계적 구조 내에 놓인 그 누구와도 만날 준비를 갖추고 정동의 교류에 응해야 하는 일을 반복함으로써 집단적 정동 교류의 능력을 잠재적으로 길러내고 있다. 이것은 그들이 가진 잠재력의 두 가지 측면을 말해주는데, 한편으로는 기계 장치들과 일체가 되어 일하면서 더욱 기계화되고 있는(좋은 의미에서든 나쁜 의미에서든) 기술적 조건이 다른 한편으로는 무수하게 다양한 존재와의 우연한 마주침을 스스로 감당해야 하는 정동적 조건이 이들 새로운 시대의 프롤레타리아트를 구성하는 조건이며, 그만큼 사회변혁의 잠재력도 그에 부합하는 방식으로 축적된다고 할 수 있다.

물류노동과 배달노동, 운송노동은 바로 이러한 노동의 일반적 조건에서 이해될 필요가 있다. 이들의 노동이 우리 시대의 다른 노동과 구별되는 독특한 점은 첫째, 이들이 오늘날 자본주의의 순환을 위해 생산-소비-유통-분배를 '거의 유일하게' '물리적으로' 직접 자신의 몸으로 연결하고 있다는 점이다. 둘째, 이들이 오늘날의 로지스틱스 체계를 가동시키는 적시생산과 주문생산의 흐름을 유지하기 위해 자신의 신체를 속도의 세계 안으로 밀어 넣어야 한다는 점이다. 셋째, 오늘날 이들의 신체는 플랫폼 자본주의의 질서가 가동되는 가장 기본적인 단위로 작동하며, 그만큼 오늘날 노동에 요구되는 모든 능력(무한속도, 항시 대기, 친절이 동반되는 정동 능력, 기계 및 네트워크와의 접속을 위한 지성능력, 언어능력, 임기응변능력, 심지어 속도와 무게를 견뎌내는 신체력 등)이 총체적으로 요구되는 장소가 된다는 점이다. 즉 물류-운송-배달노동의 신체는 전통적인 공장생산노동이나 화이트칼라로 대표되는 지식 및 아이디어 생산노동, 감독 및 관리노동을 '집약적으로' 연결하는 중심고리로 기능한다는 점에서 점점 더 높은 형태로 자본의 이데올로기와 물리력이 집중되는 장소가 되고 있으며, 또한 그만큼 더 높은 형태의 적대가 발생하는 장소가 되기도 한다.

여기에 자동화와 재택근무가 보편화되는 상황인 코로나19 시대에는 물류 · 배달 · 운송노동의 중요성이 더욱 극적으로 증대된다. 산업노동자의 혁명적 잠재력이 공장 내의 집단적 협력노동에서 비롯되는 것이라면, 오늘날의 상황은 인지적 생산자 스스로를 신체적으로 고립시키고 파편화시키면서 오로지 디지털기술과 네트워크적 연결망에 의지해 생산에 참여하도록 강제하고 있으며, 그만큼 고립된 존재들의 생산 및 생존을 연결하는 거의 유일한 물리적 노동으로 기능하기 때문이다. 또한 오늘날 로지스틱스가 '홈 없는' 매끄러운 공간 안에서 전 지구 사회의 상호 연결로 이루어지는 만큼 자본주의의 위기 요소는 매 순간 모든 곳에서 나타나게 되었다. 자본은 이를 해결하기 위해 '사회의 보안화'로 대응했으나, 이는 '적'이나 '테러', '장애물'로 간주하는 모든 인적 · 물리적 요소가 서로 연결될 가능성 역시 함축한다. 가령 유통 · 물류노동자의 국지적 파업이나 시위(혹은 일시적 운송 중단)는 곧바로 국가에 의해 '테러주의', '위기를 불러오는 장애물'로 규정될 것이다. 역설적이게도 바로 이 측면, 즉 현재 자본주의 안에서 가장 큰 위기를 가져올 수 있는 존재는 유통 · 물류 · 운송노동이다. 또한 그만큼 다른 어떤 노동보다 이들 노동에 대한 명령과 감시를 강화시켰으며, 가장 큰 부담을 안겨주는 지위를 차지한다. 테러한 적이 없는데 테러주의로 낙인찍히는 상황, 노동의 고통에 대한 호소와 그 고통을 경감시키고자 하는 행위에 사회의 권력지형 전체가 민감하게 반응할 수밖에 없는 상황, 모든 첨단기기가 현실화되어 적용하면서도 가장 강력한 물질적 · 육체적 노동을 감당해야 하는 상황 등은 이들의 노동이 현재 차지하는 위상을 역설적으로 반영하며, 그만큼 국지적 수준에서의 고립된 투쟁으로는 어떠한 성공도 보장하기 어렵다는 것을 말해준다. 오로지 전체 사회의 미세한 마디들과 연합할 수 있는 능력, 지구를 흘러가는 모세혈관들 마디마디에 편재해 있는 노동자와 연합할 수 있는 능력, 인종 · 직업 · 젠더 · 섹슈얼리티를 교차하면서 상호 교류를 통해 연합해낼 능력만이 그들을 구원할 것이며, 그러한 연합과 교류의 능력은 오늘날의 전 지구적 자본을 변혁시킬 가장 근본적인 측면을 드러낸다.

03

플랫폼 노동의 그림자:

위험의 외주화와 실상의 비가시화

장윤석

1.
서론:
멈추지 않은 이들

코로나19 사태로 모든 게 멈췄다고 하지만, 멈추지 않은 이들이 있었다. 눈이 오나 비가 오나 택배 트럭과 배달 오토바이는 멈추지 않는다. 사회적 거리 두기가 1단계건 2.5단계건, 주말이든 크리스마스든 마찬가지다. 이 장에서는 코로나19 사태에도 멈추지 못한 이들에 대해 이야기하려고 한다. 언제부터 우리가 '배달의민족'이었나? 혹자는 터치 한 번으로 배달음식이 오고 새벽에도 택배가 온다며 '혁신'이라는 찬사를 붙이곤 한다. 하지만 이 '혁신'으로 포장된 해류에 몸을 맡겼을 때 어디로 가게 될지는 아무도 알지 못한다. 낯설고 위험한 미래가 번지르르하게 포장된 채 우리 앞에 놓여있는 것은 아닐까.

2020년 8월 여름, 물난리가 났다. 기록적인 폭우 속에서 몸이 반쯤 잠긴 채 포장된 배달음식을 높이 들어 올리고 있는 라이더 사진이 화제가 되었다(그림 3-1). 누구나 원하는 시간에 양질의 일자리를 자유롭게 선택할 수 있다는 쿠팡과 배달의민족(이하 '배민')의 말들이 무색해지는 광경이었다.

[그림 3-1] 비 내리는 부산, 배달음식을 높게 치켜든 라이더(출처 미상: 한 커뮤니티 게시글)

2020년 겨울, 폭설이 내린 빙판길에도 오토바이는 달리고 있었다. 라이더는 왜 배달을 가야 했나.

> *"2020년 10월 7일, 노동자 김동희는 새벽 2시에 귀가했다. 같은 날 그는 420개의 소포를 픽업하기 위해 창고로 가야만 했다. 다음날 새벽 4:28, 그가 동료에게 문자를 보냈을 때 그에게는 배달해야 할 물량이 아직도 많이 남아 있었다. 그는 새벽 5시까지 집에 갈 거라면서 다시 나가야 해서 먹거나 씻을 시간은 없을 거라 말했다.*

"그냥 너무 힘들어." 그는 문자에 남겼다.

4일 후, 그는 일터에 나타나지 않았다. 동료들이 확인하러 집으로 갔다가 죽어있는 그를 발견했다. 경찰은 심정지를 사인으로 규정했다. 동료들은 그가 과로로 죽었다 했다. 그는 36세였다."[1)]

배달노동자(배달라이더)[2)]와 물류노동자(택배기사)의 현주소를 보여주는 이야기들이다. 이 장에서는 이들의 '노동'에 대해 살펴보려 한다. 이들의 노동을 '플랫폼 노동'으로, 일하는 이들을 '플랫폼 노동자'로 지칭한다. 플랫폼 노동의 성격이 무엇이며, 플랫폼 노동자는 어떤 노동조건에 놓여있는가를 살핀다. 플랫폼 노동이 지니는 그림자를 '위험의 외주화', '실상의 비가시화'로 부르며 살펴본다.[3)]

더 살펴볼 것은 '청년'이다. 고용 없는 성장을 지나 성장도 없고 고용도 없는 얼어붙은 기존의 노동시장 속에서 청년 세대는 플랫폼 노동으로 유입되고 있다. 배달 · 택배노동자의 태반이 청년이라는 건 모두 다 아는 이야기다. 배민과 쿠팡은 젊음을 내세운 브랜드 이미지를 만들어내 청년을 포섭하고 젊음을 저렴하게 추출하고 있다. 아래에서는 청년 세대는 왜 플랫폼 노동시장에 유입되며, 이것은 우리 사회의 다른 여타 청년 문제와는 어떤 식으로 연관이 되어 있는지 살펴본다.

---

1) Choe Sang-Hun, 2020.12.15, "Delivery Workers in South Korea Say They're Dying of 'Overwork'", The New York Times.

2) 이 장에서는 배달 '라이더'를 배달 '노동자'로 쓰려 한다. 이들의 노동자성을 쟁취하려는 투쟁을 지지하는 뜻에서다.

3) 플랫폼 노동 중에서도 배달의민족과 쿠팡을 중심으로 '배달과 물류'에 국한한 플랫폼 노동을 살펴보는데, 이는 (2장에서 서술한) 로지스틱스 논의와 연결된다. 플랫폼 노동은 전 지구적 공급사슬로 구성된 '로지스틱스'의 근저를 이루는 노동이라 할 수 있다.

기후위기 시대 코로나 환란 속에서 이들 플랫폼 노동자는 어떻게 될 것인가. '코로나19'와 '기후위기'는 플랫폼 노동의 약한 고리를 만들고 어렵게 만드는 중대한 배경이 되고 있다. 2020년 한 해의 양상을 살펴보면 이미 많은 암시가 주어졌다. 코로나19 사태 속 '필수노동자'의 열악한 처우, 거리 두기로 인한 배달 · 물류량의 증가, 플랫폼 노동과 관련한 규제 완화 같은 사회적 보호의 실패를 예로 들 수 있다. 더하여 폭염과 폭우, 폭설 같은 기상이변 앞에서 빚어진 위험에 이르기까지 걱정스러운 흐름이 가득하다. 코로나19 사태가 기후위기의 일환이었음을 강조해둘 때, 이 일들은 전조증상에 지나지 않는다. 점차 심각해지는 기후위기 국면 속에서 위험은 플랫폼 노동에 가중되기 십상이다.[4] 이 장에서는 이러한 국면과 흐름에 대해 살펴본다.

---

4) 다음 글 참조. 장윤석(노마), 2020.03.23, "[코로나, 기후위기, 그린 뉴딜] 코로나와 기후위기", 생태적지혜연구소 미디어.

2. 플랫폼 노동, 정의와 쟁점

1) '플랫폼 노동'이란

기존의 표준화된 '계약'과 '고용' 형태와는 다른, 새로 등장하는 이 일 혹은 활동을 무엇이라 불러야 할까. 한국에서는 온라인 플랫폼을 통해 간헐적 · 일회적으로 중개된다는 점에 초점을 두고 '플랫폼 노동'이라고 익숙하게 불리고 있다(이영주, 2020). 반면, 외국에서는 '플랫폼'이라는 낱말 대신 임시직을 뜻하는 '긱 이코노미(gig economy)'나 '긱워크(gig work)'라는 단어를 주로 사용한다. 2010년대 중반부터 플랫폼 노동에 대한 폭발적인 논의 확산과 이슈화가 이루어지며 온갖 용어가 등장했다.[5] 하지만 이에 대

5) 그 외에도 필요할 때 노동을 일회적으로 주문해서 사용할 수 있다는 뜻에서 주문형(on-demand) 경제, 디지털 공유경제(sharing economy), 협력경제(collaborative economy), 온라인 노동(online labour), 크라우드워크(crowd work), 마이크로워크(microwork), 디지털 노동(digital labour) 등이 쓰인다. 법적 지위와 규율을 둘러싼 여러 측면에서 기존의 특수형태근로종사자 · 특수고용직노동자와 유사하다고 해서 최근에는 '디지털 특고'라고 부르기도 한다. '플랫폼 특수고용노동자'를 가리키는 '플랫타리아트(platform+proletariat)'라는 말도 있다. '디지털 부둣가'(일감 찾는 가상이민), '디지털 갤리선 노예'(데이터 입력, 필터링 작업자), '클릭노동' 같은 표

한 구체적인 개념은 어느 논자를 막론하고 아직 명확하게 정리가 이루어지지 않은 상태다. 그러다 보니 용어의 시간적 생명력이 미미하며 마케팅 수단에 불과하다는 비판도 있다(이영주, 2020). 그 까닭은 플랫폼 노동에 대한 개념의 범주를 엄밀하게 정하고 그에 따라 노동 형태를 구분하는 것이 아니라 새로운 '서비스'와 '모델' 혹은 '사건'과 '문제'의 특징을 포착해 거꾸로 개념의 범주를 꾸려가는 낯선 과정에 들어서 있기 때문일 것이다. 새롭고 낯선 문제는 연일 이어지는데, 이 문제를 지칭할 언어가 불분명해 난감함이 잦다. 이 장에서는 ILO(국제노동기구), OECD(경제개발협력기구)에서 보편적으로 쓰이고, 한국에서 익숙하게 쓰이는 '플랫폼 노동(Platform Labour)'으로 용어를 통일해 사용한다.

그렇다면 플랫폼 노동은 어떻게 정의할 수 있을까. ILO와 OECD에서는 "온라인을 통해 플랫폼을 이용하여 불특정 조직이나 개인이 문제해결이나 서비스를 제공하고 보수 혹은 소득을 얻는 일자리"로 규정한다. 플랫폼 노동은 주문형/AMT[6]형, 대면형/비대면형, 지역(location) 기반형/웹(web) 기반형 등으로 구분된다. 예를 들어 음식배달노동은 거래가 플랫폼을 통해 매개되지만, 특정 지역에 기반해서 고객과 직접 물리적으로 대면하는 방식으로 배달이 이루어지기 때문에 주문형이자 대면형, 지역 기반형 플랫폼 노동인 셈이다. 최근에는 플랫폼 기업의 사업 모델이 수시로 성격이 바뀌고 서로 교차되는 경우가 많아 범주가 더욱 세분화되고 있다(이영주, 2020; 김종진 외, 2019).

현도 있다.

6) 아마존(Amazon)이 시작한 미케니컬 터크(Mechanical Turk)의 줄임말로, 전문인력과 지식을 공유하는 플랫폼에서의 노동 형태. 인간의 지능이 필요한 일을 본인의 집에서 선택해서 할 수 있다고 광고하지만, 실제로는 매우 간단한 일을 처리하고 푼돈을 받는다.

2) 플랫폼 노동의 쟁점

국내 플랫폼 노동의 주요 쟁점은 고용 지위와 관련하여 노동법 적용 여부를 둘러싼 문제, 고용 형태 오분류 문제, 회색 영역에 대한 보호 문제, 제3의 고용 지위 부여 방안 문제로 요약된다(김종진 외, 2019). 주요 논점은 불안정고용이나 고용관계 비표준화, 그리고 노동과정의 통제, 사회적 보호 같은 문제에 맞춰진다. "플랫폼을 매개로 노동력을 제공하는 이들을 '노동자'로 볼 수 있는가?"라는 '노동자성(근로자성)'을 묻는 이 질문이 플랫폼 노동을 둘러싼 쟁점의 가운데에 있다.

플랫폼 노동자를 보면 기존의 전통적인 임금노동자가 아닌 개인사업자가 대부분이고, 이런 이유로 플랫폼 노동자는 사회적 보호나 권리에서 배제되고 노조 설립 같은 노동3권의 헌법적 권한도 적용받지 못한다(김종진 외, 2019). 하지만 플랫폼 노동자는 외관상 고용관계를 벗어나 있음에도 경제적으로는 강한 종속관계에 놓여있다. 노동구조를 들여다보면, 플랫폼 사업주에 의한 인적 종속성은 점점 약화되는 반면 네트워킹에 의한 플랫폼 시장의 독점성과 디지털 기술을 통한 성과관리 등 경제적 종속성은 더욱 높아지고 있음을 알 수 있다. 그래서 플랫폼 노동자는 "혁신기업들의 무법적 행태", "혁신의 감언이설"이라며 플랫폼 기업에 대한 비판의 목소리를 높인다. 우버의 노동자가 노동자성을 증명하려는 소송을 건 것처럼 이들은 자신들이 노동자라고, 플랫폼 기업은 노동법을 회피하려는 것이기에 플랫폼 노동을 노동법 안으로 들여놓아야 한다고 주장한다. 이로써 "노동은 상품이 아니다"라는 필라델피아 선언이 다시 소환된다. 『공유경제는 공유하지 않는다』의 저자 알렉산드리아 래브넬(2019)과 『플랫폼 노동은 상품이 아니다』의 저자 제레미아스 아담스-프라슬(2018)은 이러한 논지를 뒷받침한다. 프라슬은 플랫폼 노동에 노동법을 적용하면 기술 혁신이 가져다주는 장점을 살리면서도 일하는 사람들이 플랫폼 기업의 이윤을 위해 희생되지 않도록 보호해줄 뿐만 아니라 더 나아가 혁신의 비용을 플랫폼 기업에 공정하게 부담해 그 성과를 우리 사회 구성원 모두가 누리게 해줄 것이라고 역설한다.

플랫폼 기업들이 노동법 무용론을 펴는 것에 대비하여 플랫폼 노동자의 법적 지위를 인정하는 흐름은 점점 커지고 있다. 그간 독일에서도 플랫폼 노동자는 '자영업자(Self-employed)'로 분류해왔는데, 2020년 12월 1일 독일 연방노동법원은 플랫폼 노동자인 '크라우드워커(crowd woker)'가 독일법상 근로자로서 법적 지위를 가진다는 이례적인 판결을 냈다.[7] 뉴욕시와 시애틀시의 경우 형식상의 자영업자인 플랫폼 노동자에게 최저임금을 보장하는 법안이 통과됐다. 영국, 스위스, 프랑스 등 유럽에서도 우버 운전기사가 노동자라는 판결이 잇달아 나왔다. 최근에는 스페인 대법원이 앱(App, application)에서 일감을 받아 음식배달하는 이들을 노동자라는 판결을 내놓았고, 핀란드 노동위원회도 같은 의견을 제시했다. 국내에서는 2020년 5월 타다 운전기사가 타다 운영사 VCNC 모회사인 '쏘카'의 노동자라는 중앙노동위원회 판정이 나온 바 있다.[8]

---

7) 독일 법원은 근로자가 계약상 특정 업무를 반드시 수행해야 할 의무가 없다고 하더라도 플랫폼 노동자의 계약상 자유가 제한되며 고용관계가 인정된다고 판단했다. 독일 법원은 근로자가 전형적인 방식으로 업무를 수행하는 점, 회사의 지시에 구속되는 점, 인격적 종속에 따라 업무가 결정되는 점 등을 근거로 들어 플랫폼 노동자를 근로자로 인정했다. 독일 노동사회부는 판결이 나기 며칠 전 플랫폼 노동자를 보호하기 위한 규제 계획을 발표하기도 했다(곽용희 기자, 2020.12.14, "플랫폼 노동자는 근로자 … 독일연방노동법원서 최초 판결", 노동법률).

8) 김지환 기자, 2020.11.11, "'근기법 적용하라!' 플랫폼 노동자들 외침", 경향신문.

3) 이 장의 초점과 연구 방향

플랫폼 노동이 '노동'으로 인정받고 있는 것은 분명히 올바른 방향이지만, '노동자인가, 아닌가?' 하는 질문에 치우쳐 법제도 측면의 논의에만 무게가 실리고, 플랫폼 노동의 다른 면면에 대한 시선과 해석이 가려지고 있다. 그리하여 본 연구에서는 노동의 법적 정의보다 노동의 가치지향적 정의를 고민해 '노동자인가, 아닌가?'보다 '무엇이 노동이고, 노동은 무엇이어야 하는가?'라는 질문에 초점을 두려 한다. 이는 현재의 플랫폼 노동 형태에 대해 그것이 개인적 혹은 사회적으로 건강한지 묻는 것이기도 하다.

여기에 더해 한국의 플랫폼 노동이 가지는 특수성을 살피려 한다. 박정훈(2020)은 자신의 저서 『배달의 민족은 배달하지 않는다』에서 한국의 독특한 플랫폼 노동을 이해하기 위해서는 배달산업의 복잡한 구조를 짚고 넘어가야 한다고 말한다. 『플랫폼 노동은 상품이 아니다』의 역자 이영주(2020)도 "한국의 음식배달 산업은 다른 나라와 비교할 때 여러 면에서 독특한 구조로 이루어져 있다"라고 말한다. 그간 한국에서의 플랫폼 노동에 관한 선행 연구는 이러한 면면을 잘 살피지 못했다. 이영주(2020)는 '플랫폼 노동'에 관한 한국에서의 논의가 전반적으로 '성장'과 '산업' 논리에 매몰되어 "기울어진 운동장 위에서 경기가 시작"된 꼴이라 본다.[9] 그는 학계가 '유행'에 편승해 외국 사례 조사나 실태 조사에만 치우쳐 '피상적 일

---

9) 플랫폼 기업들의 이해관계를 대변하는 흐름을 살피면 이러한 담론장의 기울어짐을 살필 수 있다. 코리아 스타트업 포럼 창립(2016년 9월), 대통령 직속 4차산업혁명위원회 출범(2017년 10월), 이재웅 쏘카 대표의 기획재정부 산하 혁신성장본부 민간공동본부장 취임(2018년 8월), 나아가 4장에서 살펴볼 '한국판 디지털 뉴딜(2020년 5월)'은 한국의 기술 · 성장에 대한 낙관주의를 반영한다.

반론'만 되풀이하고, 결론이 정해진 '주문형 연구'나 '발주자 맞춤형 정책 연구'가 기승을 부리고 있다고 평가한다. 서울연구원과 한국노동사회연구소(2019)도 "플랫폼 노동 혁신성을 주장하는 논의들이 많고, 이론적이고 경험적인 연구들은 제한적"이라고 평가한다. 선행 연구 중 일부는 '플랫폼 기업'의 홍보자료를 만들어내는 꼴이고, 또 다른 일부는 플랫폼 노동자의 열악한 처지에 눈물을 짜내며 '비참함'만을 강조한다. 국외에서 유뱅크스(2018), 래브넬(2019), 프라슬(2018) 같은 논자들이 플랫폼 노동 실태를 섬세히 분석한 연구들은 분명히 귀중하지만, 영·미권 사회의 논쟁과 문제들에 바탕을 두고 있기에 한국 사회에서 벌어지는 상황들에 곧이곧대로 적용될 수는 없다. 게다가 플랫폼 노동 이슈의 특징이 급속히 새로 생겨나고 진화하는 것을 감안할 때, 이러한 연구들이 번역되는 동안 발생하는 시간적 격차로 인해 때가 지나버리고 만다는 한계가 있다.

이를 종합해 본 연구에서는 다음과 같은 연구 방향을 설정해보고자 한다. 첫째, 한국이라는 사회의 특수한 맥락에 맞추어(이 장에서는 '청년', '배민과 쿠팡') 플랫폼 노동의 실태를 개인적·사회적 '건강'에 유의하여 살핀다. 둘째, 플랫폼 노동에 대해 (노동법·사회제도의 관점을 넘어서 '노동'의 역사성에 초점을 두어) 분석한다. 셋째, 플랫폼 노동이 등장한 사회와 사회가 묻어 들어가 있는 자연적 조건 — 코로나와 기후위기 — 과의 관계를 살펴본다.

3.
배달의민족과 쿠팡을 통해 본 플랫폼 노동

플랫폼 노동 중 배달 · 물류(택배) 노동에 초점을 맞춰보자. 플랫폼 노동의 다양하고 폭넓은 유형을 생각할 때 배달 · 물류노동이 플랫폼 노동의 전부라 할 수는 없지만, 분명히 대표성을 지닌다. 배달 · 물류노동은 플랫폼 노동자가 당면한 모순과 어려움이 두드러지게 드러나는 영역인데, "택배가 당일배송을 넘어 로켓배송 되고, 배달음식도 어디서든 언제든 시키면 온다"라는 '배달의 천국(다른 한쪽이 지옥이라는 것을 잊은)' 레퍼토리를 생각하면 이해가 쉽다.

2019년 국가인권위원회 조사에 따르면 플랫폼 노동자의 하루 평균 노동시간은 8.22시간이었다. 하지만 주 6일 이상 근무하는 경우가 많은 데다가 대리운전, 퀵서비스, 화물운송 노동자는 9~13시간에 이르는 초장시간 노동에 시달리고 있었다. 그런데도 생계유지가 쉽지 않은 형편이다. 2019년 한국고용정보원 조사를 보면 플랫폼 노동자의 월평균 소득이 100만 원 이하라는 응답 비율이 36.5%로 가장 높았다. 아래에서는 이러한 플랫폼 노동의 실태를 '배민'과 '쿠팡'을 통해 살핀다.

1) 배민, 배달라이더(노동자)

> *"배달의 민족 애플리케이션은 2020년 3월 기준 무려 5,400만 명이 다운로드했고, 월 방문자는 1,000만 건, 월 주문은 5,000만 건을 기록했다. 한국 국민을 약 5천만 명이라고 보면 그야말로 국민 애플리케이션이다."*(박정훈, 2020)

배달 플랫폼이 확장되는 속도는 상상을 초월했으며, 그와 동시에 배달노동 실태 또한 최악으로 치달았다. 고용노동부 자료에 따르면, 배달 업계의 산업재해는 2016년 277건에서 2018년 618건으로 2배 이상 증가했다. 배달노동자의 대부분이 산재보험에 가입되어 있지 않았음을, 위탁 계약 사업장(동네 배달대행업체)의 '보이지 않는' 산재가 포함되지 않았음을 고려하면 이러한 수치조차 얼마나 축소된 것인지 생각해봄직하다. 한국노총(한국노동조합총연맹)의 장진희 연구위원이 배달노동자 300명을 대상으로 한 설문조사에서, 배달대행업체에 소속된 노동자 중 산재보험에 가입한 비중은 0.4%에 불과했다. 점포 소속 노동자가 97.9%의 가입률을 보여주는 것과 비교했을 때 이는 놀라운 일이 아닐 수 없다.

이러한 실태를 단적으로 드러내는 플랫폼 관계자의 말을 들어보자.

> *"본사는 플랫폼만 제공한다. 사고가 난다고 해서 본사가 책임져주*

지 않는다. 본사 차원에서는 라이더의 사고 현황 파악도 하지 않는다. 바로고가 사고 건수가 많은 것은 산재 승인을 많이 해주는 회사이기 때문이다('바로고' 관계자)."
"개인적으로는 가슴이 아프다. 하지만 법적으로는 우리 회사에 책임이 없다. 우리 회사는 다른 회사에 비해 라이더들에게 산재 신청을 하도록 적극 독려하고 있다(배민라이더스 관계자)."[10)]

플랫폼하에 있는 배달노동자는 위험에 과다하게 노출되지만, 위험에 대비할 방편에는 소홀하게 방치되어 있다. 앞서 잠시 언급한 한국의 독특한 구조는 이러한 열악함을 가중시킨다. "배달의민족은 배달하지 않는다"라는 기괴한 문장은 고객과 음식점을 연결하는 주문 중개업과 음식점, 배달대행업체 사이의 배달 중개 앱이 분리되어 있음을 말해주는 것이다. 박정훈(2020)에 따르면 한국의 플랫폼 산업은 2개의 플랫폼(주문 중개, 배달 대행)이 '손님-음식점-동네 배달대행사-라이더' 4자를 중개하는 구조로 '손님-음식점-라이더' 3자를 중개하는 여타 국가의 플랫폼 형태와는 다르다. 그는 이 구조를 '프랜차이즈형 플랫폼'이라 부르며 현재 한국의 플랫폼 배달노동자가 겪는 고통의 한 가지 원인으로 지목한다.[11)]

10) 강혜인 기자, 2019.10.04, "[배달죽음] 4-① 3년간 라이더 사고 1800여 건… 1위 '바로고'" 뉴스타파.

11) 박정훈(2020)은 이를 '위장된 플랫폼', '헬조선식 플랫폼'이라 부르며 다음과 같이 말한다. "한국 특유의 플랫폼 노동은 위장된 플랫폼, 즉 계약서엔 위탁 계약자이지만 실제로는 근로자인 사람들의 노동이다." 이러한 '프랜차이즈형 플랫폼'이 한국에서 기승을 부리는 까닭은 무엇인지 고민해볼 필요가 있다.

2) 쿠팡, 물류노동자

2021년 1월 14일 쿠팡의 물류센터에서 밤샘 근무를 마친 50대 일용직 노동자가 회사 화장실에서 숨진 채 발견됐다.[12] 지난 8개월 사이 쿠팡 물류센터와 관련된 비정규직 노동자 3명이 돌연사했다. 사인은 모두 심근경색이다. 유가족과 노동자는 죽음의 배경으로 쿠팡의 악명 높은 작업 관리 시스템을 지목한다. 한 사람이 1시간에 몇 개의 물건을 처리했는지를 'UPH'라는 수치로 실시간으로 측정하는데, 수치가 낮아지면 공개적으로 작업장 내부 방송으로 "속도 올려주세요. 다시 한번 명단에 올라오시는 분들은 조치하겠습니다"라는 독촉명령이 송출된다. 이러한 실시간 평가는 상위 성과자에게 인센티브를 주고, 하위 성과자는 재계약을 할 수 없는 자료로 활용되어 쉴 새 없이 일의 강도를 높이는 구조를 형성한다. 더 큰 문제는 기준 작업량 자체가 날이 갈수록 높아지고 있다는 점인데, 부천물류센터의 한 노동자는 처리해야 할 물품의 개수가 1분당 2개에서 2021년에는 1분당 3개로 늘었다고 증언했다. 그에 비해 시급은 고작 130원이 올랐을 뿐이다.[13] 그사이 쿠팡은 급성장해 2018년 4조 4천억 원, 2020년 11조 원을 넘을 것으로 추정되는 매출 성장세를 보이고 있다. 2021년 3월 쿠팡은 뉴욕증권거래소(NYSE)에 상장된 첫날 시가총액 100조 원을 달성하며 유통업계 · 금융계 종사자들의 탄성을 자아냈다. 쿠팡 물류센터가

---

12) 최 씨는 요양병원 사회복지사로 일하다가 쿠팡에서 물품을 선별하는 아르바이트를 시작했고, 여섯 번째 출근 날 저녁 6시부터 새벽 4시 반까지 밤샘 작업을 한 뒤 집으로 돌아가지 못했다. 함께 일을 나온 언니가 쓰러진 동생을 발견했다. 이 이야기는 코로나 상황에서 사람들의 생활 유지에 반드시 필요한 노동자가 어떤 처지에 있는지를 보여준다(MBC뉴스데스크, 2021.01.14, "속도 올려주세요" … 쿠팡에서 노동자들이 쓰러진다").

13) 윤상문 기자, 2021.01.15, "쿠팡은 속도에 환장한 회사입니다", MBC 뉴스인사이트.

여러 번 코로나19 집단감염의 진원지가 되며 참혹한 장면을 빚어낸 것과는 매우 대조되는 장면이 아닐 수 없다.

쿠팡의 물류 노동환경과 배송 노동환경은 같은 메커니즘하에 있다. 2020년 3월 18일 '공공운수노조 공항항만운수본부 쿠팡지부'는 "쿠팡의 무한경쟁 시스템, 죽음의 배송 규탄"을 구호로 내걸고 기자회견을 열어 쿠팡 노동자의 73%가 하루에 1시간의 휴게시간도 제대로 못 쓰며 일하고 있다고 증언했다.[14] 쿠팡 노동자는 "비정규직 정규직화, 배송노동자의 휴식권과 새벽배송 중단, 친노동적인 배송환경을 마련하라"라는 기본적인 요구를 외쳤다.[15]

이는 비단 쿠팡의 일만이 아니다. 플랫폼 기업에 소속되지 않았더라도 특수고용자 형태로 남아 있는 다른 택배기사들의 처우도 마찬가지다.[16] 다음은 '택배노동자 과로사 대책위원회'가 적은 2020년 12월 한 달 동안 있었던 비극들이다. 2020년 12월 22일 한진택배 신노량진대리점 소속 노동자 의식불명, 그다음 날인 2020년 12월 23일 롯데택배 수원권선세종대리점 소속 34세 노동자 과로사, 2020년 12월 7일 한진택배 강동대리점 소속 노동자 과로 수술, 2020년 12월 14일 부산 강서대리점 소속 노

14) 김희준, 2020.03.18, "과로와 경쟁 시스템이 40대 쿠팡맨을 죽였다", 노동자연대.

15) 하지만 쿠팡은 코로나19 집단감염과 노동자 산업재해 등 자사를 비판 보도한 언론에 잇달아 소송을 걸며 입막음을 시도했다. 2020년 3월 17일 열린 "쿠팡은 '노동인권 보도' 봉쇄소송을 당장 멈춰라'"라는 기자회견에서 권영국 쿠팡피해자지원대책위원회 공동대표는 "군사 정권하에서 보도지침을 경험했는데, 거대 기업 자본이 자본을 통해 보도지침을 만들고 있다. 전략적 봉쇄소송이 언론이 기사를 쓰지 못하게 돈으로 입막음하겠다는 것과 뭐가 다른가?"라며 비판의 목소리를 냈다(전광준 기자, 2021.03.17, "쿠팡, 비판기사 쓴 기자에 줄소송 … 언론단체 '재갈 물리기 멈추라'", 한겨레).

16) 엄밀하게 이들은 '플랫폼 노동자'로 분류되지 않는다. 하지만 플랫폼 기업에 속해 있는지 여부를 떠나 플랫폼 노동 형태를 띠고 있거나 같은 시장 안에서 경쟁하거나 혹은 다른 플랫폼에 2차 종속되어 있기에 비슷한 처지에 놓여 있다고 할 수 있다.

동자 과로 수술 등 2020년 한 해에만 16명의 택배노동자가 과로로 숨졌다고 한다.

기업과 정부가 "심야배송을 금지하고 휴식시간을 보장하기 위해 노력한다"라는 상징적 선언을 하고, 국토교통부가 "추석 연휴를 앞두고 분류작업에 필요한 인력을 한시적으로 충원할 것"을 택배사들에 권고하고, 대통령이 택배노동자의 과로 문제에 대한 관심을 당부했지만, 문제의 양상은 지금 이 순간에도 달라지지 않은 채 계속된다.[17] 배달 · 물류노동자의 죽음은 언제 멈출 것인가.

17) 하종강, 2020.09.22, "택배 노동자들이 화났다", 한겨레.

4.
플랫폼 노동의 성격:
위험의 외주화와 실상의 비가시화

플랫폼 노동의 성격에 대해 말하기 위해서는 긴 호흡으로 노동의 역사를 살펴볼 필요가 있다. '플랫폼 노동'은 분명히 전례 없던 새로운 추세이지만, 그 위험의 양상을 관찰할 때 '오래된 추세'와도 연결되어 있기 때문이다. 프라슬(2018)이 말했듯이 "긱(플랫폼) 노동은 임시 파견 노동에서부터 공급사슬 아웃소싱에 이르기까지 지난 수십 년 동안 우리의 노동시장에서 성장해온 더욱 광범위한 균열화(fissurization) 추세와 딱 들어맞는다." 우리는 '플랫폼 노동'의 문제를 기존의 간접고용, 비정규직, 특수형태고용노동 등의 문제들이 변형되고 진화한 것으로 볼 필요가 있다.[18] 박정훈(2020)이 말했듯이 "20년 넘게 해결되지 않은 비정규직 문제 위에 플랫폼이 세워진 것이다." 이 절에서는 '플랫폼 노동'의 속성과 문제들을 '위험

18) 노동시장에서 비정규직 비율은 전체 임금노동자 대비 3분의 1 수준까지 내려가고 있으나, 특수고용노동자(221만 명), 플랫폼 노동자(53만 명), 독립계약자, 1인 자영업자(403만 명) 등의 비약적인 증가가 이를 메운다(서울연구원 · 한국노동사회연구소, 2019).

의 외주화'와 '실상의 비가시화'라는 두 축으로 나누어 설명해본다.

1) 위험의 외주화

첫째로, '위험의 외주화'다. 이 말은 일반적으로는 '플랫폼 노동'의 등장 이전부터 이른바 '신자유주의 플랜'이라고 불리는 지난 노동시장의 변화 혹은 해체가 불러온 비정규직화와 노동법 규제 완화에 의해 "기업들이 유해하고 위험한 업무를 법과 제도의 사각지대에 있는 하청업체 노동자 등 외부에 떠넘기는 현상"을 의미해왔다. 이미 영국의 경제학자 가이 스탠딩(Guy Standing)은 "안정적인 직업 정체성이나 커리어를 구축하지 못하고 안정적인 사회안전망이나 보호 규정도 제공받지 못하는 상황에서 주로 단기 일자리를 전전하며 위태롭게 사는" 사람들, 이른바 '프레카리아트(precariat)'가 늘어나고 있다고 경고한 바 있다. 프레카리아트 노동과 플랫폼 노동은 낱말의 어감 정도만 다를 뿐 실상은 비슷하다. '프레카리아트'라는 말과 유사하게 '플랫타리아트(platform+proletariat)'라는 신조어도 있는데, 이는 플랫폼 노동이 이전의 비정규직 · 특수고용노동 문제와 밀접히 중첩된다는 사실을 반영한다. 많은 사람을 사업가로 만들어줄 것이라던 현대의 앱 기반 경제는 반대로 초기 산업사회처럼 암울한 노동과 생활환경을 만들고 있다(래브넬, 2018).

앞서 살폈듯이 배민과 쿠팡은 노동 외주화 형태가 겪고 있는 열악한 조건을 고스란히 유지하고 있다. 이동과 안전이 간편하게 사고 팔리는 가운데 위험이 '혁신'이라는 이름으로 포장되어 외주화되는 것은 아닌가. 집

안에서 버튼만 누르는 소비자는 감염될 위험도, 폭염에 시달릴 염려도 없다. 한 주에 수십 시간을 오토바이 위에 앉아 있고, 택배 상자를 트럭에 던져 넣는 노동자가 위험할 뿐이다. 2021년 1월 전국에 내린 폭설을 헤치며 음식배달에 나섰다가 교통사고 위험에 노출됐던 라이더들이 플랫폼 업체에 "폭설 때 음식 주문접수를 멈춰달라"라며 호소하고 나선 적이 있었다.[19] 이처럼 문제는 폭설 · 폭염 같은 위험이 '외주화'되고 '전가'된다는 점이다. 위험이 아래로 몰릴 때, 죽어 나가는 것은 누구겠는가.

플랫폼 기업은 경제학 교과서에는 등장하지 않는다. 플랫폼 기업은 (5장에서 설명하겠지만) 네트워크 효과에 지나치게 의존해 있는 비즈니스 모델이다. 네트워크는 추가비용을 지출하지 않고도 이용될 수 있으며, 그렇게 최소 고정비로 최대 수입을 보장해주다 보니 플랫폼 기업은 핵심적인 것을 제외하고 비용이 많이 나가는 대부분의 것을 외주화하는 경영구조를 가진다. "플랫폼 기업들은 자신들의 거의 모든 사업 위험과 비용을 다른 사람들에게 떠넘길 수 있다. 규제 차익거래와 외부효과 그리고 자산의 부적절한 할당은 모두 플랫폼 기업들에 유리하게 경기장을 왜곡하고 나머지 모든 사람에게 비용을 부과한다. 플랫폼 노동자가 '노동자'로 인정받지 못하는 것도 노동자를 독립계약자로 분류하면 기업들은 대부분 사업상의 위험을 그들에게 전가할 수 있고, 그 대신에 상당한 비용 절감효과를 볼 수 있기 때문이다(프라슬, 2018)."

또한 앱 기반으로 플랫폼이 작동할 때 노동이 사고 팔리는 범위가 넓어지면서 경쟁이 가시화되는 효과를 낳는다. 이 또한 비용 절감과 위험의 외주화를 동시에 낳기에 플랫폼 노동이 활성화될수록 전체적으로 노동이

19) 선담은 기자, 2021.01.07, "사고 뻔히 알면서 '폭설 수수료' … 라이더들 '주문접수 멈춰라'", 한겨레.

불안정해지는 경향을 가속화시킬 것이라고 예상해볼 수 있다. 이미 화물 운송 분야에서는 그러한 경향이 나타나고 있다. 이전에는 고정적인 거래처를 가지고 일했지만, 이제는 물류 앱을 통해 경쟁적으로 일감을 얻는 비중이 높아지고 있다(김철식 외, 2019).

현재 플랫폼 노동자는 노동자성을 획득하지 못하는 상황에 처해 있고, 그렇기에 '노동법'의 보호에서 뿌리 뽑혀 '외주화'의 흐름에 더 취약하게 내던져지고 있다. 자율적이고 독립적인 노동으로 치켜세워지는 이면에는 다양한 종류의 플랫폼 노동 과정에서 발생하는 위험이 노동자의 부담으로 전가되는 현실이 있다.[20] 그렇기에 우리는 플랫폼에 적용될 수 있는 노동법 조항 하나가 만들어지기까지 얼마나 많은 노동자의 목숨이 사라졌을까 묻지 않으면 안 된다(박정훈, 2020). 노동과 상품의 차이가 점점 없어지거나 미묘한 것으로 여겨지며 "노동은 상품이 아니다"라던 필라델피아 선언은 공허해지고 있다. 마르크스가 지적한 '노동력 상품화'가 고도로 진화하여 플랫폼 노동 형태가 되어가는 것은 아닌지 묻게 된다.[21]

기술과 플랫폼이 노동을 어떻게 변화시키는가를 관찰해야 한다. 그런 점에서 노동에 위험이 쏠리는 동학에 대해 지적한 이광석(2020, 142쪽)의 주장은 귀 기울일 만하다.

---

20) 한편, 이러한 노동의 탈노동화와 노동자의 탈노동자화 과정은 결국 모든 위험과 책임을 노동자 개인에게 떠밀고 이 과정에서 노동자의 계급성과 연대의식의 조건도 소실된다(김영선, 2017).

21) 플랫폼 노동과 외주화의 노동구조는 뗄 수 없는 관계다. 긱 노동을 양산하는 플랫폼화와 비정규직화가 연결되어 있다는 소리다. 위에서는 배달과 물류노동자를 중심으로 소개했지만, 돌봄노동자도 노동에서 서비스로, 외주에 더해 하청에 하청을 거친 고용구조 속에서 분해된 지 오래다. 2021년 1월 LG트윈스 빌딩 청소노동자는 노조 결성을 이유로 대량해고 당한 바 있다. 정치학자 채효정(2021)은 돌봄의 유행과 대두에 "한편으로는 코로나 시대에 돌봄의 중요성을 강조하면서도 그 돌봄을 떠받치고 있는 노동자에 대한 태도는 정반대"라고 일갈한다.

"무엇보다 불안하고 위태로운 노동 현실에 처한 이들에게 테크놀로지는 비수가 되거나 악귀처럼 들러붙는 경우가 흔하다. 줄곧 노동의 피폐화나 '위험의 외주화'는 사회적 타살의 기계장치와 맞물려왔다. 유통상품 재고 관리의 빅데이터 분석과 예측력이 높아지면서 낮과 밤 노동 리듬에 덧대 새벽배송 노동 형태가 강제 생성되고, 배달노동은 24시간 극한의 생존 능력의 시험장이 되고 있다. 플랫폼 배달노동이 활성화되면서 수많은 라이더의 배달사고율은 급증한다. 서울 지하철 구의역과 태안발전소 사망 사고 등 전국 단위 산업 현장에서 하청과 재하청, 파견, 이주노동에 지친 청년들의 사회적 타살과 죽임이 매일 일상화되고 있다."

2) 실상의 비가시화

둘째로, 현재 플랫폼 노동의 상황을 '실상의 비가시화'라 이름 붙여 설명해볼 수 있다. 평범한 배달노동자의 배달을 떠올려보자. 소비자는 신속하고 편리하게, 그리고 '안전하게' 여러 겹 비닐에 싸이고 일회용 플라스틱 용기에 담긴 상품을 받는다. 무엇인지도, 누가 만들었는지도, 누가 배달했는지도 모를 정체불명의 것을 받는 것이다. 태어난 지 한 달여 만에 조각난 병아리는 아마도 어떤 노동자가 기름으로 범벅된 뜨거운 주방에서 튀겨냈을 것이다. 이 가운데에서 보이는 것은 아무것도 없다. 이런 '비가시화'는 플랫폼 노동의 주된 속성이라 할 수 있다. 배달노동자는 포장용기 속에 든 것이 무엇인지 모른다. 마찬가지로 물류노동자는 자신이 트럭에 던져 넣는 택배 상자 속에 무엇이 들어있는지 모른다. 마찬가지로 배달 주문 버튼을 누르는 '고객'에게도, 새벽배송 버튼을 누르는 '고객'에게도 이들 노동자 눈에 보이지 않는다. 어쩌면 플랫폼 노동이 낳는 각종 어려움은 보이지 않기 때문에 가능한 일일지도 모른다. 도축 장면이 비가시화되었기 때문에 육식문화가 가능한 것처럼, 마트와 백화점에 잘 진열된 상품들이 상품생산의 장면들을 '생략'하는 덕분에 잘 팔려나갈 수 있는 것처럼 말이다.

실제로 노동자가 잘 보이지 않는다는 점도 있다. 프라슬(2018)이 말하듯이 "긱 경제 플랫폼 기업들은 노동자를 잘 보이지 않게 한다. 심지어 물리적인 상호작용 요소가 남아 있는 경우에도 말이다. 서비스로서의 인간 세계에서 노동자는 멀리 떨어져 있고 혁신가들의 즐거움을 위해 조직되어 있다." 플랫폼 노동의 복잡한 거래구조는 노동자를 비가시화시키는 하나의 기제다. 누가 어디서 어떻게 노동하는지 플랫폼을 매개로 복잡하게 구성된 노동 구조는 보이지 않는다.

실상은 은폐된 노동시간을 헤아릴 때 드러난다. 많은 경우 플랫폼에서 수행되는 노동은 노동자가 아닌 프리랜서의 자유로운 활동으로, 혹은 자동화된 알고리즘 이면에 가려진 숨겨진 노동으로 은폐된다(김철식 외, 2019). 디지털 정보기술의 발전은 생산성 향상에 크게 기여할 뿐만 아니라 정보통신기술과 인터넷을 통해 시간적 · 공간적 경계가 흐려지는 현상, 즉 업무시간과 휴식시간의 구분이 모호해지고, 일(노동)과 삶(사생활)의 경계가 희미해지는 노동의 탈경계화를 낳았다(이승계, 2018). 일하는 시간이 자동화된 알고리즘과 디지털 기술을 통해 삶에 침투할수록 숨겨진 노동시간은 계속하여 증가하게 된다. 이러한 노동 환경은 불안감과 소외감 등의 심리적 취약성과 직결되는 문제이기도 하다.

즉, 새롭게 등장하는 일들은 기존의 권리보장체계를 회피하기 위해 사실상의 고용관계를 은폐하는 계약 형태로 조직되었다. 자본주의는 특정한 방식으로 어떤 노동은 가시적으로 연결시키지만 어떤 노동은 비가시화한다. 서로 돌보고 곁을 지키며 세계를 가꾸지만, 일의 세계에서는 보이지 않는 노동이 매우 많다. 일하지만 '일하지 않는' 것으로 보인다는 뜻이다(차별금지법제정연대 평등정책TF, 2020). 그런 점에서 보이지 않는 것들이 많은 이 플랫폼 노동이 어떤 실상을 은폐하고 있는지를 구체적으로 묻는 것이 필요하다.

5.
플랫폼 노동과 청년

다른 한편으로, 플랫폼 노동은 청년의 문제인가? 이것은 청년의 문제이지만 청년만의 문제는 아니다. 이를테면 다음 통계는 플랫폼 노동 문제가 청년 문제임을 보여준다. 고용노동부 자료에 따르면 2016년부터 2019년 상반기까지 18~24세 청년 중 오토바이 배달로 사망한 사람은 32명으로, 같은 기간 전체 배달 중 교통사고 사망 사고 58건 중 약 60%, 청년 산재 사망 72명 중 44%에 해당하는 수치다.[22] 배달업에서 산재 인정이 얼마나 안 되고 있는지를 감안할 때 이 '수'는 빙산의 일각에 불과할 것이다.

왜 청년들이 플랫폼 노동으로 유입되는지 아는 것은 어려운 일이 아니다. 대개 다음과 같이 설명된다. "공유경제 노동자는 대부분 젊은 층이다. 이제 막 대학을 졸업하고 학자금 대출을 갚거나 사회초년생 임금을 보

---

22) 정종훈 기자, 2020.01.03, "청년 산재 사망 1위, 배달 라이더 … 배달료 3천 원의 목숨 값", CBC 뉴스.

충하기 위해 공유경제에서 일한다. 맥라더재단의 지원으로 진행된 공유경제 연구에 따르면 참가자 대부분이 18~34세 청년이었는데, 그 이유 중 하나는 그 연령대에 얼리어답터가 많기 때문이다(래브넬, 2018)." 즉 젊고, 테크놀로지 접근성이 용이하며, 학업과 취직을 위한 단기 일자리 수요가 높기 때문이라는 것이 일반적인 설명이다. 기본자산이 없고, 숙련도도 없는데, 디지털을 다룰 수 있는 비교우위는 높아 가장 손쉽게 플랫폼 노동시장에 진입할 수 있는 게 청년이다.

한 걸음 더 들어가 한국의 청년 문제와 거시경제 구조 사이의 연관성을 짚어보자. 고용 없는 성장을 지나 성장도 없고 고용도 없는 얼어붙은 노동시장이 된 지는 오래되었다. 제로 성장 시대의 고용난 속에서 '청년 일자리' 타령은 귀에 못이 박히도록 고질적인 사회문제로 고착화되었다. 이 '문제'는 대개 정부의 무능이나 경제 불황 정도로 설명되어왔지만, 이는 한국 사회의 극심한 불평등을 가리는 설명이다. 토마 피케티(Thomas Piketty)가 말하듯이 저성장 경제에서는 노동보다 부를 통해 창출되는 이익이 크다. 즉, 경제에서 노동이 차지하는 비중이 점차 줄어들며 기존의 불평등이 악순환되는 구조가 생성된다. 나날이 최악을 기록하는 사회적 불평등은 청년 실업률 상승과 맥을 같이한다.

불안정하고 불확실한 시대다. 이런 사회 분위기 속에서 청년들은 미래를 위해 공무원이나 자격증 시험, 취업계획 등 무언가를 부단히 준비하고 있는 것이 일반적인 상황이 되었다. 이러한 준비과정에서 많은 청년은 자신의 생계를 유지하기 위한 노동을 병행하고 있다.[23] 이런 상태에 놓인

---

23) 이것은 '취준생' 청년뿐 아니라 '활동가'로 사회에 맞서는 청년에게도 똑같이 해당하는 사항이다. 기후운동을 하면서 '알바와 행동 사이'의 고민이 생겼다. 늘 충돌하는 것은 광장에 나가는 시간과 알바 시간이 자주 겹친다는 것이다. 생계유지와 기후행동이 양자택일의 문제가 되곤 했

청년들에게 플랫폼 배달노동은 진입하기 쉽다는 점, 자신이 원하는 시간에 일할 수 있다는 점, 그리고 일하는 만큼 수익을 올릴 수 있다는 점에서 매력적인 일자리로 다가오곤 한다. 청년세대가 플랫폼 노동으로 몰려가는 까닭이다.[24] 하지만 필자는 플랫폼 노동으로 조직된 현재의 사회구조가 '젊음' 그 자체를 착취 혹은 추출하는 양상이지 않은가 우려한다. 금융이 미래를 추출해 미래 세대의 가치를 현재가치로 환산해 소모하듯이, 플랫폼 노동의 혁신으로 포장된 착취망은 (비트코인처럼) 청년 자체를 '채굴'하는 것은 아닌가? 배민과 쿠팡이 젊음을 내세운 브랜드 이미지를 만들어내 청년을 포섭하고 젊음을 저렴하게 추출하는 것은 아닌가?

'공유경제'가 떠오르고 '플랫폼 노동'이 사회적 이슈가 된 지난 몇 년간 이 영역은 청년 실업과 청년 문제를 해결할 구원자처럼 여겨져 대폭 지지를 받았다. 적어도 '청년 문제'는 (출산 문제처럼) 국민 모두의 과제처럼 여겨졌다. 하지만 그렇게 '청년을 팔아제끼며' 밀어붙인 벤처, 스타트업, 혁신, 플랫폼들이 지금 와서 돌아볼 때 과연 구원의 방책이었는가? 결국 다 망하고 가난만 떠안겼을 뿐이다. 청년 플랫폼 노동의 문제는 이 사회의 다른 여타 청년 문제와 어떤 식으로든 관련되어 있다. 주거 문제, 자살률, 청년 파산율, 학벌주의와 대학등록금 문제, 우경화, 빈곤 등 다양한 층위로 연결되기 마련이다. 나날이 높아지는 청년 파산율은 이를 방증하는 주요

다. 결국 돈 탓에 기후운동 판을 떠나가는 사람들을 자주 봤다. 프로젝트성 일자리라도 단기·정기 소득 창구가 긴급하다. 한국형 번아웃의 구조가 분명히 있다. 청년 활동가들은 각종 노동을 임금도 없이 야근을 일삼다가 생계난에 직면하는데, 탈출구가 마뜩잖다.

24) 한편, 언젠가부터 저임금·고위험·저숙련 노동 일자리가 새롭게 포장되어 청년 '소비자'에게 팔리기 시작한 데 주목해야 한다. 노동이 상품인 건 당연해졌는데, 꽤 번질번질해졌으니 잘 팔리는 것이 아닌가? 사회적 자산을 가지고 있지 못한 이들에게 플랫폼 노동의 '기회'가 쏠린 것은 아닐까.

한 근거다.[25]

마지막으로 한 번 더 강조하자면, 이것은 '청년'만의 문제가 아니라 '청년'에게 초점을 맞춘 분석일 뿐이다. 현재 유행하는 세대 간 갈등 문제의 프레임은 계급 문제의 성격을 왜곡하고 있다. 노동 문제를 청년 문제로만 규정할 때 보이지 않는 사회의 아픈 장면들에는 중장년층 택배 '아저씨'와 플랫폼에 잡히지도 않는 '폐지 줍는 노인'이 있기 때문이다.[26] 과로사로 죽어가는 가장들과 코로나 시국에도 유일하게 멈추지 않았다는 리어카를 떠올리는 것 역시 중요하고도 시급한 문제다.[27]

---

25) 한영섭(2019)에 따르면 2013~2018년 5년 사이 청년층(20대) 개인회생 신청이 355건 증가함으로써 60대 39건, 70대 7건과 크게 대비되는 경향성을 보인다. 5년 평균 개인파산 신청값이 전체 −5.25% 감소할 때 청년층(20대)은 5.36% 증가했다. 추가로, 코로나19가 닥친 2020년 청년 파산 · 회생률은 역대 최대 수치를 기록하고 있다.

26) "배달 라이더를 '오토바이 좋아하는' '10대 혹은 20대'가 '용돈을 벌기 위해서' 하는 '임시 직업'이라고 생각하곤 한다. 현실은 다르다. 20대 초반 효성(가명) 씨가 일하는 배달대행업체 라이더 대부분은 30~40대 아저씨들로, 효성 씨가 막내다(박정훈, 2020)."

27) 덧붙여 '청년의 사라짐'이 관찰된다는 이야기가 나온다. 최근 배달 라이더 택배노동자 중에 젊은이를 찾기가 드물다는 것. 지금은 상황이 좀 안 좋아졌기 때문에 노동시장에서 빠져나가고 있는 게 아닐까. '빚투'와 '영끌'이 늘어나는 것과 무관해 보이지 않는다. 청년이 유튜브 속으로 사라졌다고 말하면 비약일까.

6.
코로나 시대의 '필수노동자'

코로나가 '사태'에서 '시대'로 접어들자 사람과 자본은 적응하고 이동했다. 이제 피부에 붙어버린 마스크처럼 '적당한 거리'도 익숙해졌다. 사람들은 만남과 거리를 두기 시작했다. 이동이 어려워진 만큼 누군가의 이동량은 늘어났다. 사람이 오가지 못하자 택배와 배달음식이 오갔다. 앱 터치 한 번으로 주문하는 배달음식이 유행하자 도로에는 눈에 띄게 배달노동자가 많아졌다.

코로나가 시작된 지 한 해 남짓 지났을 무렵 감염병으로 목숨을 잃은 이보다 이륜차 교통사고로 죽은 이들이 더 많다는 경찰청 통계가 나왔다. 경찰청과 국토교통부는 2020년 10월 기준 1~10월 이륜차 사고 사망자는 446명으로, (교통사고 사망자 수가 총 5.5% 줄어들었음에도) 지난해 같은 기간 409명보다 9% 증가했다고 밝혔다.[28] 이들은 왜 죽었을까. 통계를 작성한 이들

28) 국토교통부, 2020.11.25, "교통사고 사망자 감소세 속 배달 증가로 이륜차 사망은 늘어", 대한민국 정책브리핑.

은 코로나로 '집콕'하는 사람이 늘면서 배달 주문이 늘었기 때문으로 해석한다. 이보다 중요하게 생각해야 할 것은 코로나 사망자 몇 명에는 온 사회가 촉각을 곤두세웠으나, 쓰러져가는 배달노동자에게는 놀랍도록 무신경했다는 점이다. 팬데믹의 공포에 눈이 가려진 우리는 무언가 착각하고 있는 게 아닐까.

> *"코로나 시대는 이 포스트 자본주의 시대의 노동자에게 '필수노동자(essential worker)'라는 이름을 붙여주었다. 재난 덕분에 자신을 새롭게 분류하는 이름을 갖게 된 이들은 보건의료 노동자, 돌봄노동자, 청소노동자, 택배노동자, 운수화물 노동자, 건설 일용직 노동자, 물류센터와 콜센터 노동자 등이었다. 그런데 이 '가장 필수적인 노동자'가 또한 '가장 열악한 노동자'였다. 이들이 노동을 멈춘다면 사회는 마비될 것이나 이들 노동자는 자신의 작업을 통제할 권한도, 중지할 권리도 갖지 못한 '노동 외부의 노동자'였다. 콜센터 노동자의 집단감염과 택배노동자의 과로사는 지금 사회를 지탱하는 필수노동자가 누구인지를 드러냈고, 동시에 그 필수노동자의 열악한 노동 권리를 드러냈다. "왜 가장 필수적인 노동자에게 가장 적게 지불하는가?" 이 모순적인 임금과 권리의 차별을 자각한 사람들의 물음이 담벼락의 낙서로 떠올랐다(채효정, 2020)."*[29]

'필수노동자', 하지만 가장 열악한 노동자라는 역설적인 낱말이 '코로나 시대'를 관통하며 등장했다. 위험에 가장 취약하고 열악한 노동 환경에

---

29) 채효정, 2020.11.16, "[코로나 이후의 전환] 전환을 위한 마그나카르타, 가난한 민주주의", 교육공동체 벗.

놓인 이들 노동자는 나머지 사회를 그나마 이렇게라도 지탱하기 위한 필수적인 존재였다. 이들은 불안정한 비정규직의 고용 형태를 가지고 있다는 공통점이 있다. 코로나19 이후 경기지표가 L자가 될 것이냐 V자가 될 것이냐 하는 논쟁은 결국 불평등이 극심해지는 K자로 슬픈 결론을 맺었다. 코로나19 사태를 통과하면서 우리 사회는 '제도를 통해 보장받는 계층'과 '제도적인 보호망에서 완전히 배제된 계층'으로 확연히 구분되어 있음을 명백히 확인하고 있다. 필수노동자는 회생 불가능한 지경까지 흘러왔지만, 쿠팡과 배민은 아주 잘나갔다. 그야말로 재난은 평등하지 않다(유창복 외, 2020). 그보다 이들이 근속하고 있는 곳이 점점 플랫폼에 포섭되어 간다는 데 주목하자. 돌봄노동과 청소노동은 물론, 이 글에서 초점을 맞추는 배달노동과 물류노동도 플랫폼에 포섭되었다. '필수 노동'과 '플랫폼 노동'이 엇비슷하게 되는 것이다.[30] 그렇다면 어째서 '필수적인' 영역이 더 재난에 취약하며, 이 영역은 어떻게 플랫폼에 흡수되는 것일까.

30) '재택근무'나 '줌 회의' 같은 새로운 세계는 일부에게만 열렸다. 나머지에게는 똑같은 출퇴근에 마스크와 함께 '필수노동자'라는 딱지가 하나 더해졌을 뿐이다.

7. 플랫폼 노동과 그림자 노동

'플랫폼 노동'은 어쩌면 이반 일리치(Ivan Illich)가 이름 붙인 '그림자 노동'이 변주된 혹은 전유된 형태인지도 모르겠다. 일리치는 '필수'적인데 값이 매겨지지도 가치를 인정받지도 못하는 노동을 '그림자 노동(shadow work)'이라 칭했다.[31] 이전에 '노동'과 '화폐'의 축에 속하지 않던 영역 — 일리치의 표현으로는 '자급자족(substance) 경제', 폴라니식으로는 '실체적 경제', 일반 경제학 용어로는 '비공식 부문의 경제' — 이 대가를 지급받지 않고 '경제'를 재생산하는 그림자 영역으로 변모했다는 것이다. 다음은 이반 일리치가 '임금 노동'과 '그림자 노동'을 분리해 서술한 부분이다.

> "임금 노동을 *하려면* 그 일에 *지원하거나 자격*을 인정받아야 *하지*만, 그림자 노동은 *나면서부터 정해지거나* 부여되는 *것*이다. 임금

31) 다른 설명으로는 다음 내용이 있다. "내가 말하는 그림자 노동은 시장 집약 사회에서 구입된 상품을 소비 가능한 물품으로 변환하는 데 필요한 무급 활동의 수행이다(일리치, 1992)."

노동을 하려면 발탁되어야 하지만, 그림자 노동은 배정받는 것이다. 그림자 노동에 들어가는 시간, 노고, 수모에 대해서는 대가가 지급되지 않는다. 그럼에도 그림자 노동은 이런 무보수의 자기규율성 때문에 경제가 성장할수록 임금 노동보다 더 중요성을 띠게 된다(일리치, 1981)."

일리치는 '임금 노동'과 '그림자 노동'을 대비시켜 논지를 이어갔지만, 나는 '임금 노동'과 '플랫폼 노동'을 대비시키며 이야기를 풀어가고자 한다. 구도는 흡사하다. 그렇다면 그림자 노동에 속하던 '비공식 경제 부문'을 플랫폼이 전유하려는 것은 아닐까 생각해볼 수 있다.[32] 즉, 그림자로 남았던 '필수'적인 부문이 플랫폼에 포섭되고 있는 것은 아닐까.[33]

일례로 먹거리의 경우를 살펴보자. 가사노동(그림자 노동)이 배달음식 주문으로, 장보기가 간편식 배송으로 대체되고 있다고 말할 수도 있다. 사람들의 신년 다짐에 "올해는 배달음식 말고 집에서 잘 해먹기"가 눈에 띈다. 코로나가 처음 시작되고 집에서 요리하는 즐거움을 다시 발견했다는

---

32) 이것은 6장에서 설명하겠지만, 자본주의가 외부의 벽에 부딪히자 내부로 시선을 돌려 '정동'을 무상으로 흡수하고 전유하는 형태로 진화했다는 내용과 궤를 같이한다.

33) 한편, 현대 자본주의의 노동 형태를 분석하는 데 '그림자 노동' 개념을 사용한 다른 예는 다음과 같은 것이 있다. "특히 플랫폼 유령 · 배달노동 등 비숙련 (초)단기 계약 노동자의 양산과 동시에, 가사 · 돌봄 · 청소 등 '무상 일'이라 불리는 그림자 노동 가치의 흡수와 전유가 급속도로 진행된다(이광석, 2020)." "수많은 자발적 활동이 실제로는 거대 자본에 의해 강제되고 있다는 점이 그림자 노동이 드러내는 은폐된 실상이다. 이반 일리치가 그림자 노동에 주목한 가장 큰 이유도 무보수 노동의 착취 문제를 지적하기 위함이 아니다. 겉으로는 스스로 선택한 것으로 보이는 활동이 실제로는 기업이 제품을 생산하고 이윤을 얻는 과정에 있어 '필수적인 보완물'로 강요되고 있는 구조, 곧 '특이한 예속'이 자본주의 생산의 사회적 조건이라는 점을 보이고자 함이었다."(신은종, 2018.5.10, "[아침을 열며] 그림자 노동과 기업", 한국일보) "그림자 노동을 '디지털 기술을 이용한 사람들이 당연히 해야 하는 숨겨진 노력'으로 정의할 수 있다(박상철 외, 2020)."

일부 보도가 있었지만, "코로나19 사태를 앞서 거쳐온 나라들의 경험을 보면 배달 수요는 지속적으로 폭증했다(프라슬, 2018)." 한국도 마찬가지여서 2020년 한 달 평균 배달음식 주문액은 1조 6,393억 원으로 전년 동월 대비 60.6% 증가했고, 간편조리식 · 식재료 등 식품 주문도 2조 2,516억 원으로 49.7%가 늘었다.[34] 위메프에 따르면 2월 한 달간 가정간편식 키워드로 검색되는 전체 상품 매출은 490.8% 늘었고, 즉석조리식품 매출도 178.5% 증가했다.[35] 택배 배달도 마찬가지다. '1인 가구'용 간편음식시장이 커진 것이 이목을 끈다. 통계청이 발표한 '2020년 11월 온라인쇼핑 동향'을 보면 지난해 11월 온라인쇼핑 거래액은 15조 631억 원으로 전년 동월 대비 17.2% 증가했다. 월 15조 원을 넘어선 것은 처음이라고 한다. 결국 이 통계들은 코로나에도 택배 트럭과 배달 오토바이가 멈추지 않았음을 드러내면서 '부엌의 해체'를 말하는지도 모른다.

일상생활에서는 배달 가능한 공산품의 비중이 늘어나고 있다. 이는 자급자족적 삶의 구성에 대한 두 번째 해체다.[36] 밥은 햇반이 되었고, 된장국은 포장용기에 담겼으며, 명절에 함께 빚어온 만두는 '비비고' 만두가 된 지 오래다. 이를 보고 자란 아이들은 된장은 누가 만드냐는 물음에 "쿠팡이요" 하고 대답할지도 모르겠다.

부엌에서 만들어져 식탁에 오르던 '요리'가 배달 '상품'이 된다.[37] '상

---

34) 이경미 기자, 2021.01.05, "배달음식 1.6조원 주문 … 온라인쇼핑 거래, 월 15조원 돌파", 한겨레.

35) 홍인석 기자, 2020.12.24, "[집콕의 역습①] 코로나가 낳은 괴물 쓰레기 … 서울 하루 4.6만톤 배출", 이투데이.

36) 첫 번째 해체는 근대화와 함께 이루어졌다. 토착적 문화가 주를 이루던 비근대 문명이 산업문명으로 대체되었다. 일리치는 자신의 저서 곳곳에서 자급문화의 해체에 대해 논한다.

37) 끊임없이 이동하는 '포장된' 먹거리를 생각해보자. 남아메리카 열대우림을 밀어내고 생산한 유전자 조작 콩을 먹고 가두어져 사육되어 몇 개월 남짓의 생을 마친 소'고기'의 종착지는 플라스틱 용기 안에 포장된 채 배달노동자의 오토바이다. 이는 저조한 식량자급률과 함께 일어난

품화'는 동시에 '배달 가능화'다. 몇 년 새 일어난 이런 급속한 변화는 플랫폼이 '그림자 노동'을 포섭한 것과 맥을 같이한다. 가사노동은 분담되지 않고 외주화(혹은 포섭)되고 있다. 이것은 쿠팡의 일등 상품이 물티슈, 찍찍이, 일회용 청소솔처럼 손쉬운 청소용품인 것에서도 확인할 수 있다.

무엇보다 배달 · 물류에 초점을 맞추고 플랫폼 노동의 이면을 살펴보면 생태 용량의 과부하를 우려하지 않을 수 없다. 이는 폐기물량의 증가로 확인할 수 있다. 통계청과 환경부 자료에 따르면, 배달음식 거래액 및 폐기물 발생량 증가율은 배달음식 분야에서 73.6% 증가 추이를 보였다.[38] 환경부는 2020년 상반기 하루 평균 951톤의 비닐 폐기물이, 하루 평균 848톤의 플라스틱 폐기물이 발생했다고 밝혔다. 지난해 동기 대비 각각 11.1%, 15.6% 증가한 양이다. 여기에 민간 선별장에서 처리한 폐기물을 합치면 그 양은 더 늘어난다. 코로나19 시대에 접어든 뒤 재활용 쓰레기가 15% 가까이 늘어났다는 서울시 분석도 나왔다. 코로나로 배민의 호황과 함께 배달 · 포장 '쓰레기산'이 2월부터 6월 사이에 4개가 새로 등장했다. 순환경제가 구축되지 않은 이 사회에서 배달 수요의 증가는 그대로 폐기물 처리량의 증가로 이어진다. 이대로 괜찮은가?

변화다. 전 지구적 공급사슬의 진화, 즉 로지스틱스의 확대와 함께 일어났다는 점을 짚어볼 수 있다.

38) 대학생신재생에너지기자 15기 김민서 외 3인, 2020.10.28, "코로나19 시대의 그늘, '쓰레기 팬데믹' 어떻게 막나?", 대학생신재생에너지기자단.

8.
기후위기 시대의 플랫폼 노동[39]

'플랫폼 노동'의 확장과 동시에 이루어지는 '플랫폼화'가 지구와 기후에 미치는 영향은 결코 간과할 수 있는 수준이 아니다. '쓰레기산'은 보이지 않는 온실가스를 형상화한 것과도 같다. 쓰레기가 되고 말 수많은 일회용 비닐 · 플라스틱을 만들고 상품화하고 배달하는 과정에서 찍히는 탄소발자국(혹은 생태발자국)은 막대할 것이다. 단적으로 오토바이는 자동차보다 온실가스 배출량이 많다. '플랫폼 노동'으로 재편된 현 경제구조가 근본적으로 기후위기와 양립할 수 있을까? 2018년 기준 교통 · 물류 부문의 온실가스 배출량은 약 1억 톤에 달한다(한국의 연간 배출량 약 8억 톤).[40] 온실가스 배출량의 많은 부분이 플랫폼 노동과 직간접적으로 연결되어 있다.

---

39) '플랫폼' 확장에 따른 플랫폼 자본주의의 물리적 영향, 자연적 한계를 초과하는 측면에 대해서는 이 책 4장을 보라.

40) 교통부문 온실가스 관리 시스템(KOTEMS, 2019), 「교통물류부문 온실가스 배출량 조사 보고서」

역설적인 것은 배달 · 물류노동자가 기후 변화의 직접적인 영향에 취약한 직종이라는 것이다. 폭염과 한파, 폭우 등 기후위기가 초래하는 자연조건의 악화는 배달노동자의 노동 강도와 안전에 엄청난 영향을 주는 요소일 수밖에 없다. 따라서 상시적 감염병 확산 상황으로 인한 배달 · 물류노동의 증가와 심화될 기후 변화에 대비해 배달노동자의 건강과 안전을 보장하는 정책적 조치는 반드시 필요하며 시급하게 이루어져야 한다.[41)]

"빙하 위의 북극곰과 아스팔트 위의 노동자가 같은 위기에 처해 있다." '라이더유니온'의 박정훈 위원장이 배달노동자의 폭염, 폭우 안전 대책 마련을 요구하며 쓴 표현이다. 기후위기 시대에 플랫폼 노동은 위험의 최전선에 있다. 노동법의 안전망에서 벗어나기 때문이기도, 악조건에 둘러싸여 있기 때문이기도 하다. 이 문제를 짚어낼 때 기후 문제는 노동 문제와 분리되지 않는다. 플랫폼 노동자는 기후위기의 적응(adapt to climate change) 논의에 주요한 주체로 호명되어야 한다.

---

41) 이에 대해서는 배달노동자의 노동권을 인정하는 것 외에도 기후공제(기후 연동 보험제도)나 기후휴업급여 같은 방안이 있다. 다음을 참고하라. "기후와 연관된 보험제도를 논의해야 한다고 본다. 평상시 보험료를 모았다가 폭설로 배달을 멈추거나 업무 제한 시 라이더들이 휴업급여를 받을 수 있어야 한다는 것이다. 휴업급여는 고용안정 성격이 있으므로 고용보험을 통해 적용하는 방안이 좋을 것이다. 높은 휴업급여를 원하는 라이더들은 추가적인 보험에 가입하도록 하고, 사측도 이윤의 일정 부분을 보험에 기여할 수 있을 것이다."(구교현, 2021.1.18, "폭설 또 폭설 … 배달앱 멈추는 것만으론 부족하다", 오마이뉴스)

9.
결론:
덧붙이는 대안 스케치

이상의 내용을 정리해보자. 플랫폼 노동은 그림자를 지닌다. 배민과 쿠팡의 사례에서 보듯 위험은 외주화 형태로 플랫폼 노동자에게 전가되고, 이러한 실상은 고도화된 복잡함과 낯선 반짝임에 가려 비가시화된다. 한국 사회에서 플랫폼 노동을 들여다볼 때, '프랜차이즈형 플랫폼'이라 불리는 독특한 구조가 존재한다는 점, 청년 세대가 플랫폼 노동시장으로 유입되면서 청년 문제가 심화되고 있다는 점을 살필 수 있다. 이러한 그림자가 한편이라면, 다른 한편에는 플랫폼 노동이 그 자체로 '그림자 노동'의 영역에 변주 · 포섭 · 전유되었다는 점을 들 수 있다. 더 심각한 문제는 코로나 사태에 드러난 '필수 노동' 영역 또한 플랫폼에 포섭되어가고 있다는 것이고, 기후위기 시대에 플랫폼 노동은 위험에 노출되기 쉬워진다는 것이다. 이 그림자를 양지로 드러내고, 플랫폼 노동이 처한 상황을 코로나, 기후위기 같은 시대적 변화와 더불어 생각할 필요가 있다.

플랫폼 노동은 디지털 산업화가 심화될 미래를 보여주는 장면들이라

할 수 있다. 이러한 변화 앞에서 우리는 노동을 어떻게 사유해야 할까? 중요한 것은 이제부터다. '플랫폼 노동'이 '노동'이고 '플랫폼 노동자'가 '노동자'임은 노동권을 지키고 노동자를 보호하기 위한 최소한의 전제다. 여기에서 더 나아가 이러한 새로운 노동 형태를 포괄할 수 있는 새로운 노동권을 사고하고, 새로운 생산, 고용, 복지의 틀을 짜야 한다(김철식 외, 2019). 플랫폼 노동에 대한 논의를 촉발한 사회적 변화를 근본적인 시선으로 숙고하고, 앞으로의 향방에 주의를 기울여 전체 조감도를 그려볼 때다. 넓고 급진적인 대안이 긴요하다. 플랫폼 기업에 노동자가 갈려 나가지 않게 플랫폼 노동 문제를 해결하기 위해서는 새로운 사회계약에 바탕을 둔 대전환이 근본적인 해답이라 할 수 있을 것이다. 이는 4장에서 정의로운 전환의 바탕이 된 '그린 뉴딜'의 이름으로 다루려 한다.

여기서는 배달에 국한해서 작은 대안의 이미지를 그려보기로 하자. 파리에서 시작되어 최근 도시의 녹색전환에 대한 대안이 되고 있는 아이디어가 있다. '15분 도시(15min city)'가 그것인데, 이는 도시에 사는 이들이 15분 안에 운동, 녹지, 직장, 의료, 교육, 문화 등의 인프라를 풍부하게 누릴 수 있도록 도시를 재편하는 것을 목표로 한다(그림 3-2). 기존의 도로·교차로였던 곳에 공유텃밭을 만들고, 학교 같은 공공시설 일부에 공원을 조성하여 시민이 이용할 수 있는 공간을 만든다. 그렇게 마을을 걷거나 자전거·휠체어를 통해 누구나 쉽게 이동할 수 있으며, 출퇴근뿐만 아니라 '배우고' '운동하고' '돌볼 수 있는' 도시를 형성해나가고 동네 주민끼리 공동체를 만들어나간다. 이렇게 기존의 공간은 과도하거나 불필요한 이동으로 발생하는 탄소배출을 절감하고, 필요한 만큼만 소비하며, 지역문화와 복지를 누리는 공간으로 변모한다(김혜미, 2021).[42] 여기에서 착안하여 생각해보면, 배달도 지역 안의 근거리에서만 가능하도록 배치해보면 어떨까. 배달 수단은 비싸고 위험하고 환경에 해로운 오토바이 말고 자전거(전기자전거도 대안이다)로 바꾸는 것이다. 그렇게 된다면 굳이 '똥콜'을 받고 오토바이로 먼 거리를 위험하게 질주할 필요가 없지 않을까. 실제로 독일의 '콜리마2(Kolyma2)'와 같이 지역 기반의 자전거 배달 플랫폼협동조합의 형태가 자리를 잡아 운영되는 경우도 있다.[43] 국내에서도 당근마켓이 지역 기반 플랫폼으로 놀라운 성공을 거두면서 '당근하다'라는 신조어까지 만들어진 바 있다.[44]

쓰레기 문제를 해결하기 위해서는 배달 용기를 다회용 용기로 사용할 수도, 용기 공유제를 도입할 수도 있다. 다회용 용기를 잘 쓰면 보온력도 높고, 비용 절감도 가능하다. 생각해보면 짜장면 용기는 몇십 년간 다회용 용기였고, 일회용으로 바뀐 지 오히려 얼마 안 되었으므로 플랫폼의 비용 절감에 따른 기술의 퇴보라고 불러도 되지 않을까. 마포구의 알맹상점은 이미 대안의 선례를 만들어두었다. 이렇게 플랫폼을 선하게 기능하도록 바꾸어볼 여지는 충분히 있다.

가능한 이야기일까? 배달 플랫폼이 '건수'와 '신속', '로켓배달'에만 집중하지 않는다면, 첫 주문 할인 같은 허구적 프로모션을 없애고 광고예산과 할인지원금을 착취당한 노동의 정당한 대가를 지불하는 데 쓸 수 있다면, 이러한 작은 전환의 비용을 대는 데는 충분하지 않을까. 이것도 정의로

42) 김혜미, 2021.02.12, "똑같은 '○○분 도시', 박영선 · 박형준에겐 없는 이것", 오마이뉴스.

43) 이에 대해서는 7장에서 '사회적 배달'의 논의로 상술한다.

44) 천다민 뉴닉 에디터, 2021.01.15, "오늘도 '당근'이지! 우리를 소유에서 자유롭게 하니까", 한겨레.

[그림 3-2] 파리 15분 도시(Paris en Commun's '15-minute city') 콘셉트 스케치
(이미지 출처: Ubique)

운 전환의 한 가닥일 수 있다. 배달 라이더들이 위험천만하게 쾌속 질주하는 것은 플랫폼이 '시켰기' 때문이다. 배달이 악이 아니다. 우리는 따뜻한 플랫폼을 꽃피우는 상상을 해볼 필요가 있다.[45)] 이미 커먼즈와 사회적 경제의 이름으로 안전하고 평등한 플랫폼의 상상이 계속되는 중이다.[46)]

---

45) 연구를 위해 키보드를 하나 장만했는데, 당근마켓에서 거래하니 택배 포장도 없고 따스한 환대로 기분 좋은 하루의 시작을 경험했다. 인근 지역에서 거래하니 아침 산책으로 산 하나만 넘어가서 만날 수 있었다. 거래자님은 키보드뿐 아니라 메모가 적힌 포스트잇과 쿠키도 주셨다. 플랫폼이 좋은 만남의 '장'이 될 수 있다는 생각을 했다. 플랫폼이 가진 긍정적 속성을 어떻게 피워낼지 더불어 모색이 필요하겠다.

46) 이를테면, 기획재정부는 플랫폼 노동자의 고용 안정성을 강화하겠다며 '제3차 협동조합 기본계획'에 플랫폼 노동자의 협동조합 설립을 지원하는 방안을 담았다. 플랫폼협동조합이란 플랫폼 노동자가 직접 조합을 설립해 플랫폼 사업을 운영하도록 한다는 것이다. 플랫폼 대기업의 부당한 저임금, 노동 통제에 맞서 직접 공유경제를 실천하는 모델로 소개된다. 권오현(2020)이 상상하는 플랫폼에 대한 사회적 경제 적용을 소개하면 다음과 같다. "플랫폼 기업이 플랫폼으로서 가진 장점을 발휘하면서 이와 연관된 이해관계자들에 대한 책임을 다하고, 더 나아가 사회에 대한 기여와 공공성을 지향하는 역할을 담당하게 할 필요가 있다. 그러기 위해서는 사회적 경제의 기본 원칙과 경험들이 플랫폼 경제에도 적용돼야 한다. 사회적 경제조직들이 디지털 전환의 경제 영역 곳곳에 이러한 사회적 가치를 실현하는 앱을 만들어 서비스를 제공하는 것이 플랫폼 경제 생태계가 건강하게 성장하는 데도 도움이 될 것이 분명하다."

04

기후위기 시대의 플랫폼 자본주의와 정의로운 녹색전환

장윤석

1. 서론: 무한의 꿈을 꾼 유한자와 유한한 행성

서울의 밤거리는 화려하다. 이제 밤이 오면 어두워지지는 않고 하늘의 색 정도만 달라진다. 공장도 밤이 오면 멈추는 시절이 있었다. 밤은 모두 자는 시간이었다. 그런 밤은 이제 없다. 이제는 24시간 켜져 있는 광고판처럼 아무것도 꺼지지 않고 멈추지 않는다. 요즘 나오는 스마트폰을 비롯한 디지털 기기는 항상 어딘가 연결되어 있다. '상시 연결'은 기술의 고도 발전과 문명의 진보처럼 여겨지지만, 다른 말로는 상시 전기를 잡아먹는다는 소리다.

자본의 확장은 공간적으로도 빚어졌지만, 시간적으로도 빚어졌다. 그 설계자조차 모르게 나날이 복잡해지는 금융공학은 수익률을 배로 늘릴 방법을 찾아냈다. 밤이 사라지면 시간은 두 배가 되고 시장도 두 배가 된다. 그렇게 24시 카페, 편의점, 식당, 술집, 24시 배송, 로켓배송, 새벽배송이 생겨났다. 배민은 새벽 4시에도 배달해주고, 쿠팡은 로켓배송을, 마켓컬리는 새벽배송을 하고 있다. 기계만 꺼지지 않는 것이 아니라 사람도

잠들지 않는다.

누구나 아는 익숙한 이야기다. 사회적 거리 두기 단계의 격상에 따라 밤 9시 이후 모든 가게가 문을 닫아걸었다. 이 조치가 심히 낯설다는 이야기와 함께 그간의 우리는 편리함에 익숙해졌다는 레퍼토리가 등장한다. 그런데 앞서 3장에서 살펴봤듯이 그 편리함은 플랫폼 하나를 거친 노동자의 갈려 나감이었지 않은가. 파국행 지옥열차가 너무 편안한 것이 아닐까.

전기는 눈물을 타고 흐른다. "밤에 가보니까 서울 전체가 불야성인 거예요." 핵발전소 옆에서 암 투병과 투쟁을 함께하는 황분희 반핵운동가는 말했다.[1] 서울 밤거리의 화려함에 도취될 때 그 전기를 생산하고 끌어오려고 월성과 밀양, 홍천 등지에서 빚어진 아린 일들은 보이지 않는다. 화려함 이면에는 그림자가 있다. 마찬가지로 가상의 무한한 공간과 연결에 대한 플랫폼 예찬이 곳곳에서 들려온다. "언제 어디서나 쓸 수 있습니다(시킬 수 있습니다)"라는 광고가 곳곳에 실리고, 로켓배송이 쿠팡 주주들에게 박수를 받았다는 일화가 들려온다. 그러나 플랫폼 노동자의 처우는 나아질 기미를 보이지 않고, 플랫폼 자본주의에 잠재된 위험을 걱정하는 목소리는 작기만 하다. 사람은 잠을 자야 한다. 숨도 쉬어야 한다. 그런데 그 자명한 사실 하나를 까먹은 대가로 수많은 플랫폼 '노동자'가 갈려 나가고 있다. 동시에 이 행성도 죽어가고 있다. 그간 공짜인 것마냥 에너지와 물질을 플랫폼의 재료로 써왔지만, 이 또한 공짜는 아니다. 무한의 꿈을 꾼 유한자와 유한한 행성은 어떻게 될 것인가.

무한의 꿈을 꾸는 이 체제를 '플랫폼 자본주의'라고 부른다.[2] 자본주

---

1) 영화 「월성(2019)」 중, 남태제 · 김성환 감독

2) 3장에서 살펴본 플랫폼 노동이 기존의 전통적인 노동을 밀어낸 형국. "디지털 기술과 생산에서의 자동화를 통해 도달한 자본주의의 고도의 발전 형태"인 지금 이 시대의 속성을 '플랫폼 자

의는 '플랫폼'이라는 화려한 수사여구로 치장하면서 뭇매로부터 스스로를 숨겼다. 대안 경제학자 마리아나 마추카토의 질문을 빌리자면 이렇다. "흔히 가치의 '창조'라고 일컬어지는 것의 상당 부분이 사실은 가치의 '착취'가 가면을 쓴 것이라면 어떻게 되는가?"(마리아나 마추카토, 2018) 플랫폼 자본주의의 혁신과 창조, 시장 창출, 성장 부문이 부와 가치를 창출한 것이 아니라 착취가 가면을 쓴 것이라면 어떻게 되는가. 거기에 그 착취가 노동착취뿐 아니라 자연착취의 경향 또한 내포하고 있다면 어떻게 되는가?

이 장에서는 디지털화 · 플랫폼화가 가진 편리함과 반짝임 이면에 숨겨진 파멸의 씨앗을 '사회적 한계'와 '물리적 한계'로 나누어 경계해보려 한다. 앞선 장에서 다룬 플랫폼 노동의 그림자는 이러한 사회적 한계의 한 단면이기에 이 장에서는 플랫폼 자본주의의 물리적 한계(물질적 측면)에 더 초점을 두려고 한다. 질문은 많이 남아 있다. 기후위기 시대 플랫폼 자본주의는 어떻게 정의되고 고찰되어야 하는가. 양자는 어떤 관계를 맺는가. 플랫폼과 디지털이 지배하는 세상은 기후위기를 막는 세상일까.

플랫폼 자본주의가 가진 큰 특징은 어떤 착각 혹은 주객전도를 불러일으킨다는 것이다. 우리는 플랫폼의 녹색분칠을 경계해야 한다. 핵의 위험성이 처음에 '친환경'으로 가려졌던 것을 상기해볼 때, 플랫폼에 대해서도 착각하고 있는 것은 아닌지 묻게 된다.[3] 이는 한국판 뉴딜 속 '디지털 뉴딜'을 살펴보면서 극명하게 드러나는 부분이다. 플랫폼과 디지털이 '그

본주의'라고 부른다. 플랫폼 노동이 미시장면이라면, 플랫폼 자본주의는 거시동학이라고 할 수 있다.

3) 부연하자면 플랫폼과 디지털을 무조건 악으로 규정할 수는 없고, 이 장에서도 그러한 접근법을 강조하지는 않는다. SNS의 촛불과 같이 '디지털 민주주의'라고 불리는 순기능, 전례 없던 효율성으로 촉발 가능한 지점이 분명히 병존하기 때문이다. 즉, '플랫폼'과 '디지털'은 모두 양면을 지닌다. 하지만 지금의 주류 담론에서 한 면만 강조되는 것은 분명하다. 누군가는 파국행 지옥열차의 종착지를 예고해야 하지 않을까 하는 생각에 위험성을 경고하는 데 초점을 둔다.

린'이라는 확신을 가지고 밀어붙인 이 기획은 한국의 고질적인 '국익개발성장주의'의 연속선상에 놓여 있다.

이 장에서는 먼저 플랫폼 자본주의의 이론적 논의를 검토한다. 물리적 한계와 사회적 한계라는 이중 한계를 짚어보고, 디지털의 배신에 주목하며, 플랫폼 자본주의의 성장에 대한 함의를 찾아본다. 그 결과 플랫폼 자본주의의 성격에는 기후위기를 가속하고, 기술 자체에 내재된 반생태적 경향을 극대화시키며, 인간과 자연의 동시 소외를 낳는다는 것을 살핀다. 이 장에서는 그 대안으로 '정의로운 전환'을 고민해본다. 정의로운 전환의 방향은 기술 자체를 민주적으로 통제 · 관리하고, 비가시화를 가시화하며, 외주화를 주체화하는 방식이라는 세 가지 방향성을 가지고 있어야 할 것이다.[4]

---

4) 이 장에서는 이반 일리치와 칼 폴라니(Karl Polanyi), 프리드리히 슈마허의 시선과 생태사회주의의 접근을 고민했음을 앞서 밝혀둔다.

2.
플랫폼 자본주의와 성장

언제부터인가 우리가 살고 있는 이 독특한 사회경제 구조에 대해 '플랫폼 자본주의'라 부르는 이들이 등장하기 시작했다. 이에 대해서는 아직도 곳곳에서 논의가 일어나는 중이다. 플랫폼 자본주의란 디지털 기술과 생산에서의 자동화를 통해 도달한 자본주의의 고도의 발전 형태를 압축하는 말로 넓게 생각할 수 있다. 이광석(2017)은 플랫폼 자본주의를 다음과 같이 설명했다. "플랫폼 자본주의는 플랫폼과 알고리즘이라는 기술적 요소를 통해 노동 및 고용관계를 변화시키고 생산의 외연을 확장하는 '신흥 자본주의 경제시스템'으로서 '후기자본주의적 사유화의 최종 종착역'이라고 볼 수 있다." 기술혁신이 자본주의 성장을 유지하는 원천이라는 그의 설명은 플랫폼 자본주의가 기술혁신의 잉여를 모두 흡수해 자본주의 역사의 마지막 단계에 도달한 것처럼 여겨진다.

플랫폼 자본주의가 아예 '새로운 것'일 수는 없다. 앞서 플랫폼 노동 문제가 20여 년 전부터 대두된 비정규직, 특수고용 등의 문제와 중첩되거나 진화한 양상을 띠었음을 살펴보았다. 이와 같이 플랫폼 자본주의도 자본주의의 역사적 본질의 연장선상에 있음은 분명하다. 닉 서르닉(2015)이 주장하듯이 플랫폼의 한 가지 특징은 "현실의 외견상 새로움이 장기적 경향의 지속을 은폐하는 데 있다."

그렇다면 플랫폼 자본주의에 내재된 '장기적 경향'은 무엇일까. 서르닉은 1970년대 이후 이윤율 하락과 제조업 부진으로 인한 장기적 침체 이후 자본주의가 경제성장을 회복하고 활력을 유지하는 수단으로 데이터에 눈을 돌렸다고 말한다.[5] 위기로 인해 변주되고 대상이 변했더라도 내적 논리는 그대로다. 플랫폼 자본주의는 자본 축적의 논리로, 무한한 성장을 추구하며 자연과 인간을 소외시키고 착취해온 경향의 연장선상에 있다.

자본주의의 논리는 무한한 성장으로 요약된다. 역사학자 페르낭 브로델(Fernand Braudel)은 '자본주의'와 시장경제를 명확히 구별했고, 자본주의와 시장경제의 차이점은 결과적으로 '확대 성장'이라는 요소라고 말한다. 사회학자 이매뉴얼 월러스틴(Immanuel Maurice Wallerstein)은 이를 다음과 같이 정리했다. "자본주의는 바로 무한의 자본 축적이 우선시되는 시스템으로 정의되는 역사적 시스템이다."[6] 여기에서 핵심은 자본주의가 단순한 시장경제와 상품화폐의 교환과는 다르다는 점이고, 어디까지나 그러한 시장거래를 통해 자신이 보유한 화폐의 양적 증대를 추구하는 시스템을 이른다는 것이다(히로이 요시노리, 2015).

---

5) "자본주의는 위기가 일어나면 재편되는 경향이 있다. 새로운 기술, 새로운 조직 형태, 새로운 착취양식, 새로운 일자리, 새로운 시장. 이 모두가 출현해 자본의 새로운 축적 양식을 전개한다" (서르닉, 2015).

6) 요시노리는 다음과 같이 덧붙인다. "'무한'의 개념이야말로 근대의 본질이라는 파악을 생각나게 한다." 시모무라 도라타로의 『무한론의 형성과 구조』에서는 "양적인 무한 확대를 적극적으로 지향하는 정신의 양식이야말로 근대의 특질"이라 주장한다.

즉, 자본주의를 자본주의이게 하는 것은 성장동학이다. 그리고 그 동학 끝에 다다른 곳이 종착역으로서의 플랫폼 자본주의다. 플랫폼 자본주의의 근본 발상은 무한동력의 꿈과 같이 무한한 생산성, 효율성, 확장성이라는 전제를 띠고 있다. 이는 성장주의의 구도와 중첩된다. "성장하지 않는 플랫폼 자본주의는 '플랫폼 자본주의'가 아니다"라고도 말할 수 있을 정도로 우리는 쉽게 플랫폼 자본주의의 성장 국면을 관찰할 수 있다. 플랫폼 기업이 계속 성장하고 확장되어 '공룡'이 되어가는 과정에서도, 구글, 아마존, 애플, 페이스북이 점점 우리 삶에서 차지하는 비중이 커지는 것에서도, 하늘 높은 줄 모르고 치솟는 주가에서도 말이다.

문제는 이러한 성장에 식인종 같은 면이 있다는 것이다. "경제성장은 자연과 공동체를 잡아먹으며, 지불되지 않은 비용을 자연과 공동체에 전가하기까지 한다."(이반 일리치 · 볼프강 작스, 1992) 1972년 로마클럽의 『성장의 한계』는 성장의 물리적 한계를 극명히 드러낸 저작이었고, 50년이 지난 지금 적확히 맞아떨어지고 있다. 요한 록스트룀(Rockström, J.)과 동료 과학자들의 아홉 가지 '지구 위험 한계(Planetary Boundary)'에서는 기후변화, 토지 이용의 변화, 질소 · 인에 의한 오염, 물 다양성의 손실률, 성층권 오존층의 파괴, 생화학물질에 의한 오염, 해양 산성화, 담수 소비, 대기 오염 혹은 에어로졸 부하 9개 중 4개가 지구 한계를 넘어 위험지대에 들어서 있는 상태다. 아래에서 살펴보겠지만, 플랫폼 자본주의 큰 특성 중 하나는 이러한 지구의 물리적 한계를 빠르게 간과 · 초과 · 가속한다는 것이다.

문제는 물리적 측면에만 있지 않다. 성장에는 사회적 한계가 있다. 무한성장을 방관하면 '이익은 사유화하고 손실은 사회화'하는 원리가 기본값이 된다. 다시 자본주의 이야기로 돌아가서 자본주의 시스템이 사회에 침투하기 위해서는 꽤 근본적인 가치관 혹은 윤리의 전환이 동반되어야 한다는 기본적인 사실을 살펴보자. 18세기 초 맨더빌의 『꿀벌의 우화』가 이를 잘 드러내는데, '개인의 악덕, 사회의 이익'이라는 부제처럼 개인의 악덕 혹은 사리의 추구가 공공의 이익으로 이어지는 자본주의 정신이 이 우화에 응집되어 있다.[7] 초창기 자본주의 정신의 뿌리를 파헤칠 때마다 반드시 등장하는 이 우화는 자본주의가 그 이전의 사회체계가 가지고 있던 굉장히 오래된 가치관이나 윤리관을 뿌리째 뽑아내며 빚어졌음을 시사한다. '사익추구가 공공의 이익이 된다'라는 무한성장의 근본에 놓인 가치의식은 근본적으로 사회를 해체하고 말 유토피아적인 내적 모순의 이데올로기다.[8] "플랫폼 자본주의는 이 모순을 이어받아 '사회적인 것'에 대한 책임을 방기한다."(이광석, 2020)

정리하자면, 이 장에서는 플랫폼 자본주의가 낳는 물리적 한계와 사회적 한계에 주목해 살펴보려고 한다. 이러한 이중 한계는 플랫폼 자본주의만의 새로운 속성이라기보다 무한한 성장을 지향하는 자본주의에 내재한 근원적 속성의 변주된 버전이라고 보는 게 적확할 듯하다.

---

7) 흥미롭게도 맨더빌의 우화는 칼 폴라니의 '거대한 전환'에서도 같은 맥락으로 인용된다. 칼 폴라니는 처음 '선의'가 포장되어가는 과정을 스피넘랜드 법을 둘러싼 역사를 통해 관찰하는데, 이에 따르면 '구빈원의 탄생'은 자본주의의 가치전환, 즉 '경제적 자유주의'의 실체적 경제 잠식과 함께 빚어졌다고 할 수 있다. 1795년의 '옛날'이야기지만, 돌고 도는 경향이기에 이 '오래된 경향'을 망각하지 말아야 할 것이다.

8) '개인의 악덕' 혹은 '사리 추구'가 '공공의 이익'이 된다는 가치의식은 자본주의 본질로서의 확대 성장을 지탱하는 논리다. 경제 혹은 자원의 총량이 유한한 범위에 머무른다면, 한 사람의 탐욕 혹은 몫의 확대는 그대로 다른 사람에게는 자기 몫의 감소를 의미한다. 하지만 만약 그러한 '파이'의 총량 자체가 확대 · 성장할 수만 있다면 상황은 단숨에 바뀐다. 경제라는 파이의 총량 확대를 촉진하는 개인의 행동이야말로 바람직한 일이 될 것이다(히노이 요시노리, 2015).

3.
플랫폼 자본주의와 그림자 경제

이반 일리치는 칼 폴라니의 역사관에 영향을 받아 서구 근대사를 '시장경제가 자급자족 경제로부터 뽑혀나온 과정'으로 이해한다. 일리치(1981)는 '그림자 경제(shadow economy)'라는 말로 1980년대의 '새로운' "화폐거래 영역에 속하지 않으면서 산업화 이전 사회에서도 찾아볼 수 없는 경제 형태"를 설명한다. 중요한 것은 이 그림자 경제의 영역이 가져온 변화다. "19세기 초의 역사를 살펴보면 화폐화의 진전은 동시에 화폐화되지 않은 절반의 상보적 영역을 만들어냈음을 알 수 있다. 두 영역은 서로 매우 달랐지만, 산업화 이전 사회의 특징들에 비춰볼 때 낯설다는 점에서는 똑같았다. 다시 말해 두 경우 모두 환경의 효용가치를 떨어뜨리고, 자급자족적 삶(subsistence)을 소멸시킨 점에서는 같았다는 얘기다."

플랫폼 자본주의를 해석할 때 이 19세기 '초'의 구도에서 크게 달라지지 않았으리라고 본다. 플랫폼 자본주의 역시 환경의 효용가치를 떨어뜨리고 자급자족적 삶을 소멸시키는 방식으로 자리 잡았다. 3장에서 살펴본 것처럼 배달 양이 늘어나 배달노동자의 사고율과 폐기물량이 치솟는, 플랫폼이 그림자 노동의 영역을 포섭하고 전유하는 과정을 예로 들 수 있다. 마찬가지로 플랫폼 자본주의는 일리치가 '그림자 경제', 폴라니가 '실체적 경제'라고 불렀던 영역을 잠식하는 방식으로 작동하는 것은 아닐까.[9] 이는 필자만의 의혹이 아니다.

이광석(2020)은 플랫폼들이 의도하든 의도하지 않든 이들은 자본주의 시장 바깥에 머물던 선물경제(gift economy)나 무상 증여의 전통을 무차별적으로 플랫폼 시장으로 끌어들이고, 굳이 시장의 테두리 안에 두지 않아도 자율적으로 유지되던 공동의 호혜 문화 자원을 잠식한다고 말한다. "플랫폼은 시장 논리에 면역되었다고 보거나 무관하다고 여겼던 지상의 거의 모든 것을 플랫폼 시장의 용광로 안으로 욱여넣는다." 상호부조의 전통은 알바천국, 알바몬 등의 임시직 노동 플랫폼 기업으로, 아는 이들끼리 숙박과 음식을 함께 나누고 베풀던 이웃 간 식객 문화는 에어비앤비로, 자동차 동승문화는 우버나 카카오택시 카풀로, 하숙집이나 임대 문화는 셰어하우스 등 공유형 주거 플랫폼으로 이미 흡수되거나 대체 중이다.[10]

플랫폼이 그림자이자 자급자족 영역을 흡수하고, 흡수한 면적이 점점 커짐에 따라 사회적 · 물리적 이중 한계가 위험에 처한다.

---

9) 플랫폼 자본주의를 정동자본주의로 말할 때 이 설명은 더욱 설득력을 갖는 듯하다. 6장에서 부연 설명.

10) 덧붙여 그는 "이는 화폐가 모든 것의 추상적 등가물로 등장하면서 대부분의 사물과 노동을 자본주의 시장 내부로 빨아들이는 과정과 흡사하다"라고 말한다. 플랫폼 자본주의의 포섭 · 전유 · 흡수는 새롭지 않은 양상이다.

4.
플랫폼 자본주의의 물리적 한계:
탄소발자국과 녹색분칠

1) 플랫폼의 탄소발자국

대개 우리는 기후위기의 주범으로 화석연료에 의존한 전통 산업 공장과 석탄 발전소의 탄소배출을 꼽지만, 이에 비해 상대적으로 첨단 신기술이 야기하는 파괴에는 무심하다. 아무도 디지털 · 플랫폼 부문의 탄소배출량을 신경 쓰지 않는다. BBC 보도의 한 문장을 빌리자면, "대부분 사람은 인터넷을 마치 컴퓨터 밖에 존재하는 구름 같은 존재로 인식하는 경향이 있다." 디지털화와 플랫폼화가 급속도로 진행되는 가운데 생기고 커지는 온실가스 배출량에 주목해야 할 필요가 있다. '생태발자국(ecological footprint)'에 이어서 '디지털 탄소발자국(carbon footprint)'을 들여다보아야 한다. 디지털 탄소발자국이란 "개인, 기업, 국가 등이 디지털 활동을 통해 직간접적으로 발생시키는 온실가스, 이산화탄소의 총량"을 의미한다.

우리의 통념과는 반대로 '스마트' 활동은 곧바로 온실가스 효과로 이어진다. 이탈리아 커먼즈 이론가 마시모 데 안젤리스(Massimo de Angelis)는 온라인 활동과 탄소배출의 밀접한 유기적 성격을 설명하며 "몇 분 정도밖에 걸리지 않는 인터넷 검색에 소모되는 전력량은 보통 주전자 물을 끓이는 데 투여되는 에너지와 맞먹는다"[11]라고 말한다. 이 부분에 대한 문제의식은 이제 겨우 일어나는 중이며, 근래 디지털 탄소발자국을 줄이자는 '메일 지우기' 같은 캠페인이 곳곳에서 일어나고 있다. 하지만 메일 몇 통이 이 부문의 탄소발자국에서 차지하는 부분은 빙산의 일각, 그중에서도 극히 일부일 뿐으로 이 문제가 개인의 환경실천 영역으로 다뤄지는 것은 우려스럽다. 문제는 구조에 있다. 인터넷 없이는 일상이 굴러갈 수 없게 되어버렸을뿐더러 전 세계적으로 상시 연결된 온라인 네트워크는 기하급수적인 온실가스 배출량을 기록하고 있다. 이를테면 신기술의 총아로 떠오른 가상화폐 중 하나인 비트코인의 채굴에 들어가는 전력량은 70.27Twh(테라와트시)로 추정되는데, 이는 칠레나 콜롬비아 등 남미 국가의 한 해 평균 전력 소모량을 능가하는 수치다.

플랫폼 기업과 그 기업들의 성장에 따른 온실가스 배출량은 아직 명확하게 측정된 바 없다. 넷플릭스는 2019년 기준 전 세계 인터넷 트래픽 소비의 15%를 차지한 것으로 나타났는데,[12] 이로 미루어보아 플랫폼 기업의 온실가스 배출량은 그 규모가 비할 데 없이 막중할 터인데 말이다.[13] 현재 닷컴기업들의 화석 원료 소모 수준은 매년 전 세계 항공기들이 운행 중 방사하는 온실가스 배출량에 맞먹는다. 여기에 더해 이 업계가 유지하는 전 세계 데이터센터와 첨단 통신 인프라 장비를 냉각하기 위한 에너

11) 이광석(2020)에서 재인용.

12) 남주원 기자, 2020.12.03, "당신이 이메일 보낸 사이, 지구는 뜨거워지고 있다", 뉴스펭귄.

13) 또 하나의 문제는 이 플랫폼 기업들이 화석연료 산업과 긴밀하게 유착되어 있다는 것이다.

지 소모는 전체 탄소배출량의 70% 정도로 이보다 광범위하다(이광석, 2020). "The overlooked environmental footprint of increasing Internet use"의 연구 주저자인 예일 맥밀란 센터의 환경과학자 카베 마다니는 "이들 플랫폼이 사용자의 동의도 없이 당신이 지구에 남기는 환경발자국을 증가시켰다" 라고 말했다. 문제는 '어딘가에 늘 연결되어 있는' 인터넷, 그리고 폭발적으로 늘어난 디지털 기기, 그리고 디지털 기기와 인터넷을 통한 플랫폼의 대두, 이러한 전 과정에서 늘어나는 전력량, 처리량(throghtoutput)[14]에 있다.

케이티 싱어(Katie Singer, 2020)는 『스크린의 배후: 인터넷 접속의 진정한 비용』에서 인터넷과 관련해 에너지 소비가 큰 부문을 ① 내재된 에너지, ② 접속망, ③ 데이터 저장 센터, ④ 자동화된 과정들로 분류한다. 내재된 에너지는 하나의 전자기기를 설계하고 제작하는 과정에서 원재료와 광물의 채굴 · 제련 · 운송을 포함한 최종 운송 등에 사용된 에너지이고, 접속망의 에너지는 인터넷 서비스를 위해 전 세계에 구축되어 있는 각종 기반 시설(기지국, 케이블, 안테나, 송신기, 인공위성)에서 사용되는 에너지를 뜻하며(특히 무선 접속은 유선의 경우보다 10배나 많은 에너지를 소비한다고 한다), '데이터 저장 센터'의 에너지는 지구 밖에서 보일 정도로 큰 데이터 저장 센터 안에 가득한 컴퓨터가 배출하는 막대한 에너지를 말하며(이들 데이터센터가 전 세계의 온실가스 총량 중 2%를 배출하고 있다고 한다), 마지막의 '자동화된 과정들'은 광고, 애플리케이션의 업데이트 및 백업, 비디오게임, 웹사이트 및 컴퓨터 운영체제 등이 자동으로 주고받는 시스템 가운데 사용되는 에너지를 말한다.

인터넷, 가상공간(클라우드), 무선연결(와이파이, 데이터 통신), 플랫폼이 전체 전력량 중에 차지하는 비율, 즉 전체 온실가스 배출량 중 차지하는 비율이

---

14) 생태경제학에서 사용하는 개념으로 '자원관류', '자원흐름'이라고도 한다. 생물리적 부하를 가져오는 양을 의미한다.

기하급수적으로 점점 커지고 있다. 관련된 통계치와 전망은 제각각이나 성장 속도와 규모의 막대함을 보여주기에는 부족함이 없다. 10년 전 미국 IT 연구 · 자문 업체 가트너의 조사에 따르면, 휴대전화와 컴퓨터 등 첨단 산업이 만들어내는 지구온난화 효과는 전 세계 이산화탄소 방출량의 2%에 이른다고 했다. 최근에 발표된 인공지능 나우연구소(AI Now Institute) 자료에 따르면, 이들 닷컴기업의 지구 온실가스 효과는 2020년에는 10년 전 대비 거의 2배인 4% 수준에 이르렀고, 다른 개선이 없다면 2040년에는 14% 수준까지 오를 것으로 내다보고 있다(이광석, 2020, 139쪽). 2018년 3월 발표된 캐나다 맥마스터대학 연구진의 보고에 따르면, IT 부문의 온실가스 배출량은 2020년 세계 온실가스 배출량의 3.0~3.6%를 차지할 것으로 추정된다.[15] 화웨이 자문위원들은 정보-통신-기술 영역이 2030년 전 세계 에너지 사용량의 51%를 소모하고, 온실가스 총량의 23%를 배출할 수 있다고 전망한다.[16] 반도체 산업계의 한 연구는 2040년에 이르러 컴퓨터가 사용하는 전력량이 전 세계의 총발전량보다 많아질 것이라고 한다.[17] 이미 2013년 인터넷 전체가 전 세계 전력 가운데 약 9.2%를 소비했다고 한다.[18]

이 부문의 성장세를 예측하기란 어렵지 않다. 쉽게 생각하여 그간 기술 진보의 척도로 찬송 받아 마지않았던 저장공간의 증가 속도를 떠올려

15) 황원희 기자, 2020.12.03, "AI의 탄소발자국과 클라우딩 컴퓨팅", 환경미디어.

16) 케이티 싱어(2020)에서 재인용. Anders S. G., Andrae and Tomas Edler, "On Global Electricity Usage of Communication Technoloogy: Trends to 2030", Challenges, 2015.04.30.

17) 케이티 싱어(2020)에서 재인용. J. Ganz and D. Reinsel, "The digital universe in 2020: Big data, bigger digital Shadows, and biggest growth in the far east," IDC, 2012.12.

18) 닉 서르닉(2015)에서 재인용. Andrae and Corcoran (2013, 'Energing Trends in Electricity Consumtion for Consumer ICT', NUI Galway; US Energy Information Adminstration)

보자. 필자의 아버지는 360KB의 플로피디스크에 데이터를 저장했다. 나는 이 글을 2TB의 외장하드에 저장하고, 동시에 무한한 업로드가 가능한 클라우드에 저장한다. 이 글을 위해 구글 탭을 100개 이상 열어두었고, 그 중 영상도 10개가량 된다. 불과 한 세대 사이에 일어난 확장이다. 이 속도가 그대로 온실가스 효과로 이어진다면 어떻게 될까. '탄소배출량을 감축하는 속도가 빠를까, 늘어나는 속도가 빠를까?', '기후위기를 막기 위한 탄소중립(net-zero)은 가능한가?'라는 두려운 질문을 던지게 된다. 이 부분은 플랫폼 자본주의에 내재된 무한성장의 추구와 궤를 같이한다.

온실가스 배출에만 초점을 두는 것도 위험하다. 기후위기는 생태위기의 대표 격으로 지구의 생물리적 한계는 (앞서 록스트룀의 아홉 가지 지구 한계와 같이) 다양한 층위로 존재한다. 디지털 탄소발자국 이상으로 디지털 생태발자국(environmental footprint)이 막대한 자원 사용과 연관된다는 것을 감안해야 한다.[19] 플랫폼의 성장 속도에 맞추어 필요한 원재료, 자원들이 지구 생태 용량에 가하는 탄소, 토지, 물 같은 여러 측면의 부하는 결코 무시할 수준이 아니다. 1톤 여과당 약 189만 L의 물을 소모하는 리튬, 1kg당 201kg의 쓰레기가 발생하는 구리, 전 세계 곡물 생산량보다 1천 배 많이 생산되는 에너지 집약적인 트랜지스터 등 플랫폼의 원료들은 지구의 물리적 한계를 위협한다(케이티 싱어, 2020). 플랫폼 기업 넷플릭스는 데이터 1기가바이트에 대한 탄소발자국, 물발자국, 생태발자국에서 시간당 약 28cm^{2}의 땅과 7.5L 정도의 물을 사용하고 440g의 이산화탄소를 발생시키

19) "Nonetheless, a comprehensive assessment of the environmental cost of Internet use cannot solely rely on the carbon footprint. Despite their environmental significance and contribution to climate change, the water and land footprints of data use have not been well studied." Kaveh Madani et al. (2021)

며 가장 많은 생태발자국을 기록했는데, 이 또한 같은 맥락이겠다.[20] 가장 큰 문제는 이러한 사실들이 명확히 보이지 않는 데 있다.

2) 플랫폼의 녹색분칠

> *"우리에게 '디지털의 배신'은 어쩌면 예고된 것인지도 모른다. 인류가 도구적 이성에 기대어 테크놀로지를 욕망할수록 지구환경과 인간 삶의 생태 순환계에 균열이 가해질 수밖에 없다."*(이광석, 2020)

핵발전소가 처음에 녹색과 평화의 상징을 띠고 개발되었다는 이야기가 떠오른다. 핵의 위험성이 녹색으로 분칠되어 눈을 가렸던 것처럼 플랫폼이 우리의 눈을 가리는 것은 아닌지 의문이다. 무언가 착각하고 있는 것은 아닐까.[21] 체르노빌과 후쿠시마가 지옥으로 변할 때 비로소 진실을 깨달았듯이, 기후위기가 전례 없는 자연적 · 사회적 위기로 이어져 손댈 수 있는 한계를 넘어설 때 그제야 플랫폼의 위험성을 깨닫게 되는 것은 아닐까.

디지털 기술을 바탕으로 플랫폼이 확장되며 현실에서 이루어지는 모든 것이 가상 네트워크의 접속망을 통해 이루어지고 있다. 이때, 탄소배

---

20) 정희은 기자, 2021.01.19, "넷플릭스 1시간 보는 데 7.5L 물 사용한다", 코메디닷컴.

21) 한편, 핵 산업은 아직도 녹색분칠에 열중이다. 기후위기를 명목으로 그 정도가 더 두드러졌다. 하지만 핵을 녹색이라 이르기에는 그로부터 파생된 결과들이 인간과 자연세계에는 너무나 재앙적이어서 녹색분칠의 눈속임은 더 이상 유효하지는 않는 듯 보인다.

출량을 비롯한 생물리적 '처리량'은 급증한다. 물적 기반을 두지 않는 데이터, 클라우드, 네트워크는 존재할 수 없기 때문이다. 하지만 이들은 마치 가상의 무한 공간에 있어 실재하는 물질계와는 무관한 듯한 착시 효과를 불러일으킨다. 아마 그것이 플랫폼을 비롯한 디지털 부문이 4차 산업혁명, 디지털 뉴딜, 인공지능 혁명 등의 이름으로 등장하며 고도로 복잡한 작금의 각종 문제를 해결해갈 주역으로 추앙받는 까닭일 것이다. 실체가 없으니 가능성도 무한하다는 것이다. 디지털 탄소발자국에 대해 이제야 관심이 환기되고 있지만, 아직도 경고가 가득하기는커녕 그 위험성을 간과하는 분위기가 지배적이다. 심리적으로 우리에게 비트의 디지털 세계가 무색무취의 녹색 청정지대처럼 여겨지는 것은 왜일까. 거기에 더해서 이들이 앞으로 닥쳐올 위기로부터 우리를 구할 수 있는 것처럼 여기는 근거 없는 낙관은 어디에 바탕을 두고 있는가. 이러한 눈속임을 디지털 · 플랫폼의 '녹색분칠(greenwashing)'이라 부르기로 하자.

고전적인 녹색분칠은 주로 플랫폼 기업들의 광고와 행동에서 드러난다. 문제는 그들 스스로 '청정'에너지 사용 업체라 홍보하면서, 한편으로 첨단 신기술을 활용해 생태 파괴의 기술 구조에 적극적으로 편입한다는 것이다. "구글 · 마이크로소프트 · 아마존 등은 화석 연료의 대표 주자인 유전 개발 업체들의 성장을 돕고, 유전 채취를 가속화하면서 인공지능 · 자동화 · 빅데이터 등 최첨단 기술을 동원해 적극적으로 비즈니스 활동을 하고 있다."[22] 이 기업들은 대부분 RE100['재생에너지(Renewable Energy) 100%'의 약자]을 선언하며 재생에너지 전환의 선두에 있는 것처럼 자신들을 홍보한다. 이 기업들이 수많은 시민 · 소비자의 데이터에 기반한 자사의 기술

22) 이광석(2020)에서 재인용.

을 회색 기업들에 제공하거나, 그들의 광고 사주를 받는 것은 명백한 녹색 분칠이다.[23] 더 나아가면, 몇몇 플랫폼 기업의 ESG(Environment · Social · Governance) 투자나 RE100 선언, 기부 등의 선의와는 무관하게 이러한 독점과 성장이 유발하는 규모의 구조적 문제를 생각해보아야 한다. "지옥으로 가는 길은 선의로 포장되어 있다."

플랫폼의 물적 기반이 없다고 생각하는 것은 엄청난 '착각'이다. 플랫폼의 화폐는 '데이터'라 부를 수 있는데, 서르닉(2015)이 말하듯이 "데이터는 기록을 동반하며, 그렇기 때문에 어떤 형태건 물리적 매체가 필요하다. 기록의 단위로서 모든 자료는 데이터를 포착하는 센서를 요구하고, 자료를 유지하려면 대규모 저장 장치가 필요하다. 간단히 말해 데이터는 비물질적인 것이 아니다." 이 물질적인 데이터의 막대한 양, 그것도 복리를 넘어서는 성장세를 생각할 때 우리의 착각은 비로소 그 실체가 드러난다. 데이터센터의 전력소모량은 세계 '에너지 사용량' 중 무려 1% 안팎을 차지한다(Kaveh Madani, 2021). 이렇게 플랫폼의 물질성을 증명하는 것은 우리의 상상계에 씌워진 그린워싱을 벗겨내기 위해 중요하다.

생태경제학(Ecological Economics)의 접근법은 이러한 '착각'을 드러내고 '증명'하는 시도다. 플랫폼 기업은 앱과 온라인을 활용해 효율성과 확장성을 높이는 것을 '시장 창출', '혁신'이라 부르지만, 물질적인 그림자를 감추고 있었다. 배민이 만들어냈다는 혁신적인 배달음식 시장 확대는 곧 쓰레기산을 만들어내고 만다. 생태경제학의 눈으로 볼 때 이 혁신은 처리량의 증가를 수반한다. 경제성장(여기서는 데이터 사용량의 증가)이 생물리적 처리량을

23) 그마저도 안 하고 있는 한국의 노골적인 회색기업들과 대비할 때, 이들 플랫폼 기업의 개별적인 방향을 바람직하다고 할 수도 있으나, 문제는 그것이 아니다. 개별 기업들의 '선의'와 무관하게 빚어지는 구조적 측면에 주목하자. 이를 '녹색자본주의의 동학'이라 이를 수 있다.

증가시키지 않을 수 있다는 절대적 '탈동조화(decupling)'는 지구 단위로 사고할 때 착각에 가깝다. 절대 '공짜'는 없다.

그렇게 플랫폼의 녹색 '약속'과 실상이 다른 경우가 일어나게 된다. 구체적인 사례로 들어가 플랫폼의 '배신'들을 마주해보자. 김병권(2020)은 다음과 같이 '디지털 공유플랫폼'이 '기후위기 해결에 도움이 될 것'이라는 약속을 어떻게 배신했는지 말한다.

> *"디지털 공유플랫폼은 '저사용 자원'의 공유라는 가치로, '환경과 생태'에 크게 도움 될 것이라고 홍보했다. 미국에서는 약 64%의 조사 응답자들이 공유경제가 환경적 영향을 감소시켜줄 것이라고 믿었고, 심지어 그린 뉴딜 주창자의 한 사람인 제러미 리프킨도 공유자동차로 도로 위 자동차를 80%가량 줄여서 기후위기에 크게 기여할 것으로 전망했지만, 기가 막히게도 여론조사 응답자들의 61%는 개인 자가용을 운전하는 대신 공유차를 이용한 것이 아니라, 대중교통을 이용하거나 걷거나 자전거를 타는 대신 공유차를 이용했다고 한다. 그 결과 지난 10년 동안 미국 전체적으로 뉴욕을 제외하면 대중교통 이용이 7%나 줄었고, 샌프란시스코는 무려 12.7%나 줄었다."*

이는 플랫폼이 그린 모빌리티를 잠식한 하나의 사례로 설명할 수 있다. 우버 같은 자동차 공유플랫폼이 저탄소 대중교통 시스템을 잠식하며 애초와는 다른 '역효과'를 불러일으켰다. 이는 반등효과(rebound effect) 혹은 제번스의 역설(Jevon's Paradox)과도 궤를 같이한다. 기술의 효율성이 제고되었을 때 실제로는 원자재와 에너지 사용량이 증가하며, 처음의 의도와는 다른 역효과가 나버리고 만다. 디지털 기기가 업무 효율성을 증가시켜 퇴근이 빨라질 것이라는 그런 종류의 착각처럼 말이다.[24)]

---

24) 코로나 상황은 앞으로의 경향을 단적으로 보여준다. 코로나로 만남에 거리 두기가 일상화되면서 어떤 변화가 있었는가. 코로나19로 인해 일부 국가에서 처음 봉쇄령이 내려진 3월 이후 인터넷 사용량이 20% 이상 치솟았다고 한다. 만남에 거리를 두자 얼굴은 못 보고 인터페이스(intertface)가 증가한다. 넷플릭스 주가도 치솟는다. 넷플릭스의 경영자는 성공신화에 대해 책도 쓴다. 플랫폼 기업은 축제로 성화다.

5.
플랫폼 자본주의의 사회적 한계:
자동화된 불평등

"우리는 자주 첨단 가상경제의 동력이 현실 세계의 화석 연료 경제와 인간의 산 노동을 근간으로 한다는 기본적인 사실을 잊고 산다."(이광석, 2020)

3장에서 플랫폼 기업이 노동자(로 인정되지 않고 있지만)를 팽개치는 장면을 여럿 살펴보았다. 플랫폼 기업의 화려한 수사여구에는 칼날이 숨겨져 있었고, 쿠팡과 배민의 자유와 노동은 결국 '새롭게' 착취와 소외를 낳고 만다. 이런 플랫폼 노동이 기존의 전통적인 임금노동을 밀어낸 형국이 "디지털 기술과 생산에서의 자동화를 통해 도달한 자본주의의 고도의 발전 형태"인 플랫폼 자본주의다. 3장에서 미시적으로 살펴본 '플랫폼 노동' 장면을 '플랫폼 자본주의'의 구조적 동학으로 확장하여 살펴보자.

버지니아 유뱅크스(Virginia Eubanks, 2018)는 자신의 저서 『자동화된 불평등: 첨단 기술은 어떻게 사람들을 분석하고, 감시하고, 처벌하는가』에서

“첨단 기술로 자동화된 의사 결정이 사회안전망을 파괴하고, 가난한 사람들을 범죄자 취급하며, 차별을 심화한다”라고 지적한다.

> “소외 집단은 공적 혜택에 접근하거나, 치안 유지가 잘되는 지역을 통행하거나, 의료보험 제도 안으로 들어가거나, 국경을 넘을 때 더 높은 수준의 데이터 수집 요구에 맞닥뜨린다. 수집된 데이터는 이들을 의심과 추가 조사의 표적으로 삼는 데 이용되면서 소외 집단의 주변성을 강화하는 작용을 한다. 이들 집단은 부적격하다고 여겨져 처벌적 공공 정책과 집중 감시 대상으로 지목되고, 이런 순환이 다시 시작된다. 이는 일종의 집단적 적신호이자, 되먹임 되는 불평등의 순환 고리다.”(유뱅크스, 2018)

이른바 ‘디지털 구빈원’의 탄생이다. 플랫폼 자본주의가 사회를 ‘방기’하는 맥락은 이처럼 기존의 차별과 불평등이 재생산되고 격화되는 과정에 있다. 역사상 최악의 불평등을 기록하는 시대, 플랫폼 자본주의의 ‘자동화된 불평등’ 순환 고리는 이와 무관할 수 있을까. 김병권(2021)은 줄리엣 쇼어(Juliet Schor)를 인용하여 공유경제 신드롬으로 대표되는 플랫폼 자본주의의 전성기에 부의 집중과 불평등 양성이 이루어졌다고 말한다.

> “오랫동안 공유플랫폼 기업을 연구해온 줄리엣 쇼어(Juliet Schor)는 자신의 책 『After the Gig』에서 ‘플랫폼 기업들이 활용하고 있는 인공지능 · 알고리즘이 인종, 성별, 사회계급의 면에서 현존하는 불평등을 제거하기보다는 재생산해주는 쪽으로 작동하고 있다’라고 짚는다. 특히 플랫폼은 개인들의 진입을 편리하게 해주지만, 사

회경제적인 약자들에게 반드시 그렇게 만들어주는 것은 아니라고 진단한다. 공유경제 첫 10년은 1%에게 부를 집중시키는 패턴을 그대로 따라왔는데, 창업자들에게 환상적인 부의 축적을 가능하게 해주어서 그들 중 일부를 억만장자로 만들어주었다. 2019년 초 기준으로 우버의 캘러닉은 60억 달러, 에어비앤비의 공동창업자들은 35억 달러 이상의 자산을 축적하게 된다. 이렇게 상위 1%에게는 엄청난 부를, 나머지에게는 이른바 '하인노동'을 양산해냈다는 것이다."

특히나 코로나 상황에 이러한 불평등의 단면은 극적으로 나타난다. "유통 기업 아마존의 물류센터 노동자가 '물류 전쟁'을 수행하느라 800명씩 집단감염이 되어 쓰러질 때, 최고 경영자 제프 베조스의 재산은 30조 원 넘게 불어났다."(채효정, 2020) 언택트의 열매는 애플, 페이스북, 마이크로소프트, 넷플릭스, 아마존, 구글부터 쿠팡, 배민 같은 플랫폼 기업들에 몰린다.

우리는 플랫폼 자본주의하에서 빚어지는 '사회' 해체에 유의할 필요가 있다. 불평등의 악순환 고리가 만들어지고 있는 데 유의하며, 이것이 플랫폼 자본주의가 사회적 한계를 침범하는 과정이라는 것을 짚어야 한다. 플랫폼 자본주의의 동학은 역사상 최악의 불평등을 기록하는 작금의 통계들과 무관할 수 없다.[25)] 산업의 중심이 점점 디지털 기술에 기반을 둔

25) 옥스팜(Oxfam)의 '99%를 위한 경제(An economy for the 99%)' 통계 추산. '빈익빈 부익부'는 해가 갈수록 심화하고 있으며, 재산 규모 면에서 전 세계 하위 50%에 해당하는 인구의 재산 총합과 같은 재산을 보유한 최상위 부자 수는 나날이 줄고 있다. 2010년 388명, 2011년 177명, 2012년 159명, 2013년 92명, 2014년 80명, 2015년 62명으로 매년 줄어들더니 2016년에는 그 숫자가 8명으로 하락했다. 부가 점점 더 극소수에게로 수렴되고 있는 것이다.

플랫폼으로 이동하고 있는 것을 생각할 때, 우리는 급경사의 내리막길을 앞두고 있는지도 모른다.

지금까지 플랫폼 자본주의의 사회적 · 물리적 한계를 살펴보았다. 플랫폼 자본주의는 녹색분칠 밑면에서 지구 생태용량과 물리적 한계를 초과하고 기후위기를 가속하는 데 더해 사회적 불평등을 새로운 국면으로 심화시킨다. 이를 종합할 때 이러한 플랫폼 자본주의의 문제는 사회적 · 물리적 이중 한계를 넘는 것이라 할 수 있다. 이는 '인간과 자연의 동시 소외'로도 표현할 수 있다.[26] 플랫폼 자본주의 구조에서 발생하는 생태 부하의 증가로 인한 자연의 소외와 플랫폼 노동의 현 상황에서 보이는 인간 소외가 동시에 발생한다. 이러한 인간과 자연의 동시 소외가 플랫폼 자본주의 체제의 근원적 모순이라 할 수 있다. 두 문제가 우연히 같이 있는 게 아니라는 데 유의해야 한다. 돌고 도는 되먹임 관계이자, 쌍둥이처럼 붙어 있다. 대안이 필요한 때다. 아래에서는 '정의로운 전환'을 그 방법으로 고민해본다.

---

26) '인간과 자연의 동시 소외' 개념은 생태학적 마르크스주의자(Ecological Marxist)들이 사용하기 시작했다. 이들은 마르크스의 논지를 자본이 사회와 자연 양자의 관계에 균열을 가하는 사태로 해석 · 발전시켰다. 이를테면 고헤이(2017)가 말했듯이 "마르크스의 정치경제학은 자본이 가치 증식을 무한히 추구함으로써 자본주의 체제 자체의 물적 조건들을 침식하고, 결국에는 자연의 한계에 직면하게 된다는 자본주의 체제의 내적 동학을 설명함으로써 생태위기를 자본주의의 모순으로 이해하게 만드는 데 크게 기여했다."

6.
적정기술과 적정경제

1) 기술과 '중립성' 신화

그렇다면 앞서 살펴본 일련의 자연적 · 사회적 '선 넘기'가 일어난 까닭은 무엇일까. 이 과정을 설명하기 위해 기술의 속성에 대해 근원적으로 살필 필요가 있다.

기술은 그저 중립적인 도구일 뿐이라는 인식이 팽배하다. 그런데 정말 중립적인가? 정치경제학자 홍기빈(2020)은 이렇게 답한다. "기술은 결코 사회에 대해 중립적이지 않으며, 사회에 존재하는 권력과 지배 구조, 불평등과 차별, 편견과 미몽을 모두, 그것도 훨씬 더 큰 규모에서 훨씬 더 효율적으로 관철시키는 도구로 전락할 수 있다." 마찬가지로 플랫폼 노동 문제를 다룬 국가인권위원회의 보고서는 다음과 같이 서술한다. "기술 자체가 사회적 관계를 결정하는 것은 아니지만, 적어도 현재 사회적 상황에서는 기술 발전이 노동의 불안정화를 강화하는 측면이 두드러지는 것 같

다."(김철식 외, 2019)

기술이 가치중립적이라는 말은 조금은 맞고 대부분 틀렸다. 기술이 중립적이라도 사회가 중립적일 순 없기 때문이다. 기술은 오토바이의 모터와 같이 단지 속도만을 좌우하는 어떤 수단일 수 있고, 방향은 조종간을 쥔 사람과 사회에 달렸을 수 있다. 하지만 그럴 때, 기술이 '중립적'으로 사용되더라도 이미 기울어져 있는 운동장의 기울기 값을 높이는 역할을 하지 않을까. 즉, 기존에 어떤 '사회적 합의'가 존재하느냐가 기술의 방향을 결정한다. 이를테면 지금의 사회에서 기술은 우리가 '신자유주의적 개혁'이라고 불러온 경향성을 가속화하게 된다. 그럴 때 칼 폴라니가 주장한 '사회의 해체'에 속도가 붙어 그것이 임계점에 다다르기 직전까지 계속된다.

혁신론자들의 플랫폼 찬양에는 기술 자체가 중립적이라는 신화와 함께 새로운 것이라면(혹은 커지는 것이라면) 뭐든지 떠받드는 근시안적인 모습이 포함되어 있다. 하지만 "새로운 것에 주목하는 이런 근시안은 디지털 도구가 낡은 권력 및 특권 제도에 '묻어 들어가는' 중요한 방식을 놓치게 한다(유뱅크스, 2018)." 기술이 사회에 어떻게 묻어 들어가는지, 특히 사회의 통치성에 어떻게 묻어 들어가게 되는지 주목할 필요가 있다. 이것이 바로 기술이 플랫폼 자본주의의 사회적 한계 넘기에 일조하는 방식이며, 기술 자체가 도구적 속성을 지님에도 결코 중립적일 수 없는 까닭이다.

2) 기술의 반사회적 · 반생태적 경향과 대안으로서의 적정 · 생태기술

아무래도 기술이 기후위기에 어떤 영향을 미치고, 인간의 인격 및 사회의 모양을 어떻게 바꾸어놓으며, 그것이 어떤 사회적 영향을 유발할지는 대체로 도외시되는 듯하다. 오늘날 기술은 자연 자원 개발과 지식 생산을 위한 매개 역할을 넘어서서 인간을 딛고 올라 '기술 숭배'의 자리를 차지한 채 지구 생태와 생명 종을 그 자장 아래 블랙홀처럼 빨아들이고 있다(이광석, 2020). 기술의 중립성을 다시 생각하는 것과 마찬가지로 디지털과 그 기술의 반생태적 경향에 대해서도 다시 생각해봐야 한다. 일찍이 에른스트 슈마허(Ernst Friedrich Schumacher) 같은 선지자들은 거대기술의 반생태적 함의를 눈치챘지만, "작은 것이 아름답다"라는 그의 비판은 경구로만 여겨진 듯하다. 거대 과학기술이 사회의 통제를 벗어나며 일으키는 각종 환경재앙으로 '위험사회'가 될 것이라는 울리히 벡(Ulrich Beck)의 경고도 마찬가지다. 안타깝게도 이들의 경고는 앞서 플랫폼 부문의 생태 부하에서 살펴봤듯이 이 시대의 우리에게는 현실이 되었다. 다시, '기술의 성격은 무엇인가?'라는 근본적인 물음과 함께 대안적 기술의 이미지를 떠올릴 필요가 있다.

이광석(2020)은 첨단 신기술의 성장 신화를 걷어내고 한 사회의 생태 조건을 고려한 적정의 민주적 기술설계 채택이나 수용과 관계하는 기술, 이른바 생태기술(ecological technology)의 전망을 대안으로 펼친다. 새로운 공생과 호혜의 테크놀로지 전망에 기초한 지구 생태기술, 인간 공존의 모델 구상이 시급하다는 것이다.

이러한 생태기술 제안의 뿌리에는 '적정기술' 개념이 있다. 슈마허는 적정기술 혹은 중간기술(appropriate technology) 개념을 창안해 거대기술의 강한 반생태적 경향을 비판하고 기술을 인간에게 맞추어야 함을 강조했다.[27] 그는 대안의 기술이 무엇이냐는 물음에 "인간의 얼굴을 한 기술"이라 답했다. 대량 생산이 아니라 대중에 의한 생산, 거대기술이 아니라 인간의 크기에 맞춘 기술만이 현대를 위험사회, 정신적으로 피폐해진 시공간으로부터 바꾸어낼 대안이라고 말한다. 그가 기술을 말함에 있어 두는 기준은 생산성 혹은 고도의 과학성이 아닌 사용하고 영향받는 사람들의 '삶'이었다. 마찬가지로 일리치도 '공생을 위한 도구'라 부르며 인간의 '자율성'에 초점을 두어 사유했다. 그에게 기술은 인간이 삶의 자연적 제약조건을 초월하도록 돕는 도구이지만, 어느 지점('반생산성'[28]의 지점)을 넘어서는 순간 주객이 역전되고 마는 양날의 검이다.[29] 이를테면 우버나 카카오택

27) 미국 국립적정기술센터에서는 '적정기술'을 "활용되는 상황에 비추어 비용과 규모 면에서 적합한 도구 또는 전략을 사용하는 기술"이라 정의한다. 한편, 한국적정기술학회에서는 적정기술을 다음과 같이 정의한다. "해당 지역사회에서 지속 가능하게 운영할 수 있는 중간 기술적인 성격을 가지며, 소규모, 분산형, 노동집약형, 저에너지, 친환경적인 기술을 일컫는다. 지역사회의 상황과 특색, 인간에 대한 이해를 강조하며 개발도상국에서의 삶의 문제를 저비용으로 스스로 해결할 수 있는 기술이다." 그러나 이렇게 적정기술을 도구적 차원에서 이해할 때 근대 경제학의 경제주의적 접근과 국제개발(원조)의 특수적 접근이라는 한계에서 벗어나기 어렵다.

28) "'반생산성'이라는 용어는 상품이 사용가치를 대체하면서, 상품이 원래 사람에게 제공하기로 했던 만족 대신 그 반대인 부정 가치를 만들어 인간을 무력하게 하는 모든 상황을 지칭한다. (중략) 전 세계 모든 나라의 1인당 국민소득이 쿠바의 평균 수준이 되면 그때부터 의학, 교육, 교통이 오히려 생산성을 갉아먹는 한계점에 도달한다. 이 반생산성은 생산과정에 자본 투입이 결정적 임계점을 지날 때 시작된다. 이 반생산성은 체계적으로 시민 전체를 무력하게 만든다. 애초부터 자동차를 중심으로 건설된 도시는 보행에 부적합하므로 자동차를 마냥 늘린다고 해서 사람을 움직이지 못하게 만든 조건을 극복할 수 없다. 인간의 자율적인 행동은 상품이 늘고 치료가 과다해지면서 마비되었다."(일리치, 2000)

29) 종래에 적정기술은 근대 경제학의 경제주의적 접근과 국제개발의 특수적 접근이라는 도구적 차원으로 이해되는 경향이 있다. 하지만 적정기술은 정태적인 개념이 아니다. 그것은 일반적인 의미의 '기술'과는 대비를 이루는 방법이며, 움직이고 고민한다는 점에서 활기가 새겨진 개념으로 생각해야 한다. 적정기술을 잃어버린 사람의 자율성을 회복하고, 미증유의 생태위기를 막는 운동으로 바라볼 때 대안으로서 적정기술의 가능성을 말할 수 있다. 마을을 안전하고 안정

시 같은 앱이 등장하며 처음에는 택시 잡기가 더 빨라지고 편리해졌을지는 몰라도 모두가 앱을 쓰면서 곧 속도의 우위는 사라지고 가시화된 경쟁으로 택시노동자는 쉴 틈이 없어진다. 이런 상황에서 플랫폼이 작동하며 찍히는 생태 · 탄소발자국, 스마트폰의 활용에 미숙한 아이 · 노인의 소외, 혹여나 스마트폰이 방전되기라도 하면 무능해지고 마는 개인의 자율성 상실까지 덤으로 얹힌다. 마찬가지로 기차표를 끊는 앱이 나와 편리해진 면이 있겠지만, 새벽같이 일어나 기차역에 서서 표를 받으러 기다리는 소외된 이들도 생겨났다.[30] 그러한 예는 차고 넘친다.

적정기술은 잃어버린 자율성을 회복하고, 미증유의 생태위기를 막는 기술이자 인간과 자연 사이의 적정성[31]을 고민하는 과정이다. 이 논의의 가운데에는 기술에 맞는 사회를 만드느냐, 사회에 맞는 기술을 만드느냐 하는 문제가 자리 잡는다. 기술의 발전 속도에 사람과 사회, 자연을 맞추다 보면 필연적으로 (폴라니식으로) '악마의 맷돌'에 갈려 나가고 만다. 그 크기와 속도에 맞추지 못하면 도태되거나 낙오되고 만다. 이는 우리가 앞서 살펴본 것과 같다. '기술에 맞는 사회를 만드는가, (지구 한계 속) 사회에 맞는 기술을 만드는가?'라는 고민이 중요하게 등장하는 까닭이다.

적인 공간으로 만들기 위해, 지역을 되찾기 위해, 사람의 자율성과 잠재력을 실현하기 위해 기존의 자본집약적 · 탄소집약적 거대과학 기술과 작별을 고한 후 적정하고 적절한 형태의 기술을 찾아가고 만들어가는 운동이다.

30) 기차표를 온라인으로 예매하는 초편리(라 광고하는) 시대가 오자 노인들은 하루 전부터 역으로 가 줄을 서야 했다. 기차에 올라서도 열차카페에 줄지어 앉은 노인과 입석표밖에 끊지 못해 차량 뒤편에 서 있는 노인들을 본다. 한참 뒤 이것이 사회문제로 알려지자 정부와 기관은 노인에게 스마트폰 교육을 하겠다고 대처 방안을 내놓았지만, 아무 효과가 없었다.

31) '적정'은 '지속 가능성'으로도 말할 수 있지만, 그것과는 또 다르다. 무엇보다 지속 가능성을 둘러싸고 비롯되는 담론이 적정기술과 적정경제의 철학과는 다소 분리되는 경향이 있다. 적정경제 추구는 탈성장 사회와도 같은 결의 이야기지만, '탈성장'은 다소 급진적이라는 평을 받는다. 탈성장을 외치는 이들은 "지속가능개발은 지속 가능하지 않다"라는 문구를 쓰기도 했다.

3) 적정경제의 모색

적정기술의 맥락은 적정경제에 대한 이야기로 이어진다. 이제 적정한 기술을 사용하여 만들 적정한 경제, 그리고 그 경제가 운용될 사회를 살펴볼 차례다.

적정경제는 허먼 데일리(Herman Daly)의 '정상 상태 경제(steady-state economy)'를 다시 번역한 것으로, 이는 지구의 생물리적 부하가 지속 가능한 수준으로 유지되는 적정한 경제 규모를 지칭한다. 생태경제학자들은 조제스쿠 뢰겐(N. Georgescu-Roegen)의 '엔트로피의 경제학' 이후 '처리량'에 초점을 두고 적정한 경제에 대한 고민을 이어왔다. 비용을 번지르르한 논리에 감추어 모조리 사람과 자연에 외부화해온 주류 경제학의 만행을 개선하고 적정한 규모와 흐름을 찾으려 한 것이다.

적정기술에 대한 논의처럼 적정경제 논의의 핵심은 '경제에 맞는 사회와 자연을 만드는가, 사회와 자연에 맞는 경제를 만드는가?' 사이의 선택이다. 적정경제는 플랫폼 자본주의가 극명히 드러낸 물리적 · 사회적 한계를 극복하는 방식이어야 할 것이다. 이반 일리치가 말했듯이 우리의 생산방식은 생산 및 사회의 자연적 한계 내에서만 유지될 수 있다.

이론적인 모색 과정에서 우리가 가야 할 구체적인 이미지가 등장한다. '도넛'을 빌려오자. 케이트 레이워스(Kate Raworth)가 제안한 도넛은 바깥쪽은 지구 한계(Planetary boundary)를, 안쪽은 사회적 안전망(SDGs, 지속가능발전목표)을 기초로 한다(그림 4-1). 레이워스는 물리적 · 사회적 한계 내의 적정한 곳에서의 번영을 모색하며 적정경제의 윤곽을 드러낸다. 기술이든 경제성장이든 다른 무엇이든 간에 이 기본적인 적정 규모 안에 위치해야 한다. 물리적 한계를 지켜야 함은 물론, 인류가 그간 '인권'이라는 이름으로 확

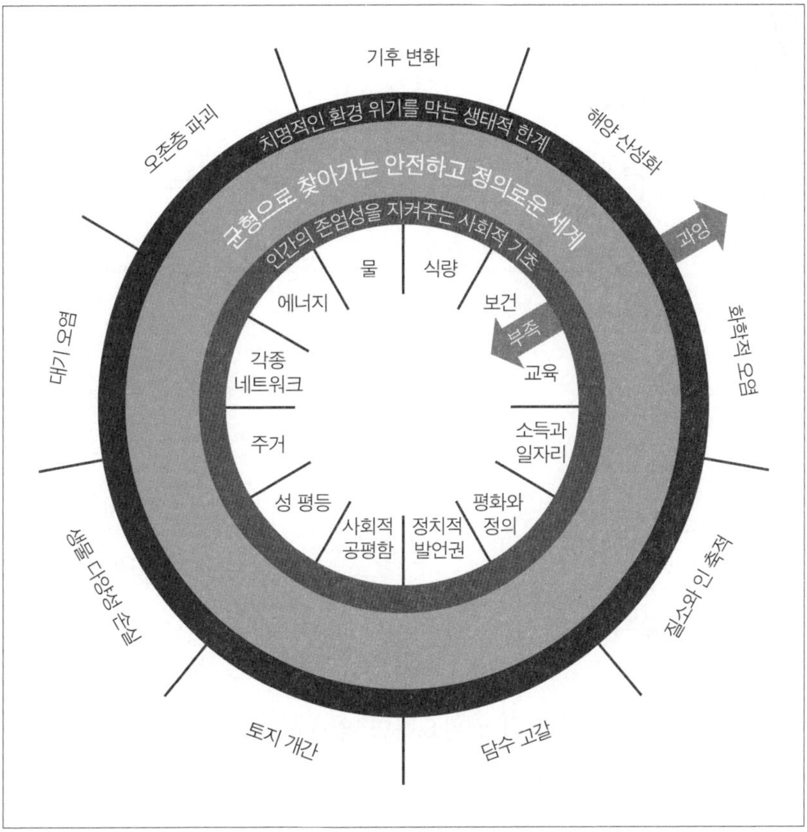

[그림 4-1] 도넛 모양[32)]

립해온 기본적인 사회적 한계를 지켜야 한다. 도넛 그림은 이러한 이중 한계를 지키기 위해 그려졌다.

32) 케이트 레이워스(2018)에서 인용. 다음을 참고하라. https://doughnuteconomics.org/about-doughnut-economics

7. 그린 뉴딜: 플랫폼 자본주의의 이중 한계를 풀어가는 녹색전환

1) 그린 뉴딜의 등장[33)]

방향이 있으니 갈 방법이 필요하다. 앞에서는 플랫폼 자본주의와 관련된 사회적 · 자연적 한계의 측면에 초점을 맞추어 설명했는데, 이는 기

33) 그린 뉴딜에 대한 소개와 비판에 대한 검토는 다음 글을 참고하라. 장윤석(노마), [코로나, 기후위기, 그린 뉴딜] ③ 코로나와 그린 뉴딜, 생태적지혜연구소 미디어, 2020.09.02. 필자는 그린 뉴딜의 원칙적 방향을 견지하고, 본래 의미의 '녹색전환'을 강조한다. 비록 지금의 그린 뉴딜이 이전의 녹색성장 담론에 덮어씌워져 있더라도 그린 뉴딜의 광범위한 스펙트럼에 대해서는 주의해서 넘어가도록 하자. 오해를 피하기 위해 녹색성장으로 모색되는 그린 뉴딜의 '현상적' 조류에 대해서는 강하게 기각한다. 한편, 그린 뉴딜과 탈성장은 대치되는 것으로 이해되는 경우가 잦다. 그렇지만 이 낡은 구분법을 지양하고 '탈성장 · 탈탄소 사회로 가는 녹색전환의 방책으로서 그린 뉴딜'과 같이 양자를 잇는 단계적 이해를 시도하는 것이 더 현명하지 않을까. 이광석(2020)이 말했듯이 자본주의의 지구 생태 파괴적 플랜 A를 바꾸기 위해 효과적인 목표값을 제기하는 급속한 전환인 플랜 B 그린 뉴딜 등을 일종의 단계적 징검다리로 삼으면서 궁극적으로 지향할 플랜 C의 장기 구상이 동시에 필요하지 않을까. 이미 그린 뉴딜 성장을 거부하고 탈성장 기획의 아이디어를 녹색전환의 이미지에 배치하는 시도가 등장하고 있다. 적정경제 논의에서 시작해 그린 뉴딜을 검토했을 때, 특히 그린 뉴딜과 탈성장은 방법론과 목표지점 정도의 구분일 수도 있다.

후위기와 불평등위기의 한 단면일 뿐 이 쌍둥이 위기를 둘러싼 아픈 지점들은 곳곳에 있다. 우리는 전환의 긴요함에 대해서는 더 이상의 이견이 없는 시대를 살고 있다.

그린 뉴딜이 등장하게 된 데는 이런 문제의식이 있었다. 그린 뉴딜이란 "기후위기 대응과 불평등 해소, 일자리 창출을 목표로 하는 탈탄소 경제사회 대전환"을 의미한다(이유진, 2021a). 최근 그린 뉴딜 담론과 함께 암스테르담에 적용된 도넛 경제, 파리에서 새로운 물결을 일으키고 있는 15분 도시는 그린 뉴딜 기획이 '적정경제'로의 지향성을 지닌 전환이 될 수 있다는 점을 시사한다.

이 장에서 그린 뉴딜을 꺼내든 것은 루스벨트의 뉴딜 정책이 그러했듯 권력과 가치를 자본에서 다시 노동의 품으로 돌려놓는 사회적 혁명의 시도일 수 있기 때문이다. 1930년대 루스벨트 행정부는 미국의 경제 대공황기에 발생한 대량 실업과 극심해진 빈부격차를 해결하기 위해 국가의 대규모 정책을 편성 · 투입 · 집행한 바 있다. "이 뉴딜정책을 경기부양을 위한 거시경제정책의 체계라기보다는 시장에 대한 신뢰 회복을 위한 거래의 지배구조 및 경제체제의 핵심적인 계약구조를 바꾼 시스템적 변화를 초래한 것"(이유진 · 윤민지, 2020)으로 파악할 수 있다. 주목해야 할 지점으로 이 뉴딜 정책에는 노동조합의 권리 활성화, 폭주하는 금융권에 대한 규제가 포함되어 있었다. 노동자의 권리를 회복하고 사회적인 기본권을 확립했다는 것이 핵심이다.

따라서 그린 뉴딜을 "급박한 기후위기라는 생태적 부정의와 극심한 사회적 불평등에 마주해 거대한 전환을 모색하는 사회적 합의"로 정의하고, 플랫폼 자본주의의 이중 한계를 헤쳐가는 거대한 전략의 줄기로 생각할 수 있다. 탄소배출을 제로로 줄이고 양극화를 완화하는 그린 뉴딜의 분명한 이중 목표는 플랫폼 자본주의가 넘으려는 지구와 사회의 이중 한계를 분명하게 긋고 방지할 수 있다.

그러나 그린 뉴딜이 가진 한계점이 뚜렷한 것도 사실이다. 단순하게 말하자면, 앞서 다룬 플랫폼 자본주의의 모순과 문제 지점을 지금 시행되고 있는 그린 뉴딜이 헤쳐나가고 있는지 묻는다면 고개를 끄덕이기 어렵다. 특수하고 불안정한 플랫폼 노동의 문제에 대해 그린 뉴딜 기획이 대안을 내놓고 있는 지점은 없다. 근본적으로 그린 뉴딜 담론 자체에서 여전히 모호한 지점은 이광석(2020)이 말했듯이 성장과 발전에 대해 모호하고, 기술에 대한 궁극적 전망도 불투명한 데다가 때로는 IT문화 전반에 대한 근거 없는 낙관론에 머무른다는 것이다. "자동 알고리즘 기계에 의한 노동과 사회 통제, '전자쓰레기'의 생태 파괴, 대체에너지의 잠재적 공해 효과 등을 간과하는 면이 있고, 첨단 IT기업이 재생 가능 에너지 친화적이라는 근거 없는 판단하에 기후위기와의 연관성을 그리 심각히 따지지 않거나 아예 IT산업 활성화가 그린 뉴딜에 이르는 길과 같다는 주장을 하기도 한다."(이광석, 2020) 아래에서 살필 '한국판 뉴딜'은 안타깝게도 정확히 그 한계를 말해주는 사례라 할 수 있다.

2) 한국판 뉴딜, 디지털 뉴딜의 검토

2020년 7월 14일 정부는 그린 뉴딜과 디지털 뉴딜로 구성된 '한국판 뉴딜' 안을 발표했다. 이 뉴딜 안의 내용과 그것이 꾸려지는 과정을 살펴보면, 그린 뉴딜은 급조되어 디지털 뉴딜의 옆 구석쯤에 붙어 있는 모양새다. 이 안은 한국에서 기술에 관한 담론이 어떻게 형성되어 있는지 극명히 드러낸 사례라 할 수 있다. 이 절에서는 '기술'이 어떤 맥락으로 사용되는지 유의하여 디지털 뉴딜을 비판적으로 검토한다,

한국판 뉴딜에도 기후위기 방지, 사회안전망 확보, 일자리 창출이라는 목표는 존재한다. 하지만 상세히 들여다보면 코로나 시대의 대안으로 비대면 산업(언택트 산업)을 육성하겠다는 기획이 큰 부분을 차지한다. 내용은 초고속 5G 인터넷망을 깔고 모든 영역에서 DNA(Digital, Network, AI)를 바탕으로 플랫폼을 구축하는 것을 골자로 한다. 한국판 뉴딜의 유일한 교육 · 농업 정책은 농촌 5G 통신망 설치, 교실 5G 통신망 설치다.

누차 강조했듯 디지털화는 양날의 검이다. 먼저 5G의 경우 4G와 비할 수 없이 전력 소모가 크다.[34] 스마트팜과 전기의존형 농업도 대표적인 '전기 먹는 하마'라 할 수 있다. 게다가 디지털 뉴딜이 창출하겠다는 일자리들은 그린 뉴딜이 목표하는 양질의 일자리와는 달리 '긱 노동'이라 부르는 비정규직의 불안정 노동일 가능성이 크다. 이미 인공지능의 데이터 학습을 위한 인간 산 노동의 소외 문제는 비판의 도마에 자주 올랐다. 경기나 고용이 최악의 상황이라지만, 플랫폼 자본주의에는 최상의 상황이라는 역설적인 말이 들려온다.

디지털 뉴딜의 '첨단 정보통신 기반시설 구축을 통해 대도시 중심의 경제 재도약을 꾀하는 개발 정책' 구상 가운데에서 대도시 빈곤이나 불평등 이슈, 인권은 부차적 지위에 머문다. 이런 상황에서 코로나19를 빌미로 더욱 추동력을 얻는 현재의 디지털 뉴딜은 이광석(2020)의 말대로 "역

34) "5G는 현재의 무선인프라를 대체하는 것이 아니라 추가한다. 5G의 극초단파는 4G보다 훨씬 많은 데이터를 운반할 수 있지만, 이 전자기파는 멀리까지 도달할 수 없고, 따라서 신호를 전송할 안테나를 촘촘하게 설치해야 한다."(케이티 싱어, 2020)

병을 기회로 자동화 가속을 높여 노동으로부터의 인간해방과 무관하게 산 노동의 불안정성을 더욱 심화하는 국가주의적 노동전환 계획과 다름 없다." 그는 디지털 뉴딜을 기술이 민주주의를 대체하려는 시도로 판단하고, 우리 사회의 기술 과잉 상황은 민주주의의 위기와 소멸의 징후로 읽어야 한다고 말한다. 이병천(2020)은 "한국판 뉴딜에는 디지털화의 위험(실업과 불안정노동, 정보인권 침해, 환경 파괴 등)에 대한 인식이 매우 미약하며, 디지털 기술의 밝은 면만 보는 첨단기술 숭배주의가 뚜렷하다"라고 비판을 가했다.[35] 무엇보다 권오현(2020)의 말처럼 "데이터, 네트워크, 인공지능(DNA)에 투자하고 규제를 완화해 관련 산업을 활성화하는 것이 대전환의 전부라고 할 수는 없다."

디지털 뉴딜과 그린 뉴딜이 같이 갈 수 있는가? 디지털 뉴딜과 그린 뉴딜의 전도된 관계를 숙고해야 한다. 무턱대고 디지털 뉴딜을 밀어붙이면 그린 뉴딜을 잡아먹을 수 있다. 디지털 뉴딜이 기후위기를 막기는커녕 기후위기를 가속화하는 전범이 될지도 모른다는 것이다. 실물 기반 없는 가상계는 존재할 수 없는데, 이 자명한 진리를 자꾸 잊는 듯하다. 디지털이 무상이자 무한할 것이라고 믿는다면 아직 근거 없는 성장주의의 망령에 사로잡혀 있는 것이다. 그린 뉴딜이 녹색전환이려면, 디지털 뉴딜을 '제자리'에 위치시켜야 한다.

디지털 경제는 지금의 불평등을 더욱 심화시킬 수 있다. 디지털 뉴딜이 '디지털 구빈원'을 만들고 말 것이라면 무엇을 해야 하는가. 슬라보예 지젝도 "스크린 뉴딜은 거짓된 깨어남이다"라며 코로나 이후 짙어지는 디

35) 이병천, 2020.08.20, "[이병천 칼럼] 한국판 뉴딜, 타성적 올드딜이냐 전환적 뉴딜이냐", 한겨레.

지털 '개혁'이 초래할 위험을 우려한 바 있다.[36] 코로나19 재난 상황에서 권위주의 국가들이 생명 안전이라는 명분으로 시민에게 강도 높은 통치권을 행사하는 데 비해 신자유주의 국가 엘리트들은 뉴딜의 이름으로 첨단 비대면 자동화 기술로 무장한 노동시장 유연화와 기업 규제 완화를 영혼 없이 읊조리는지도 모른다. 혁신을 위해 기존의 규제라는 족쇄를 풀어야 한다는 여론은 한국 사회에 만연한 기술만능주의의 극치를 보인다. '확신'과 '포부', '선도'와 '구원'에 대한 기대를 추앙하기 전에 먼저 그것이 지닌 치명적 한계는 없는지 깊이 고민해야 한다.

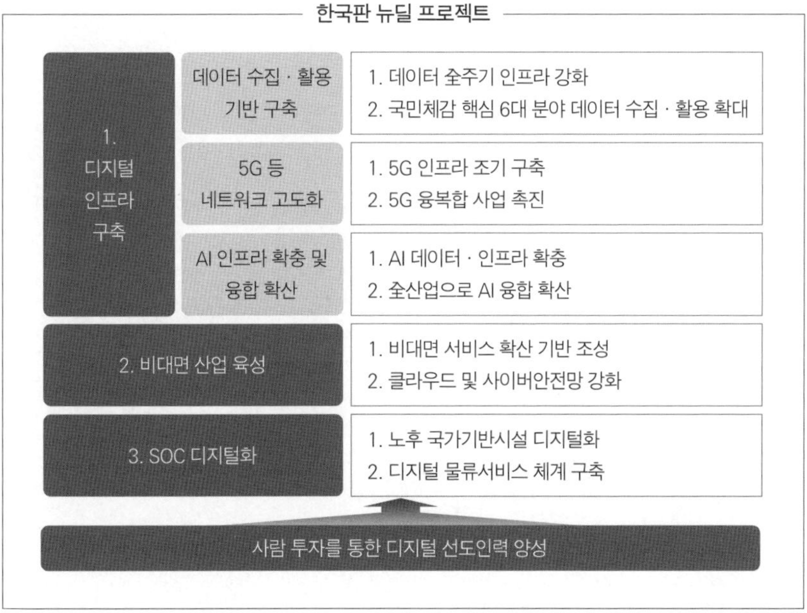

[그림 4-2] 시민참여와 사회적 경제가 빠진 인프라 중심의 디지털 뉴딜(권오현, 2020에서 재인용)

---

36) 2020 제11회 한겨레아시아미래포럼, 홍기빈 대담, [제11회 아시아미래포럼] "포스트 코로나, 뉴노멀을 말하다" 기조 강연 중.

우리에게는 어떤 뉴딜이 필요한가? 2020년 한 해 동안 극명히 드러난 정부 주도의 기술성장주의 뉴딜이 보인 한계를 답습하지는 말아야 할 것임을 새기고 넘어가자. 디지털을 빼자는 것이 아니다. 다만 사회의 통제 하에 민주주의에 입각하여 전환의 수단이 될 수 있도록 사용할 방안을 고민해야 한다는 것이다.

8.
정의로운 전환

그린 뉴딜의 본래 의미를 살리기 위해 한국판 뉴딜의 모순적인 방향을 바로잡을 대안으로 '정의로운 전환(just transition)'을 제안한다. 한국판 뉴딜 기획을 자본 대 노동, 자본 대 자연의 시선으로 읽어야 한다. 모두 죽어가고 있다. 살아난 건 주가총액과 부동산총액뿐이다. 플랫폼 자본주의의 이중 한계는 기후가 망가지고, 환경이 무너지고, 사회적 불평등이 심각해지고, 노동환경이 열악해지는 모습으로 나타나고 있다. 이는 자본에 의한 자연과 노동의 패배로 간추릴 수 있다. 나날이 속도가 붙는 플랫폼 자본주의의 질주를 멈출 수 있어야 한다.

자본의 죽은 운동 법칙에 맞서는 노동과 자연의 살아있는 대항 운동이 필요하다. 정의로운 전환은 일반적으로 전환과정에서 "유해하거나 지속 가능하지 않은 산업과 공정을 친환경적인 것으로 전환하고, 이 과정에서 노동자의 경제적 · 사회적 희생이나 지역사회에 피해가 발생하지 않도록 교육훈련과 재정적 지원을 보장한다는 원칙, 그리고 이를 뒷받침할 일련의 정책을 의미하는 개념"(김현우, 2014)으로 쓰이고 있다. 이 절에서는 '정의로운 전환'은 전환의 물꼬를 기술 · 자본 · 산업에서 인간 · 노동 · 돌봄 · 생명으로 방향을 바꾸는 것으로 확장한다.

정의로운 전환을 단순히 사회정의에 신경 써야 한다는 것, 전환과정에서 노동자를 보호해야 한다는 (가부장적 온정주의의 시선이 스민) 딱딱한 전환 방법론으로만 생각할 수 없다. 이 개념의 한 가지 중요한 특징은 현장에 있는 기후정의 활동가들에게서 실천적이고 생동감 있는 전환을 주장하며 발화되기에 그 뜻이 계속 움직이고 있다는 것이다. 김상현(2020)의 말처럼 "정의로운 전환은 고용, 보상과 규제를 제공하는 데 그치는 것이 아니라 해당 노동자와 공동체가 전환의 계획과 실행을 민주적으로 통제하며 지속 가능한 정치경제체제로의 변모를 추구하는 과정"일 수 있다.

정의로운 전환의 논의를 통해 그린 뉴딜의 본래 의미를 되살려 사회계약을 다시 쓰고, 빼앗긴 시간과 노동의 회복을 위해 전면적인 사회적 관계의 변형을 요구할 수 있다. 그린 뉴딜의 본래 의미대로 방향이 살아나기 위해서는 전환에서 '정의'가 무엇인지 사회적 토론과 합의과정이 중요하다. 정의로운 전환의 '정의'는 어떤 정의인가. 우리는 여기서 노동자를 포함해 '지구 생태계 속에서 지금껏 호명되지 못한 주체들의 정의는 무엇인가?' 하는 데까지 물음을 이어가볼 수 있을 것이다.

유한한 지구에서 무한한 성장이 가능하다는 전제가 스민 기술성장주의는 한계에 맞닥뜨렸다. 앞서 살펴본 바와 같이 디지털 · 플랫폼의 반생태적 경향에 유의하고, '이것이 적정한가?'라는 물음이 반드시 필요하다. 속도와 규모를 제한하지 않은 기술발전과 경제성장을 용서하지 말자.

플랫폼 자본주의가 맹목적인 성장에 의해 이중 한계에 다다랐다면, 정의로운 전환에 대한 제안들은 플랫폼 자본주의 내의 이중 소외를 극복하는 방식이어야 할 것이다. 플랫폼 자본주의의 이중 한계와 이중 소외를 '동시에' 풀어가야 한다는 것이 논지의 핵심이다. 정의로운 전환은 전환의 긴급성과 적록동맹의 측면을 고려하면서 사물적 논의에서 사람과 자연을 포함하는 생명의 논의로 틀 자체를 바꿀 힘을 가지고 있다. 정의로운 전환은 플랫폼 자본주의의 기술성장주의 '메커니즘'에 대항 운동으로 위치할 수 있다.

또한, 필자는 플랫폼 자본주의에서의 정의로운 전환이 다음과 같은 과제들을 포함한다고 생각한다. 첫째, 생산구조의 변혁 가능성을 모색해야 한다. 기술발전의 잉여를 기업이 독점하는 것을 환수해 민주적으로 나누어야 한다. 이를 위해서는 기업지배구조의 본질적인 개혁이 필요한 것은 물론, 노동자 경영권 혹은 노사공동결정제도 같은 힘을 자본의 품에서 노동의 품으로 되돌려놓는 사회계약의 전환을 생각해볼 수 있다. 그린 뉴딜의 자본친화성 막기는 정의로운 전환 과제 중 하나다. 녹색성장과 그린 뉴딜이 다른 지점은 전환의 주체로 누구를 상정하는가에 달려있다고 할 수 있다. 녹색분칠을 경계하고 견제해야 함은 물론이다. 무엇보다 생산구조의 변혁을 목표로 삼아볼 수 있다. 플랫폼 기업이 중앙집중형 독점을 통해 독보적인 세력이 되어간다면, 이에 대항하는 정의로운 전환의 기획은 협동과 연대, 그리고 공공성에 기초한 사회적 가치 환원을 목표로 하는 사회적 경제조직이라 할 수 있다. 권오현(2020)이 말했듯이 사회적 경제의 기본 원칙과 경험을 플랫폼 경제에 적용하는 방식을 생각해볼 수 있다.[37] 기

37) 권오현(2020)은 대안의 한 갈래로 디지털 뉴딜 안에 사회적 경제를 추가할 것을 주장한다. "협동과 연대, 그리고 공공성에 기초한 사회적 가치 환원을 목표로 하는 사회적 경제조직을 생각해볼 수 있다. 플랫폼과 인공지능으로 대표되는 디지털 경제 영역에서 사회적 가치와 공공의 이익, 더 나아가 국민의 삶의 질 향상을 위해 사회적 경제가 나섰을 때 기대되는 효과는 크다. 이를 위해 연대와 협동, 사회적 가치와 공공의 이익을 위해 설립된 사회적 경제조직들이 디지

술의 열매를 분배하는 것은 쉬운 일이 아니지만, 불가피한 일이다. 최근 논의되는 플랫폼세와 부유세도 이러한 논의의 연장선상에 있다.

둘째, 외주화를 주체화로 바꿔놓아야 한다. 위험이 집중될 때 대안은 위험의 분산이다. 외주화의 사슬이 이어질수록 소외에 빠지는 것은 플랫폼 노동자 같은 소수자였다. 정의로운 전환은 그러한 외주화의 사슬을 끊어내어 위험으로부터 이들을 구하고, 그러한 전환의 주체로 자리매김하도록 소환해야 한다. 근본적으로 주체의 교체가 필요하다.

셋째, 비가시화를 가시화로 옮겨내야 한다. 정의로운 전환은 보이지 않는 장면들을 계속 소환하는 담론이 되어야 한다. 고도화 · 복잡화된 플랫폼 경제의 보이지 않는 그물망에 빨간색을 칠해 경고의 시야를 밝혀야 한다. 주체들의 목소리에 확성기를 대어주는 것을 넘어 주체들이 전환의 직접적인 행위자가 될 수 있게 여건을 마련해야 한다. 개별적이 아닌 집단적 주체화가 필요하다.

정의로운 전환이 보이지 않는 것을 보이게 하고, 외주화되는 것을 역으로 주체로 만들고, 기술의 잉여를 평등하게 나누는 그러한 경제구조의 재편을 시도하는 기획이 될 수 있다면, 플랫폼 자본주의가 어찌 몰락하지 않을 수 있겠는가.

털 뉴딜을 비롯한 한국판 뉴딜이 사회적 뉴딜이 되도록 분야별로 적극적으로 개입할 필요가 있다. 사회적 경제의 역할이 확대된다면 기술 혁신을 통한 가치 창출이 실제로 공익을 증진하고 국민의 삶의 질을 높이는 구조적 변화를 이뤄낼 수 있을 것이다.

9. 결론: 전환을 일구어낼 수 있는가

정리하자면, 플랫폼 자본주의는 어떤 착각을 불러일으킨다. 디지털화 · 플랫폼화는 편리함과 반짝임 이면에 파멸의 씨앗을 품고 있지만 이는 소홀히 취급되고, 성장에 대한 열망이 걱정과 성찰을 덮어 낙관주의적 전망을 만들어낸다. 혁신으로 미화되고 포장되는 플랫폼 자본주의가 내재하고 있는 사회적 한계와 물리적 한계에 주목해야 한다. 사회적 한계로는 플랫폼 노동의 현실과 기술의 소외가 가져오는 '디지털 구빈원' 같은 자동화된 불평등을, 물리적 한계로는 기술의 반생태적 경향에 따른 생물리적 '처리량'의 증가와 디지털 부문의 막대한 탄소배출량으로 인한 기후위기의 가속을 들 수 있다. '기술의 성격은 무엇인가?'라는 근본적인 물음으로 돌아가 적정기술의 사상으로부터 닥쳐오는 기술(플랫폼)의 홍수에 대비할 자세를 습득해야 한다. 마찬가지로 이중 한계 속에서 적정경제에 대한 고민이 필요하다. 이러한 플랫폼 자본주의의 사회적 · 물리적 한계는 '인간과 자연의 동시 소외'로도 표현할 수 있다. 그렇기에 지금 우리에게 필요한 것은 이 관통된 모순을 해결할 정의로운 녹색전환이지 한국판 디지털 뉴딜 같은 것이 아니다.

답해야 할 질문은 더 남아있다. 서르닉(2015)은 '탈자본주의(postcapitalist) 플랫폼'을 제안하며, 이런 플랫폼은 데이터를 수집해 민주적 참여를 보장하고 자원을 공정하게 분배하며 기술을 촉진할 것이라 전망한다. 하지만 말처럼 쉬운 이야기는 아니다. 그가 강조하는 플랫폼 자본주의의 어두운 측면, 통제와 폐쇄에 더하여 한계를 초과하는 사회적 · 물리적 위협은 점점 그 규모를 감당할 수 없을 정도로 치닫고 있다. 우리는 이를 역전시킬 전환을 일구어낼 수 있을 것인가.

막다른 곳이라고 여겨지는 플랫폼 자본주의 이후의 논의는 히로이 요시노리의 『포스트 자본주의』를 참조해서 말할 수 있다. 그는 인류 역사의 조감도를 바탕으로 지금은 '성장 · 확대'에서 '성숙 · 정체화'로 크게 이행하는 '특이점' 같은 시기일 수 있다고 말한다.[38] 자본주의라는 시스템이 불가피하게 부단한 '확대 · 성장'을 전제로 삼아야 한다면, 성숙 · 정체화로의 이행은 어떤 의미에서 자본주의와는 이질적인 원리나 가치를 내포하는 사회상을 요구하는 일이라고 본다. 이러한 문맥에서 현재 요구되는 것이 새로운 과학 및 가치와 한 몸을 이루는 그의 '포스트 자본주의'라는 사회 구상이다.[39]

---

38) 그에 따르면 인류 역사는 크게 조감하여 인구나 경제 규모의 '확대 · 성장' 시대와 '정체화' 시대의 교체로 파악할 수 있다. 인류 역사에서는 세 주기가 존재했다. 1주기는 약 20만 년 전 호모사피엔스가 등장한 이후의 수렵채집 단계, 2주기는 약 1만 년 전에 농경이 시작된 이후의 확대 성장기와 그 성숙기, 3주기는 주로 산업혁명 이후 최근 200~300년 전후의 확대 성장기. 인간 역사의 확대 성장에서 정체로의 이행기에 지금껏 존재하지 않았던 새로운 관념 혹은 사상 또는 가치가 생겨났다는 점이다.

39) 요시노리는 "지금 인류사의 제3 정체화 시대를 겪는 우리는 '물질적 생산의 양적 확대에서 정신적 · 문화적 발전으로 이행하는' 근본적으로 새로운 어떤 가치 원리나 사상이 요구되는 시대

조금 고전적으로 낙관하자면, 사이토 고헤이(2017)의 말을 빌릴 수 있겠다. 이러한 합리적 믿음에는 아직도 충분히 기댈 가치가 있다.

> *"마르크스는 이와 같은 비합리적인 환경 파괴와 그 과정에서 자본이 창출한 소외의 경험이 새로운 혁명 주체, 즉 자유롭고 지속 가능한 인간 발전을 실현하기 위해 생산양식의 급진적 변혁을 의식적으로 요구하는 주체를 구축할 계기로 작용할 수 있다고 생각했다."*

의 입구를 맞이하려는 것은 아닐까?"라며 성장의 양적 한계에 부딪힌 우리에게 사상적 · 패러다임적 전환의 가능성을 전망한다.

05

플랫폼 사업모델의 특성과 독점규제 방안

전병옥

1.
들어가며:
플랫폼 사업모델의 거래독점 현상

플랫폼은 생산, 기술, 마케팅 등의 기업 활동 영역에서 새로운 가치를 창출할 수 있는, 혹은 가치 창출을 위해 설계된 인프라를 의미한다. 그러나 21세기 인터넷 환경에서 플랫폼은 이전과는 다른 의미로 사용되고 있다. 서비스 시장 플랫폼, 지불 플랫폼, 소셜네트워킹 플랫폼 등과 같은 새로운 플랫폼 사업모델들은 새로운 가치 창출을 지향한다는 측면에서 보면 인터넷 시대 이전의 사업모델과 차이점이 없지만, 인터넷 기술을 바탕으로 온라인 공간에서 생산자와 소비자, 혹은 사용자와 사용자를 연결해준다는 측면에서는 완전히 새로운 기업 활동이라고 할 수 있다. 서비스의 공급 측면에서는 공급자와 구매자 사이의 매개비용(matching cost)이 낮아지면서 플랫폼 구축환경이 개선되었고, 수요 측면에서는 참여자의 부류와 규모가 대폭 확산되었다(임동민, 2019). 이런 사업 환경 변화 속에서 시민은 아마존이나 에어비앤비 같은 플랫폼을 통해 물리적 공간에 구애받지 않는 거래 및 구매 경험을 가지게 되었다. 그리고 이런 경험들이 축적되면서 거래 효율성에 대한 욕구가 팽창하고 있다.

고전 경제학에서 독점은 곧 시장 실패를 의미한다. 그리고 시장은 자정 능력이 있어서 이런 실패를 곧바로 만회한다. 그러나 이런 믿음이 21세기 플랫폼 기업에 이르러 흔들리고 있다. 동네 상점과 백화점을 침몰시키는 아마존의 시장 독점화는 점점 빠르게 진행 중인데, 이는 시장의 실패인가? 한국의 쿠팡이나 네이버가 시장 실패가 아니라면, 핵심 거래를 독점하고 있는 이들 기업의 사업 형태를 어떻게 바라봐야 하는가? 정보와 재화의 유통을 연결 짓는 플랫폼의 사업 특성은 새로운 가치를 만들어내는가? 아니면, 생산자와 노동자의 가치가 전이된 것에 불과한가?

이 연구는 '배달'이라는 한국 특유의 플랫폼을 기준으로 여기에 속해 있는 디지털 플랫폼 사업모델의 내재적 특성과 노동자의 가치가 어떻게 충돌하는지 살펴보고, 이에 대한 대응책을 제시하고자 한다.

2.
네트워크 효과에 목을 매는 플랫폼 기업들

비즈니스 세계에서 '플랫폼'이라는 단어가 활발하게 사용되고 있다. 그러나 사업모델로서의 플랫폼은 그다지 역사가 깊은 것이 아니다. 시계를 10~20년 전으로 돌려보자. 누군가 '플랫폼'이라는 단어를 사용했다면, 아마도 대부분 사람들은 기차역의 '승강장'을 떠올릴 것이다. 플랫폼의 사전적 의미는 "사람들이 기차를 쉽게 타고 내릴 수 있도록 만든 평평한 장소"다. 그러나 IT 기술이 발전하면서 '플랫폼'이라는 단어는 기차와는 전혀 상관없는 소프트웨어 개발자들에게 친숙한 개념으로 자리 잡는다. 현재는 컴퓨터 프로그램의 기반이 되는 운영체계, 예를 들면 윈도(OS), 브라우저, 자바 등을 플랫폼이라고 부르며, 일단의 전문가들이 사용하는 개념으로 자리 잡았다. IT 산업에서 사용하는 플랫폼의 개념은 "여러 가지 기능을 제공해주는 공통 실행환경"이라고 정리해볼 수 있다.

1990년대 중반, 웹브라우저가 생겨나면서 인터넷으로 돈을 버는 '서비스 산업'이 등장했다. 산업분류로는 '정보통신제공업'이라고 하고, 사용자에게는 '인터넷 서비스'라고 하는 것이다. 그리고 이러한 서비스 산업은 기존에 있던 플랫폼과 결합하여 "인터넷 기반의 기술 환경, 즉 인터넷 서비스 상품을 가능하게 해주는 기반 기술이나 서비스"라는 개념으로 진화한다.

인터넷 업계의 사람들에게만 친숙하던 '플랫폼'이라는 개념은 애플의 스마트폰 출시로 일반화의 기회를 얻게 된다. 스티브 잡스는 아이폰 발표 현장에서 '플랫폼'이라는 용어를 꺼냈는데, 이후 앱스토어를 통해 그 개념이 구체화되었다. 앱스토어는 운영정책과 지원조직을 갖추어 그 자체로 하나의 기업 기능을 수행할 수 있게 했고, 이를 통해 '앱 판매자'와 '구매자'가 직접 거래할 수 있는 시장을 구축했다. 이런 애플의 사업모델이 역사상 처음 등장한 디지털 플랫폼은 아니지만, 개발자와 사용자 모두에게 이익이 돌아갈 수 있게 설계되었다는 점에서 본격적인 디지털 플랫폼의 시작이라고 평가할 수 있다. 이후에는 플랫폼의 개념이 확대되어 다양한 사업 영역에서 사용하기 시작했다.

앱스토어처럼 스마트폰을 이용한 플랫폼 사업모델이 등장한 이후 대략 13~14년이 지났다. 현재는 점점 더 많은 사람이 플랫폼 사업모델에 적응하고 있고, 다른 의미로는 귀속되고 있다. 세계에서 가장 가치가 큰 기업들을 추려보면 이런 경향성은 더욱 두드러진다. [표 5-1]은 2008년과 2018년 전 세계에서 가장 시장 가치가 큰 기업들의 순위를 정리한 것이다. 2008년 리스트에 오른 주요 기업들은 대부분 석유나 천연가스 같은 자원 중심의 기업들이다. 반면, 10년 후인 2018년 리스트에는 인터넷 중심의 플랫폼 기업들이 대부분을 차지하고 있다. 제품과 서비스의 공급자와 소비자를 연결하는 모델을 크게 파이프라인 모델과 플랫폼 모델로 구분하는데, 10년 사이에 비즈니스 중심이 전통적인 파이프라인 모델에서 인터넷 플랫폼으로 급격하게 옮겨가고 있다는 증거다.

[표 5-1]에서 보는 것처럼 우리 시대의 경제와 비즈니스는 구조적인 변화를 겪고 있다. 마이크로소프트는 PC 운영체제인 윈도에 주력하다가 최근에는 기업용 클라우드 플랫폼 사업에 집중하고 있고, 이는 오랜 친구인 IBM의 사업모델을 쫓아가고 있는 셈이다. 이런 추세를 반영하듯, 세계경제포럼에서는 향후 10년간 디지털 중시 산업에서 창출될 가치의 60~70%는 데이터에 기반한 디지털 네트워크와 플랫폼에서 발생할 것으로 예측하고 있다. 이 정도면 산업의 중심이 디지털 기술 중심의 플랫폼으로 이동하고 있다는 것을 인정할 수밖에 없다. 따라서 우리의 과제인 플랫폼의 거래독점 현상을 이해하기 위해서는 플랫폼의 사업모델을 우선 이해할 필요가 있다.

[표 5-1] 2008년과 2018년의 기업가치 세계 10대 기업

(단위: 10억 달러)

	2018			2008		
순위	기업명	설립연도	기업가치	기업명	설립연도	기업가치
1	애플	1976	890	페트로차이나	1999	728
2	구글	1998	768	Exxon	1870	492
3	마이크로소프트	1975	680	GE	1892	358
4	아마존	1995	592	중국통신	1997	344
5	페이스북	2004	545	ICBC	1984	336
6	텐센트	1998	526	가즈프롬	1989	332
7	버크셔 해서웨이	1955	496	마이크로소프트	1975	313
8	알리바바	1999	488	로열더치쉘	1907	266
9	존슨앤존슨	1886	380	사이노펙	2000	257
10	JP 모건	1871	375	AT&T	1885	238

3.
플랫폼 사업모델의 특징

시장을 선도하고 압도적인 시장점유율을 차지하고 싶다면, 예전에는 큰 자본을 투자해서 규모의 경제를 만들어 시장을 선점했다. 공급사슬의 단계마다 부가가치를 더해 기업 밖으로 제품과 서비스를 내보냈고, 이를 마케팅했다. 앞의 [표 5-1]에서 볼 수 있는 전통적인 기업들, 즉 2008년 가장 큰 가치를 가진 기업들의 사업모델이 대부분 이런 모습이다. 그러나 2018년 시장을 호령한 기업들은 내부 조직이 아닌 외부에서 가치를 창출한다. 기업 내부의 직원들과 자원을 활용한 가치 창출이 아니라 적절한 거래 인프라를 제공하여 공급자와 소비자를 연결한다. 간단히 말해, 플랫폼은 새로운 시장을 개발하거나 혁신 기술을 개발하지 않는다. 이런 일에 아예 관심이 없다. 그 대신에 그들은 다양한 집단을 매개하는 (디지털) 인프라 구조를 제공한다(그림 5-1 참조).

플랫폼 사업모델은 공급자와 이용자로 구성되는 다수의 참여자가 공통의 거래 인프라를 공유하면서, 참여자 간의 상호작용에 의해 새로운 가

	파이프라인 모델		플랫폼 모델
성장엔진	자원 통제	VS.	자원 조정
	• 부동산 등 유형자산, 지적재산권 등 무형자산 소유 또는 독점을 통한 규모의 경제		• 커뮤니티와 그 구성원들이 소유하고 기여하는 자원, 즉 생산자와 소비자로 엮인 네트워크가 주요한 자산
운영방식	내부 프로세스 최적화	VS.	외부 상호작용 촉진
	• 구매, 판매, 서비스에 이르기까지 생산활동을 아우르는 전체 사슬을 최적화함으로써 가치 창출		• 외부 생산자와 소비자 간 상호작용을 촉진함으로써 가치 창출
가치창출	고객 가치 확대	VS.	생태계 가치 극대화
	• 선형 프로세스(가치사슬)의 맨 끝에서 구매 고객의 평생가치 극대화 추구		• 순환적이고 반복적인 피드백 기반 프로세스를 통해 점차 확대돼가는 생태계의 전체 가치 극대화 추구

[그림 5-1] 파이프라인 모델과 플랫폼 사업모델의 비교

치를 창출한다. 참여자가 많아질수록 거래비용은 낮아지고, 혜택은 증가한다. 이런 맥락에서 플랫폼 사업모델을 설명할 때 빠뜨리지 않아야 할 개념이 '네트워크 효과(network effect)'다. 플랫폼 기업들의 초기 목표는 수익 창출이 아니다. 그 대신, 이들은 플랫폼의 사용자 및 거래 빈도 확보, 시장 점유율, 고객 적응률, 매칭률 등 다양한 목적을 우선 실현시키려 한다. 네트워크 효과를 극대화하고 싶기 때문이다. 이 효과는 같은 제품을 소비하는 이용자 수가 늘어날수록 그 제품을 소비함으로써 얻게 되는 혜택이 더욱 증가하는 것을 의미한다. 이제는 한물간 팩스(fax)의 예는 유명하다. 팩스는 팩스를 소유한 사람들 간의 문서교환 도구다. 따라서 팩스를 사용하는 사람이 소수이면, 팩스의 효용성은 거의 없다. 반대의 경우라면, 즉 팩스 이용자가 많아지면, 사용 가치가 높아져 팩스의 소비는 더욱 증대되고,

이에 따른 이용자 수의 증가는 다시 팩스의 가치를 높이게 된다. 경제학이 사랑하는 승수효과가 발생하는 것인데, 이러한 현상은 페이스북 같은 SNS, 카카오톡 같은 메신저 서비스 등 거의 모든 네트워크 비즈니스에서 공통적으로 나타난다.

이러한 네트워크 효과를 설명하는 대표적인 모형은 메칼프의 법칙(Metcalfe's law)이다. 인터넷기업 3Com의 설립자이자 통신 프로토콜 LAN에서 사용되는 '이더넷(Ethernet)'이라는 네트워킹 기술을 개발한 메칼프(Bob Metcalfe)에 따르면, 네트워크의 유용성은 이용자 수(n)의 제곱에 비례한다. 즉 이용자 수가 어느 정도 큰 경우, 그 수가 10배가 되면 네트워크의 가치는 100배가 된다. 다시 팩스의 예를 들면, 팩스를 소유한 사람이 3명인 경우 일대일로 연결 가능한 방법은 세 가지가 있다. 1명이 추가되어 4명인 경우에는 여섯 가지가 된다. n명의 경우라면 그 방법은 수학적으로 $n(n-1)/2$가지로 도출된다. 물론, 모든 플랫폼이 메칼프의 법칙을 따르는 것은 아니지만, 네트워크 효과를 이해하는 데 도움이 된다.

> *"알리바바의 임무는 비즈니스를 쉽게 하는 것이다. 어느 곳에서나 볼 수 있는 우리의 플랫폼 모델로 전 세계에, 그리고 가장 좋은 위치에 있는 모든 사람으로부터 구매자와 판매자를 데려오고 있다. 우리의 플랫폼 안에 있는 거의 7억 명의 사용자가 우리의 동업자다."(테리 폰 비브라, 알리바바 유럽 지사장)*

그렇다면, 네트워크 효과가 플랫폼 사업모델에 얼마나 영향을 미칠까? 이 점을 이해하기 위해서는 네트워크 효과와 가치 창출의 상관관계를 살펴볼 필요가 있다.

1) 초기에는 네트워크의 가치가 '0'

네트워크 효과가 강한 서비스의 경우 아무리 많은 비용이 들고 아무리 좋은 기능을 가지고 있더라도 시작점에서는 서비스의 가치를 인정받을 수 없다. 예를 들어, 누군가 페이스북을 벤치마킹하여 더 나은 기능을 가진 SNS 서비스를 출시한다면, 그 서비스의 가치는 최소한 서비스의 개발 비용 정도는 되는가? 그렇지 않다. 기능적 효용성에서 경쟁 우위를 갖더라도 링크 수가 0이므로 서비스(네트워크)의 가치는 0이다. 따라서 플랫폼 서비스 제공자의 입장에서는 목표 기간 안에 사용자의 수를 최대화해야 한다. 플랫폼 사업모델의 속성상 이렇게 해야만 살아남을 수 있다.

2) 이용자 수가 아니라 연결 수가 가치를 만든다

그렇다면, 서비스의 가치를 높이기 위해, 즉 네트워크 효과를 누리기 위해 플랫폼은 어떤 일을 해야 하는가? 플랫폼에 더 좋은 기능을 추가해야 하는가? 지속적으로 기능을 개선하는 것은 반드시 필요한 일이지만, 초기에 집중하는 것은 조금 다를 수 있다. 네트워크 효과는 사용자 수가 늘어나면 급격하게 증대되지만, 초기에 제품 · 서비스의 가치를 높이기 위해서는 이용자 수가 아니라 연결 수에 집중해야 한다.

초기 플랫폼들은 플랫폼이 제공하는 기능을 확대하고, 이용자의 혜택을 늘리면, 자연스럽게 네트워크 효과가 강화될 것으로 판단했다. 그러나 혜택을 받은 이용자는 비슷한 혜택을 제공하는 다른 플랫폼으로 쉽게 이동한다는 것을 깨닫게 되었다. 네트워크 효과의 전제인 '이용자 고착화'가 발생하지 않는 것이다. 이런 점을 깨달은 페이스북은 '좋아요' 같은 상호 연결성을 높이는 장치를 설계하여 네트워크에 포함함으로써 이용자 간의 연결성에 더 많은 투자를 진행했다(Adam Penenburg, 2009).

4.
오랜 기간 인내가 필요하다

연결 수가 늘기 시작하면 당장 서비스 가치가 상승할 것 같지만, 초기에는 그 효과가 매우 미미한 편이다. 일반적으로 연결이 하나둘씩 모여 의미 있는 서비스 가치를 만들기까지 상당한 시간이 걸리기 때문이다. 서비스에 따라서는 2~5년, 혹은 그 이상의 시간이 걸리는 경우도 있다. 전통적인 사업모델에 익숙한 경영자와 투자자들에게는 매우 불편한 상황이고, 이런 점 때문에 대부분 그사이에 사업을 접는다.[1)]

이 기간을 넘어 네트워크 효과가 성공적으로 발현되었더라도 이후에 어떤 이유로 이용자 수가 줄면 플랫폼의 가치는 급격하게 하락한다. 이와 같은 사업 환경은 결국 끝까지 버틴(예를 들면 아마존) 극소수의 플랫폼 기업들이 결국 최종 승리자가 될 것이라는 결론으로 모아진다.

정리하자면, 플랫폼이라는 사업모델은 이용자가 늘어날수록 전체 이

1) 사업개발 과정에서 발생하는 생존의 험난한 구간을 '죽음의 계곡(death valley)'이라고 부른다.

용자가 더 많은 혜택을 누리게 된다. 더 많은 사람이 구글에서 검색한다면, 그만큼 검색 알고리즘이 개선되고 구글 이용자는 빠르고 정확한 검색 경험을 갖게 되는 것과 같다. 그리고 플랫폼 입장에서는 오랜 기간 인내하면서 구축한 플랫폼의 가치를 후발 플랫폼들에 뺏기고 싶지 않다. 따라서 이익 실현 혹은 수익성 개선이라는 당연한 사업 목표를 상당 기간 유보하는 한이 있더라도 반드시 시장 독점적 지위를 차지해야 한다(닉 서르닉, 2020). 플랫폼이라는 사업모델은 네트워크 효과에 크게 의존하고 있어 이 모델은 필연적으로 독점적 구조를 지향할 수밖에 없다.

5.
네트워크 효과는 데이터 독점으로, 데이터 독점은 거래 독점으로 진화한다

현대의 플랫폼 사업들은 디지털 기술에 기반하여 운영된다. 스마트폰이라는 강력한 기기의 출현으로 현대의 디지털 기술은 놀랄 만한 생산성을 확보하는데, 이런 디지털 환경은 상승효과를 일으켜 플랫폼 설계에도 큰 도움이 되고 있다. 최근에 개발되는 디지털 기술들의 놀라운 점은 플랫폼 사용자의 다양한 데이터를 다양한 목적을 위해 정교하게 가공할 수 있다는 것이다. '빅데이터'라고 불리는 이 기술들은 대용량 서버 기술이 범용화되면서 신규 플랫폼 창업자들도 저렴한 비용으로 자신의 사업모델에 적용해볼 수 있게 한다.

따라서 네트워크 효과를 통해 독점적인 시장점유율을 구축하게 되면, 자연스럽게 사용자의 이용 데이터를 확보하게 된다. 그리고 이렇게 확보한 데이터는 플랫폼이 가지고 있는 가장 가치 있는 자산으로 자리매김하고 있다. 현대의 빅데이터 기술은 이용자가 플랫폼에 접근하기 위해 입력한 개인 정보만 처리하지 않는다(정하웅 · 김동섭 · 이해웅, 2013). 플랫폼에 축적된 데이터는 이용자의 일거수일투족을 모두 분석하고, 분석 결과에 기반해 그들의 다음 행동을 예측하는 데 사용된다. 여기에서도 네트워크 효과는 발생하는데, 이용자 수가 늘어나고 사용 빈도가 확대될수록 플랫폼의 예측은 점점 더 정교해진다. 그렇게 되면, 플랫폼은 데이터 분석과 예측에 기반해 이용자에게 더 나은 서비스를 더 저렴한 비용으로 제공할 수 있다. 현대의 플랫폼들이 수년간의 운영 적자를 감수하면서 악착같이 이용자 수를 늘리려고 하는 것은 이용자 수 확대를 통해 네트워크 효과를 노리는 것이 1차 목표이지만, 좀 더 궁극적인 것은 이들의 데이터를 확보해 운영 자산으로 만들기 위함이다.

데이터 자산의 가치와 효용성에 대한 논란은 현재 진행형이다. 초기에 산업 관계자들과 학자들이 예측했던 효용성은 불과 몇 년 사이에 폐기되거나 수정되어야 했다. 카카오톡이 대리운전 서비스에 진출한다고 했을 때, 본연의 서비스인 채팅과 어떤 연관성이 있는지 예측하기 어려웠다. 그러나 불과 얼마 후 채팅 서비스를 활용하면 이용자가 음주 후 안전한 귀가라는 서비스 역할과 수요가 비교적 정확하게 예측될 수 있다는 점이 드러났다. 공급자의 기준에서 완전히 다른 성격으로 보이는 온라인 대화와 교통 서비스가 이용자를 중심으로 보면 하나의 플랫폼으로 엮일 수 있다는 사실은 가뜩이나 확장되고 있는 플랫폼의 이용 가치를 극적으로 확대했다. 초기에는 별다른 수익 모델이 없던 채팅 서비스가 모든 시민의 스마트폰에 적용되면서, 이용자의 실생활에 대한 데이터가 축적되고, 이를 바탕으로 다양한 서비스와 그에 따른 수익 모델이 창출된 것이다. 플랫폼 사업에 뛰어드는 사업자 입장에서는 어떻게든 독점 구조를 만들면 무궁무진한 사업 기회가 생긴다는 확신을 가지게 되었다. 플랫폼 사업모델의 핵심 문제는 여기에 있다. 어떻게든 독점을 이루어야 하고, 이를 위해 끈질

기게 살아남아야 한다는 강력한 동기부여가 발생한 것이다. 그렇다면, 플랫폼 사업모델은 사업개발 과정에서 필연적으로 발생하는 '죽음의 계곡'[2)] 을 넘어서서 어떻게 독점적 위치를 획득할 수 있을까?

2) 기술개발에 성공한 조직이나 스타트업이 사업화 단계에서 겪는 고통 과정을 일컫는 말. 초기 사업모델의 시장 정착을 위해 투자된 금액을 회수하여 수익성이 개선되는 기간으로 해석하기도 한다. 기술 스타트업의 경우 일반적으로 3~5년의 시간이 걸리지만, 디지털 플랫폼 사업모델은 이보다 더 걸리는 것으로 분석된다.

6. 버텨야 한다, 혼자 남을 때까지…

'플랫폼'이라는 표현이 일상화되면서 비슷한 사업모델을 총칭하는 경향이 있다. 그러나 자세히 보면 플랫폼 사업모델도 몇 가지 유형이 있음을 알 수 있다. 플랫폼의 독점화 경향을 이해하기 위해 우선 어떤 유형의 플랫폼이 있으며, 이 중 특히 문제가 되는 것은 무엇인지 살펴보고자 한다.

첫 번째 유형은 광고 플랫폼이다. 구글이나 페이스북의 광고 서비스가 여기에 해당한다. 이 서비스는 이용자의 정보를 추출해 분석 작업을 거친 다음, 그 과정의 산물을 사용해 온라인 광고에 판매한다. 전통적인 옥외 광고 등이 정태적인 방식이라면, 디지털 기술의 발달로 인해 매우 동태적인 광고가 가능하다는 점이 이 방식의 특징이다.

두 번째 유형은 클라우드 플랫폼이다. 아마존웹서비스나 세일즈포스 등의 플랫폼이 여기에 해당한다. 이 플랫폼은 디지털 사업에 필요한 하드웨어(주로 서버)와 소프트웨어를 갖추고 이용자에게 필요한 만큼 대여하는 방식이다. 디지털 사업은 '트래픽'이라고 불리는 이용자 집중 현상이 시시

각각 달라지는데, 이런 변동성에 최적화된 서비스를 제공하여 이용자의 혜택을 늘리는 방식을 취한다.

세 번째 유형은 산업 플랫폼이다. GE나 지멘스 등이 현재 이 분야에 대한 투자를 늘리고 있는데, 흔히 '4차 산업혁명'이라고 불리는 스마트 생산에 필요한 데이터를 수집하고 제공하는 플랫폼을 의미한다.

네 번째 유형은 제품 플랫폼이다. 롤스로이스나 엔진, 음원 서비스인 스포티파이 등이 이 유형에 해당한다. 이 방식은 제품을 판매하는 전통적인 방식에서 대여하는 방식으로 전환하여 사용시간이나 개별 제품의 혜택에 비례해 과금하는 방식을 취한다. 이용자의 사용 방식을 실시간으로 모니터할 수 있는 역량이 필수다.

위에서 언급한 네 가지 유형의 플랫폼은 전통적인 사업모델이 디지털 기술을 만나면서 새로운 형태로 진화한 것이다. 따라서 우리의 큰 관심은 아니라고 할 수 있다. 그러나 마지막 유형인 린 플랫폼은 주의 깊게 살펴볼 필요가 있다. 언론에 집중적으로 나오는 우버나 에어비앤비 등이 이 사업모델에 해당하는데, 자산을 소유하지 않거나 최대한 줄이고, 비용도 최대한 절감하면서 수익을 내려는 방식이다.

구글처럼 하나의 기업이 여러 유형의 플랫폼 사업모델을 구성하는 경우도 있으니 기업별로 플랫폼 사업모델을 구분하는 것은 큰 의미가 없을 것이다. 그렇다고 해도 플랫폼 유형을 구분하면 그들의 수익 모델을 좀 더 명확하게 이해하는 데 도움이 된다. 플랫폼 사업모델의 수익성은 ① 중개 수수료, ② 광고, ③ 구독료, ④ 라이선싱, ⑤ 아이템 판매 등으로 구분된다(표 5-2 참고).

당장의 수익을 창출하는 것도 중요하지만, 네트워크 효과를 통한 플랫폼의 몸값을 끌어올리는 것이 더 중요하기에 플랫폼은 네트워크 효과

[표 5-2] 플랫폼 유형별 수익모델

구분	기업 및 서비스	방식
중개 수수료	• 애플 앱스토어 • 우버 • 에어비앤비 • 알리바바	• 유료 앱 판매 시 금액 30%를 수수료로 가져가는 방식 • 드라이버가 올린 매출의 20~30%를 수수료로 가져가는 방식 • 호스트와 게스트로부터 일정 부분의 수수료를 가져가는 방식 • 상품 판매 시 중개 수수료 일부를 가져가는 방식
광고	• 페이스북 • 구글	• 페이스북 가입자 데이터를 기반으로 티켓 광고를 통해 수익 창출 • 광고 프로그램 애드센스, 애드워즈 등을 통해 수익 창출
구독료	• 링크드인	• 기본 서비스는 무료, 프리미엄 구독료는 다양한 범위에서 과금
라이선싱	• 아마존웹서비스	• IT 서비스를 사용한 시간만큼 비용을 지불하는 방식
아이템 판매	• 카카오, 라인	• 사용자 집단에 게임과 캐릭터 아이템 등을 판매해 수익 창출

를 극대화할 수 있는 다양한 방법이 시도되고 있다. 가장 흔하게 사용하는 방법은 이른바 '교차보조 전략'이다. 전체 사업 가운데 한쪽에서는 서비스나 상품을 저렴하게 혹은 무료로 제공하고, 다른 한쪽에서는 가격을 올려 손해를 만회한다. 예를 들어 구글은 메일 서비스를 공짜로 제공해 이용자를 끌어들이는 대신 광고 부문에서 수익을 올린다. 이런 맥락에서 '플랫폼'이라는 사업모델은 요금을 받는 것, 요금을 받지 않는 것, 수익을 내는 것, 수익을 내지 않는 것 사이에 균형을 잡아야 한다.

정리하자면, 플랫폼 기업들의 성과는 수익 창출뿐만 아니라 이용자 및 거래 빈도 확보, 시장점유율, 활동적인 이용자, 고객 적응률, 참여율, 이용자 경험, 멤버십, 매칭률 등 다양한 목적으로 측정된다. 여기서 살아남는 것이 플랫폼의 최종 목적이며, 결과적으로 네트워크 효과가 유발하는

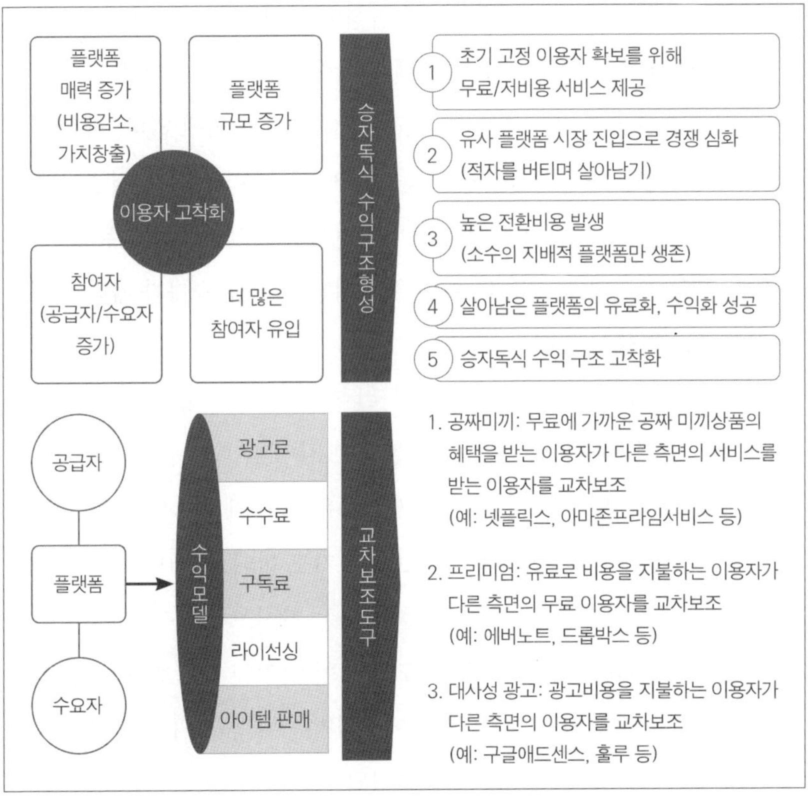

[그림 5-2] 플랫폼의 수익모델

독점화 경향을 추구한다. [그림 5-2]를 보면 플랫폼이 성장하면서, 즉 네트워크 효과를 유발하면서 비용이 감소하고 새로운 서비스를 첨가하게 된다. 이런 효과는 즉각 이용자에게 전달되고, 다시 새로운 이용자를 유입하는 역학을 창출하게 된다. 아마존이나 구글, 우리나라의 쿠팡처럼 충분한 네트워크 효과를 획득하면, 이용자는 더 이상 다른 플랫폼으로 이동하지 않고 현재 사용하는 플랫폼의 운영 방식에 적응하게 된다. 이런 이용자 고착화는 해당 플랫폼이 시장 지배적인 위치를 차지했다는 것을 의미하고, 이제부터 본격적으로 플랫폼의 수익성이 증가하기 시작한다.

따라서 네트워크 효과에 목을 맬 수밖에 없는 플랫폼의 특성으로 인해 이 사업모델은 승자독식의 수익구조를 가져갈 수밖에 없다. 시장이 형성되기 시작하면 유사 플랫폼들이 등장하게 되고, 이들 간의 경쟁이 치열해진다. 그래서 이 시기에는 적자를 버티면서 시장에서 살아남는 것이 플랫폼 기업의 지상과제가 되고, 이런 치킨게임은 최종 승자가 가려질 때까지 진행되는 경향이 있다.

플랫폼의 유형 중 린 플랫폼은 이런 경향이 특히 심하다. 이 플랫폼들은 자산이 없거나 없는 것으로 가정하고 사업모델을 구축하기 때문에 진입장벽이 매우 낮으며 퇴출도 비교적 자유롭다. 자산이 없기 때문에 이러한 플랫폼들을 '가상 플랫폼'이라고 부르기도 한다. 그러나 이런 플랫폼들은 최소한 매우 경쟁력 있는 자산을 하나는 가지고 있는데, 이용자 매칭을 위한 소프트웨어나 데이터 분석 도구 등이 여기에 해당한다. 기업 간의 차별화는 이런 무형의 자산을 통해 이루어지며, 이용자의 직접적인 경험도 빅데이터 분석을 통해 자산으로 변형되어 내부에 축적된다.

따라서 린 플랫폼의 사업모델을 이렇게 정리해볼 수 있다. 이 플랫폼에 속한 기업들은 유형 자산이 없거나 최소화한다. 그 대신 뛰어난 소프트웨어 기술을 통해 차별화를 이루려고 한다. 이를 통해 이용자의 혜택이 커지면, 공급자와 이용자로부터 수수료를 받을 수 있다. 그러나 수수료를 제대로 받기까지, 다시 말하면 수익성이 있는 네트워크 효과에 도달하기까지 긴 시간이 필요하다. 이 간격을 메우기 위해 플랫폼 기업들은 비용 절감에 목을 맬 수밖에 없다. 가장 시급한 비용 절감 방법은 고정비를 최소화하는 것이고, 이를 실행할 대책은 고정비 항목을 외주화하는 것이다. 노동, 자본, 유지비 모두 외주화해야 하고 훈련이나 교육 등은 이 사업모델과 양립할 수 없다. 데이터와 소프트웨어 자산을 유지하고 개선하는 기능만 내재화하고 모든 기능을 외주화하는 것, 어쩌면 모든 자본가의 궁극적인 사업모델이 현대의 인터넷 플랫폼에서 실현되고 있는 것일 수도 있다.

이 중에서도 가장 심각한 것은 외주에 의한 노동자 고용이다. 플랫폼들은 자신들의 서비스를 실현할 노동자를 고용하지 않고 '독립사업자'를 이용한다. 이로 인해 급여, 시간외 수당, 근로자 복지, 병가 수당, 사회보험 등의 모든 책무에서 벗어나며, 노동자를 고용하는 것보다 약 30%의 인건비 절감 효과를 누리고 있다. 코로나 시대를 힘겹게 넘어가고 있는 지금, 확장되고 있는 온라인 쇼핑몰 등의 택배 독립 사업자들이 이런 노동환경에 직접적으로 놓여 있다. 따라서 이들의 노동환경은 잘못된 계약에 의한 결과물이 아니라 위에서 살펴본 것처럼 플랫폼이라는 사업모델이 반드시 실현해야 할 사업 조건이다.

물론, 이렇게 성장해가는 플랫폼 사업모델은 이용자에게 더 많은 혜택을 제공하고 있다. 그러나 이런 효과들은 노동-자본-환경이 역동적으로 조절되면서 균형점을 찾아가는 기존의 사업 생태계를 위협하고 있다. 하나의 플랫폼이 오랜 기간 시장에 정착하면서 독점적 지위를 차지하게 되면, 이들은 그동안 서로 협력관계에 있던 이용자를 줄 세우는 경향이 있다. 근사한 표현으로 'VIP 고객' 혹은 'VIP 사업자' 등으로 불리지만, 실상 이들은 다른 이용자보다 더 좋은 서비스를 근거로 더 좋은 조건을 플랫폼에 제공해야 한다. 아마존의 예를 보면, 이 막강한 플랫폼은 사업자에게 다른 온라인 플랫폼에 제공하는 가격보다 더 낮은 가격을 책정해줄 것을 요청한다. 그러나 이것이 단순한 요청이 아니라는 것은 모든 사람이 알고 있다. 이 상황이 되면, 사업자는 두 가지 선택 지점 중에 하나를 선택해야 하는데, 아마존의 요청을 받아들여 가장 낮은 가격을 아마존에 제공하거나, 아마존이라는 플랫폼에서 벗어나 다른 플랫폼에서만 사업을 하는 것이다. 사업자들이 어떤 선택을 할지는 너무나 명백하다. 이런 과정이 반복되면, 플랫폼의 이해관계자들은 누가 권력자인지 절감하게 되고, 권력에 줄을 서려고 한다.

또 다른 문제점도 플랫폼의 독점적 사업모델과 관계가 있다. 플랫폼을 운영하기 위해서는 여러 비용이 들어가게 되는데, 이를 보충하기 위해 몇 가지 비용을 공급자에게 전가하는 것이 그중 하나다. 공급자 입장에서는 다른 플랫폼 — 상대적으로 시장 위치가 열세인 — 에서 시장을 개척하는 것과 비용을 조금 더 지불하더라도 현재의 플랫폼을 이용하는 것 사이에서 선택해야 하는데, 대부분은 시장 지배적 위치에 있는 기존 플랫폼에 남게 된다. 그리고 이런 선택이 반복되면, 플랫폼은 거래 비용의 대부분을 공급자에게 전가할 수 있다.

강력한 플랫폼과 협상력이 부족한 공급자와의 관계는 새로운 플랫폼의 등장을 저해하는 요소로 작용하기도 한다. 이는 결과적으로 플랫폼의 독점적 위치를 더욱 강화하게 된다. 앞에서 언급한 플랫폼의 유형 중 우리가 주목하는 린 플랫폼은 별다른 자산을 보유하고 있지 않다. 그리고 이런 환경은 후발 주자들을 경쟁에 참여하도록 유인하는 환경을 제공하는데, 자산이나 기술 혁신에 의한 차별화가 없으니 후발 주자는 이용자에게 가격이나 배송서비스의 차별화를 제안할 수밖에 없다. 그러나 기존 플랫폼과 연계된 공급자라면, 새로운 플랫폼에 더 유리한 가격을 제안하는 것이 얼마나 위험한 짓인지 잘 알고 있어서 결과적으로 새로운 플랫폼의 경쟁력은 점차 사그라지게 된다.

지금까지 네트워크 효과와 이용자 고착화, 그리고 공급자에 대한 유리한 협상력 등이 플랫폼을 독점적 위치로 이끌어가고, 이는 시장의 실패가 아닌 플랫폼의 사업모델에 기반한 결과라는 점을 살펴보았다. 여기에 더해, 규모의 경제(economies of scale)에 의한 비용 절감 효과도 고려해야 한다. 디지털 기술을 기반으로 형성된 플랫폼은 '죽음의 계곡'을 넘어서면 이용자 수를 확장하는 데 필요한 한계 비용(marginal cost)이 거의 없어지게 된다. 이론적으로 보면, 한계 비용 없이 거의 무한대로 이용자 수를 늘릴 수 있다. 예를 들어, '쿠팡이츠'라는 배달앱을 스마트폰에 설치하고 사용한다고 해보자. 이 서비스를 이용하기 위해 이용자는 자신의 개인 정보 일부를 입력해야 한다. 친절하게 개인 정보 이용 동의에 기꺼이 체크해주기도 한다. 그러면 이 플랫폼의 서버와 연결된 데이터 분석 프로그램은 내 개인 정보를 기반으로 나의 구매 패턴을 읽어낼 수 있다. 재미있는 것은 실제 이용자는 자신의 이용에 어떤 패턴이 있는지 예민하지 않은 데 비해 플랫폼의 분석 도구는 하나도 빠짐없이 세심하게 분석하고 있다는 점이다. 나의 구매 행위와 나와 비슷한 조건의 다른 이용자의 구매 행위를 비교 분석하고 추후에 내가 어떻게 행동할지 예상해볼 수도 있다. 미국에 구글신이 있다면, 한국에는 쿠팡신이 있는 셈이다.

온라인으로 여러 제품뿐만 아니라 공연과 스포츠 티켓도 판매하는 플랫폼처럼 디지털 기술은 범위의 경제(economies of scope)에 대한 한계 비용도 거의 없다. 플랫폼 입장에서는 어느 한계만 넘으면 무궁무진한 사업 기회가 있는 셈이니 한계를 뛰어넘기 위한 사업모델에 모든 역량을 집중할 수밖에 없다. 범위의 경제에 대한 한계 비용과 규제는 다음에 다시 언급하겠다.

7.
이익은 내가, 손해는 모두가

경제학에서 시장 실패(market failure)는 매우 엄중한 개념인데, 가격에 의해 자원이 효율적으로 배분되지 못한 상태를 의미한다. 시장 실패는 하나의 현상으로 특정하기 어렵지만 가장 빈번한 사례는 독과점 현상인데, 하나 혹은 소수의 기업이 시장 생태계를 좌지우지할 정도의 영향력을 보유하여 혜택이 그들에게만 쏠리는 현상을 의미한다. 이런 맥락에서, 플랫폼 사업모델은 전형적인 시장 실패의 방식을 따라가고 있는 것으로 보인다. 독과점시장이란 "하나의 기업이나 소수의 기업이 시장을 지배하면서 가격이나 수량에 독점력을 행사하는 시장"을 말한다. 이런 시장에서는 기존의 기업들이 가지고 있는 기술과 자본, 그리고 기업 활동에서 축적된 경험을 뚫고 새로운 기업이 시장에 진입하기 쉽지 않다. 말하자면 진입장벽이 높아지는 것이다. 이런 시장에서는 제품의 가격 설정 및 서비스 수준을 공급자가 결정하게 된다. 이런 상태가 지속되면, 가격은 높아지고, 서비스 수준은 하락하는 경향을 띠게 된다.

현재의 디지털 플랫폼이 모두 이런 상태에 있다는 것은 아니다. 오히려 몇몇 산업에서는 치열한 주도권 경쟁이 벌어지고 있기도 하다. 그러나 주목해야 할 점은 네트워크 효과를 누리기 위해 반드시 독과점시장이 재편되어야 하는 것이 플랫폼의 사업모델이다. 현재 그렇지 않다고 해도 조만간 시장이 재편되고, 누가 가장 강한 경쟁력을 가지고 있는지 판가름 나면 빠르게 독점화되는 경향을 띠게 될 것이다. 한 예로 여러 배달 플랫폼이 경쟁하던 시기를 지나 현재는 2위 업체인 '요기요'를 합병한 '배달의민족'이 90%에 가까운 시장점유율을 확보하게 되었다. 독점적인 시장점유율을 확보하면서 이 플랫폼의 경제적 가치는 급상승했는데, 독일 기업 딜리버리 히어로가 4조 7천억 원이 넘는 금액에 이 플랫폼을 인수하면서 더욱 큰 관심을 불러일으켰다. 이 사례는 플랫폼이 독점적 위치를 차지하면 기업 운영에 의한 이익 외에 인수 합병을 통해 큰돈을 벌게 해준다는 사실을 보여주었고, 다른 플랫폼들에는 강력한 동기부여가 될 것으로 보인다. 앞에서 설명한 것처럼 이런 상황으로 가기 위해서는 기나긴 인내의 시간이 필요한데, 이를 버티게 해주는 것은 비용의 외주화, 그리고 위험의 외주화다.

비용의 외주화와 관련해서는 두 가지 문제가 제기된다. 비용 절감을 위해 자잘한 것들은 제품이나 서비스의 공급자에게 전가한다는 것이 하나이고, 또 다른 하나는 플랫폼의 가치를 실질적으로 전달하는 노동과 연관되어 있다. 우리는 노동에 특히 관심을 가지고 있는데, 네트워크 효과를 위해 비용을 절감해야 하는 플랫폼 사업모델과 고용 안정과 적절한 수입을 원하는 노동은 서로 충돌할 수밖에 없기 때문이다. 다시 배달 플랫폼으로 돌아가서 플랫폼 사업모델과 노동이 어떻게 충돌하는지 알아보자.

독점적인 시장 환경은 자유로운 경쟁이라는 경제의 기본 활력을 저해한다. 전통적으로 공급자 중심의 독점 시장은 과도한 가격 인상, 사업 축소, 서비스 저하, 그리고 혁신 동력 상실 같은 모습으로 변질되어갔다. 디지털 플랫폼들이 독점적인 위치를 차지하고 있지만, 아직 시장의 역동성을 완전히 제거하는 수준은 아니어서 현재의 플랫폼들이 전통적인 독점 산업과 비슷하다고 말하기는 어렵다. 그러나 가능성은 얼마든지 있다. 한국에서 가장 활발한 배달 플랫폼이라고 할 수 있는 '배달의민족'은 경쟁 플랫폼을 인수 합병하면서 시장 지배적인 지위를 차지하게 되었다. 한국의 독특한 음식배달 문화에 착안해 기획된 이 플랫폼은 초기에는 음식을 제공하는 식당 가맹점과 이용자의 수를 늘리기 위해, 즉 네트워크 효과를 획득하기 위해 합리적인 수수료와 편리한 디지털 사용 환경을 제공했다. 그러나 시장 지배적인 위치에 있는 현재는 수수료와 음식 가격, 그리고 배달 서비스의 주체인 라이더에 대한 처우 등에서 끊임없는 논란이 이어지고 있다.

2019년 4월 배달 플랫폼 쿠팡이츠와 라이더 사이에 작성된 계약서는 위에서 설명한 플랫폼과 노동의 관계를 분명히 보여준다.

> *"'을'은 '갑'의 근로자가 아닌 개인사업자의 지위로서 '갑'에게 종속되지 아니하며, 위탁 계약 업무는 '을'의 재량과 책임하에 수행하되, 본 계약에서 약정한 사항을 성실히 이행할 의무를 부담한다."*

이 플랫폼은 핵심 서비스인 음식배달을 고용된 노동자가 아닌 외부 개인사업자에게 위탁하고, 이에 대한 아무런 책임을 지지 않아도 된다. 이런 계약 관계는 미국의 플랫폼도 마찬가지인데, 노동자는 디지털 도구(스마트폰 앱이나 웹사이트)를 통해 서비스가 필요한 고객과 연결되지만, 그들은 플랫폼 노동자가 아닌 개인사업자 신분이다.

플랫폼 사업모델에 미숙했던 초기에는 이런 계약 관계가 새로운 형태의 일자리이며, 기술 혁신으로 인해 노동의 수요가 줄어드는 시기와 맞물려 또 다른 형태의 일자리로서 충분한 잠재력을 평가받기도 했다. 그러나 불과 몇 년이 지나지 않아 플랫폼의 노동 계약은 위험에 매우 취약하고, 실질적인 소득 증가도 기대하기 어려운 고약한 것임이 드러났다(Mira D'Ercole, M. & M. MacDonald, 2018). 플랫폼은 고정 비용의 최소화가 핵심 요소이기 때문에 개인사업자들은 노동자의 (실질적인 노동 행위와 관계없이) 지위를 인정받을 수 없다. 이것은 플랫폼 노동자가 근로기준법, 노동조합법, 사회보험법 등에서 모두 사각지대에 놓인다는 것을 의미하고, 이에 대한 플랫폼의 의무는 매우 제한적일 뿐이다. 특히, 배달 플랫폼처럼 노동의 내용이 물리적인 위험을 내포하고 있으면, 사고가 발생할 경우 책임 소재에 대한 분쟁이 끊이지 않는다.

이런 문제점들을 이해관계자 이론(stakeholders theory)의 관점으로 살펴보자. 이해관계자 이론 혹은 이해관계자 자본주의는 2020년 1월 세계경제포럼(WEF, 일명 다보스포럼)의 주제였을 정도로 최근에 많은 사람의 관심을 받고 있다. 그렇다고 이 이론이 최근에 등장한 것은 아닌데,[3)] 2008년 글로벌 금융위기 이후 1% 대 99%로 상징되는 불평등 심화와 환경 파괴 등 기존 '주주 자본주의'의 어두운 면에 대한 비판을 주류 경제학이 수용하면서 본격적으로 제기됐다.

이해관계자 이론은 FAANG(페이스북 · 애플 · 아마존 · 넷플릭스 · 구글)로 대표

---

3) 이해관계자 이론은 에드워드 프리먼(Edward Freeman)이 1984년 발표한 『자본주의와 자유(Capitalism and Freedom)』에서 시작하여 여러 학자를 거치면서 내용이 풍성하고 정교해지고 있다.

되는 플랫폼 사업모델을 분석하는 데 적합하다. 플랫폼 사업모델은 네트워크 효과가 핵심인데, 주주 자본주의는 플랫폼에 연결된 이용자 및 공급자, 그리고 관련 이해관계자들의 혜택을 분석하고 자원 분배에 대한 의사결정에 적절하지 않다. 이해관계자들의 역할이 주주만큼 중요하기 때문이다. 그렇다 보니 기존 산업을 혁신하면서 성장하고 이익을 독식한 플랫폼 사업모델들이 이용자에 대한 데이터와 이해관계자들에 의해 창출된 가치를 공유하지 않거나 혹은 공유하는 방법을 찾지 못하고 있는 상태다.

우리가 관심을 가지고 있는 배달 플랫폼에 대해 조금 더 살펴보자. 배달 플랫폼 사업모델을 구성하고 있는 직접적인 이해관계자들은 다음과 같다.

- 배달 플랫폼의 운영 책임자
- 배달 플랫폼에 등록된 식당 및 음식 공급자
- 배달 플랫폼을 이용해 음식을 주문하는 이용자
- 음식을 배달하는 라이더 노동자

여기서 플랫폼 운영자의 주요 수익은 음식 공급자들에게 받는 수수료이며, 이 수수료의 일부를 라이더에게 제공한다. 2015년 출시된 배달의 민족은 2018년 잠깐 흑자를 기록하기도 했으나, 곧이어 2019년에는 대규모 적자를 기록했다. 네트워크 효과를 획득하기 위해 수수료를 이용자에게 유리하게 조정하고, 다양한 마케팅 비용을 사용했기 때문이다. 그러다 보니 압도적인 시장 지배자가 되었음에도 여전히 수익성은 개선되지 못했다. 그래도 엄청난 기업가치를 인정받아 해외기업에 매각되었으니, 플랫폼 이전의 경영 이론으로는 설명하기 어려운 현상이다.

이 플랫폼의 현금흐름을 보면, 수익성을 개선하는 방법은 매우 간단하다. 주요 매출원인 수수료를 인상하거나 주요 비용인 배달요금을 감소시키는 것이다. 실제로 배달의민족은 지난 4월 이런 기업 정책을 시행했다. 이후에 온갖 비난을 받으며 잠시 주춤하는 듯했으나, 결과적으로 플랫폼의 생리상 이런 일들은 벌어질 수밖에 없다. 배달의민족의 설명에 따르면, 이 조치로 배달 1건당 라이더가 받는 금액은 평균 4천 원대로 2019년 평균보다 1천 원가량 감소했고, 대신 배차 1회당 배달 가능 건수의 상한선은 기존 2건에서 5건으로 늘어났다. 이 정책이 얼마나 공정한지 분석하는 일은 별로 의미가 없다. 왜냐하면, 한번 이 길로 들어선 플랫폼은 앞으로도 계속 관련 정책을 추진할 것이기 때문이다. 특히, 배달의민족을 인수한 독일 기업 입장에서는 한국의 이용자 수가 어느 정도 정점에 이르렀다고 판단되면, 수익성 개선을 위해 이런 정책을 더욱 강하게 펼 수밖에 없을 것이다. 따라서 앞으로 라이더들의 고용 환경이 계속 악화될 것이라는 것은 불을 보듯 뻔하다.

이해관계자 이론의 관점에서 보면, 플랫폼 사업모델은 플랫폼 소유자, 제품이나 서비스 공급자, 이용자 모두에게 골고루 혜택을 줄 수 있지만, 이런 혜택은 플랫폼 노동자의 큰 희생을 전제하고 있는 셈이다. 이런 점 때문에 현재의 플랫폼 사업모델에 대한 비판이 끊이지 않으며, 지속 가능한 모델로서 공동체가 지향할만한 사업모델은 아니라는 인식이 전문가들 사이에 공유되고 있다. 그렇다면, 노동에 대한 이런 불공정을 개선하면서 플랫폼 사업모델을 지속시킬 수 있을까? 다음 장에서는 제도적인 측면에서 모든 이해관계자를 만족시키는 '건전한 플랫폼 사업모델'에 대한 대안을 살펴볼 것이다.

8.
새로운
사회 계약의 시작

지금까지 언급한 내용을 간단히 정리하면, 플랫폼 사업모델의 핵심 요소가 네트워크 효과에 있다는 점을 살펴보았고, 이 효과를 획득하기 위해 플랫폼은 시장 지배적인 위치를 향해 움직일 수밖에 없으며, 이에 대한 직접적인 피해는 플랫폼 노동자에게 돌아간다고 할 수 있다. 이것은 모든 플랫폼 사업모델에서 보이는 공통적인 현상이며, 따라서 플랫폼 사업모델의 내재적 특성이라고 할 것이다.

이런 문제는 한국에서만 나타나는 것이 아니다. 그렇지 않아도 4차 산업혁명 같은 산업의 급격한 디지털 전환으로 일자리의 질과 양이 축소되고 있는데, 새롭게 부상하는 사업모델인 디지털 플랫폼이 양질의 일자리를 제공하지 않는다면, 사회 전체가 새로운 해결책을 찾기는 더욱 어려워질 것이다.

한국고용정보원이 2019년 8월 발표한 자료에 따르면, 플랫폼 노동에 종사하는 노동자 수는 약 47~54만 명으로 추산된다. 이는 국내 전체

취업자의 약 2% 규모다. 세부 항목을 보면, 남자는 주로 대리운전(26%), 화물운송(15.6%), 택시운전(8.9%)이 주이며, 여자는 음식점 보조나 서빙(23.1%), 가사 · 육아 도우미(17.4%), 요양의료 종사자(14%)가 많다. 코로나19로 인해 비대면 · 비접촉 방식이 하나의 표준으로 자리 잡은 2020년 이후는 플랫폼 사업모델 확장에 호기로 작용했다. 실제로 배달의민족 같은 플랫폼은 이용자 수가 2019년 대비 30% 이상 증가했다는 결과도 나왔다. 기존에도 폭발적으로 확장하고 있는 플랫폼 노동이 더욱 빠르게 증가하는 상황이 도래한 것이다.

플랫폼 노동에 대한 각 사회의 대책은 우리에게 적절한 벤치마킹 기회를 제공할 수 있다. 유럽연합(EU)은 유럽 사회권리선언(european pillar of social rights)에 대한 후속 조치로서 '투명하고 예측 가능한 근로조건에 관한 지침'을 마련했다. 이 지침에 따르면, 플랫폼 노동 등 모든 유형의 근로자에게 다음과 같은 권리가 보장된다.

- 서면으로 된 근로조건 정보제공권
- 수습시간 제한권
- 배타조항금지 및 양립불가조항 제한에 따른 추가 직업 선택권
- 온디맨드와 같이 예측 불가능한 근로자의 경우, 일 시작 전에 합리적인 기간을 알 권리
- 0시간 근로계약 남용 방지법, 좀 더 안정된 작업으로 이동을 요청하는 경우, 서면답변을 받을 권리
- 의무적 훈련을 무료로 받을 권리

프랑스는 플랫폼 노동자를 특수형태고용종사자 범주에 포섭하여 사

회보험 적용, 노동3권 보장 등의 내용을 명문화하고, 당사자 간 자발적인 약정(예: 플랫폼 노동 약관의 제정)을 통해 플랫폼 노동을 기존 노동의 틀로 끌어오는 방식을 취했다(박제성, 2019).

이런 노력은 우리나라에서도 진행 중이다. 프랑스와 비슷하게 플랫폼 노동을 기존 노동의 틀로 재편하여 기존 노동법이 제공하는 다양한 사회안전망을 제공하는 것이 목적이다. 다만, 관련 입법을 마무리할 시간이 필요하므로 단기적으로는 플랫폼 노동 관련 이해관계자들의 자발적인 협약을 마련하게 하는 것이 정부가 추진하는 정책 목표다.

그런데 현재까지의 논의는 주로 플랫폼 노동자의 처우에 관한 것이 대부분이다. 이런 점이 아쉬운 것은 현재의 플랫폼 노동은 기술과 사업모델 혁신에 따른 변화를 제도적 장치가 뒷받침해주지 못해서 열악해진 점도 있지만, 플랫폼 사업모델 자체가 노동의 희생에 기반하고 있기 때문에 발생한 일이라는 것이다. 따라서 플랫폼 사업모델을 이해관계자의 요구에 최적화된 형태로 전환할 필요가 있다.

이해관계자의 폭넓은 요구를 수용하는 모델로서 제기된 것은 '플랫폼협동조합'이다. 이 모델은 서비스를 제공하거나 상품을 판매하도록 설계된 디지털 플랫폼으로, 조합원들이 공동으로 소유하고 관리한다. 운영방식 개선을 위해 우선 플랫폼의 소유구조를 협동조합 형태로 하여 상부상조 정신을 구현하는 것이다.

> *"플랫폼 기업들의 독점이 심화되면, 과거 소비자가 누린 편의성(저렴한 비용 등)이 지속될지 의문이다. 데이터가 중앙집중화되면서 소수의 기업에 독점되는 것도 문제가 될 수 있다. 여기에 대한 대안으로 나온 플랫폼협동조합은 실리콘밸리 같은 곳에서 똑똑한 한*

명이 만들어주는 걸 나머지 사람들이 사용하는 게 아니라 그걸 이용하는 모든 이가 초기부터 함께 만들어가는 개념이다.”(트레버 숄츠, 미국 뉴스쿨 교수)

2018년 11월 한국을 방문한 숄츠 교수는 위와 같이 플랫폼협동조합을 설명하며 10가지 운영 지침을 제시했다. 이 원리들은 기존 협동조합의 원칙과도 맞닿아 있는 부분이 많은데, 다음과 같은 것들이다.

- 가치를 만드는 사람이 플랫폼을 소유한다.
- 적당한 급료를 안정적으로 지급한다.
- 운영과 데이터 관리를 투명하게 한다.
- 일하는 사람과 소통을 강화한다.
- 결정 과정에 참여시킨다.
- 법률적 보호를 제공한다.
- 이동이 잦은 노동자에게도 사회보장을 제공한다.

이 모델의 가장 큰 장점은 ‘일하는 사람들의 참여’다. 디지털 기술에 기반하여 조직된 플랫폼은 이용자 확장에 대한 한계 비용도 적지만, 이해관계자들을 소통에 참여시키는 데도 거의 비용이 들지 않는다. 이들과의 소통을 강화하고 투명한 결정을 이끌어내면 조합원들의 자본형성, 커뮤니티 강화 등을 통해 가치 순환에도 도움이 될 수 있다. 또한, ‘공정한 보상, 존중받는 양질의 일자리, 세제 혜택’ 등도 플랫폼협동조합 모델이 가지는 장점이다.

실제로 해외에는 현재 280여 개 플랫폼협동조합이 운영되고 있으며, 그 가능성에 대해 정책 결정권자와 경제학자들이 관심을 가지고 지켜보고 있다. 프리랜서를 위한 협동조합으로 근로기준법의 사각지대에 있는 프리랜서들을 법률적으로 보호해주거나 혼자 일해야 하는 프리랜서들의 어려움을 함께 나누는 역할을 하는 '스마트(SMart)', 뉴욕시에서 저임금에 시달리던 이주 여성들이 만든 가사·청소 서비스 플랫폼협동조합인 '업앤고(Up&Go)' 등이 이런 사례다. 우리나라는 아직 관련 논의의 초기 단계여서 많은 사례를 찾아보기 어려운데, 한국가사노동자협회가 만든 '라이프매직케어협동조합'이 최근 플랫폼협동조합을 표방하고 나선 정도다. 문제는 자본인데, 플랫폼협동조합이 일정한 네트워크 효과를 획득하지 못하거나 그에 대한 기대치가 낮다면 죽음의 계곡을 넘어가기가 매우 어려울 것이다.

플랫폼협동조합과 더불어 제기된 또 다른 대안은 '공공 플랫폼' 설립이다. 2020년 10월 경기도와 민관이 손을 잡고 '공공배달 플랫폼'을 출범시켰다. 이는 배달의민족의 독점화와 그에 따른 여러 사회적 부작용에 대응하기 위해 시작된 일인데, 배달의민족이 계약이 성사된 건에 6.8%의 수수료를 부과하는 반면 공공배달 플랫폼은 수수료율을 2%로 낮추겠다고 발표했다. 공공 플랫폼 모델에 대한 기대와 우려는 이미 여러 곳에서 논의되었기 때문에 여기서 다시 반복할 필요는 없을 것 같다. 어느 정도 시간이 흘러 운영 결과에 대해 차분하게 분석할 기회가 있을 것으로 예측한다.

그럼에도 한 가지 짚고 넘어갈 것은 공공 플랫폼이 네트워크 효과를 획득해 죽음의 계곡을 건널 수 있을까에 대한 것이다. 기존 선례가 말해주듯이, 중소 규모의 플랫폼은 네트워크 효과가 적은 대신, 여러 이해관계자의 요구를 최대한 반영해야 해서 서비스 내용이 상당히 복잡해진다. 그 결과, 일정 시간이 흐른 뒤에 이용자의 외면을 받아 시장에서 퇴출되는 일이 빈번하게 발생한다. 또, 빠르게 개발되는 디지털 기술을 제때 수용해 서비스의 혁신을 지속적으로 이루어내야 하는데, 공공의 영역에서 이런 일들을 민간 영역보다 더 효율적으로 처리한 사례는 거의 찾아볼 수 없다. 시작한 지 얼마 안 됐음에도 벌써부터 실패를 예견하는 목소리가 높은 것은 이런 이유 때문이다.

9. 결론: 플랫폼을 효과적으로 규제해야

2020년 12월 플랫폼 사업모델에 대한 한 가지 중요한 결정이 내려졌다. 우리나라가 아니라 미국에서 일어난 일인데, 미국 법무부와 연방거래위원회가 구글과 페이스북에 대한 반독점 소송을 제기한 것이다. 플랫폼의 독점화에 제동을 걸기 위해 플랫폼협동조합이나 공공 플랫폼에 대한 시도가 있었는데, 큰 성공을 거두지 못하자 정부가 직접 나선 것이다. 중국도 알리바바 같은 거대 디지털 플랫폼 기업을 대상으로 반독점 규제를 강화하고 있고, 유럽연합 또한 2018년 시장지배력 남용 혐의로 구글에 대해 6조 원대의 과징금을 부과한 바 있다. 이처럼 거대 플랫폼에 대한 정부의 견제가 본격화되고 있다.

> *"오늘날 경제 대부분이 디지털화되고 소셜미디어 플랫폼들이 상당한 이익을 가져올 수 있지만, 일부 플랫폼의 범위와 역할은 전례 없이 커지고 있다. 우리는 그들이 견제받지 않고 행동할 경우*

경쟁과 혁신은 물론, 소비자에게도 상당한 피해를 줄 수 있다는 것을 알리는 문지기의 역할을 갖고 있다."(마르그레테 베스타게르, 유럽연합 집행위원회 경쟁담당위원)

유럽연합이나 미국의 사례처럼 한국 정부도 플랫폼공정화법을 제정해 새로운 기준을 만든다는 계획이다. 공정거래위원회에서 발의한 법안은 2021년 초에 입법을 마무리할 것으로 예상되는데, 플랫폼이 우월적 지위를 이용해 입점업체에 부담을 전가하는 행위, 상품가격의 과도한 인하 강요, 입점업체의 다른 플랫폼 입점 방해, 일방적인 정산 절차, 협찬금 등 경제적 이익 강요, 귀책사유의 일방적 전가 등에 대해 처벌 조항을 만드는 게 법안의 골자다. 정부가 지적한 문제들은 독점 기업의 전형적인 행태들이어서 결국 디지털 플랫폼의 독점에 대한 규제가 핵심이다.

이런 일련의 규제 정책에 대한 반론도 만만치 않다. 기존의 독점규제법 외에 중복 규제가 될 것이라는 우려, 결과적으로 새로운 플랫폼의 출현을 방해하여 활력을 떨어뜨릴 것이라는 우려, 비용에 대한 부분이 플랫폼 이용자와 공급자에게 전이될 것이라는 우려 등이 그것이다. 그러나 앞에서 살펴본 것처럼 플랫폼을 반독점법으로 규제하는 것은 사자에게 육식을 금지하는 것과 같다. 플랫폼의 내재적 특성이 독점을 지향하고 있기 때문이다.

이런 맥락에서 플랫폼의 특성을 살리면서 노동자를 포함한 전체 이해관계자의 이익을 침해하지 않는 새로운 균형점이 필요하다. 하루가 다르게 발전하는 디지털 기술을 생각한다면, 균형점을 탐색하는 사회적 활동들도 매우 역동적일 수밖에 없을 것이다. 그러나 현재 논의되고 잇따라 실행 단계에 접어들고 있는 다양한 법적 장치는 긍정적인 점을 많이 담고 있다는 것이다. 데이터 공공화에 대한 정책, 시장 지배적 위치에 있는 플랫폼의 갑질 금지 등이 대표적인 내용이며, 이런 점들은 기존 법리에 근거하여 효과적인 규제 방안을 찾을 것으로 보인다.

여기에 더해 한 가지 제안하고 싶은 것은 디지털 플랫폼이 규모의 경제를 추구하는 것은 규제하지 말고, 그 대신 범위의 경제에 대해서는 철저하게 규제하자는 것이다. 디지털 플랫폼 산업의 건전한 경쟁을 유도하면서 여러 폐해를 막는 법적 장치 중의 하나가 될 수 있을 것이다. 온라인 상거래 플랫폼인 쿠팡은 아직도 네트워크 효과를 획득하기 위해 고군분투하고 있다. 이미 포화상태에 있는 이커머스 시장에서 살아남기 위해 수년간의 적자를 감수하면서 이용자를 늘리기 위해 안간힘을 쓰고 있다. 여기에 더해 플랫폼이 보유한 네트워크 자산을 활용해 새로운 산업으로 진출하려고 하고 있다. 배달 서비스인 '쿠팡이츠', 유튜브 같은 영상 스트리밍 서비스인 '쿠팡플레이' 등이 여기에 해당한다. 즉, '쿠팡'이라는 디지털 플랫폼은 규모의 경제를 달성한 이후에 범위의 경제를 획득하기 위해 확장하고 있다. 전통적 사업에서 이런 사업 다각화는 경쟁을 활성화하고, 새로운 일자리를 만드는 긍정적인 역할이었다. 그러나 디지털 시대에는 하나의 사업모델에서 확보한 이용자 데이터를 기반으로 사업을 확장하는 것이므로 기존과 같은 긍정적인 효과를 기대하기는 어렵다. 따라서 이런 범위의 경제를 추구하는 것은 일정한 한도 내에서 규제할 필요가 있다. 새로운 사업을 준비하는 혁신 스타트업 입장에서는 자신들이 뛰어들 만한 영역이 어디인지 판단할 근거가 될 수 있고, 그에 맞추어 산업 활동의 역동성을 증가시켜 플랫폼 경제의 긍정적인 효과와 적절한 사회 균형을 추구할 수 있을 것이다.

플랫폼 노동의 관점에서도 생각해볼 수 있는 균형점이 있다. 오랜 기간 지속되어온 노동자와 개인사업자에 대한 기계적이고 소모적인 논쟁을 종식하고, 플랫폼 노동자를 적극적으로 해석하여 근로기준법의 보호망 속으로 들어오게 해야 한다. 사례로 든 황당한 근로 계약서는 플랫폼 자체의 혁신전략과도 배치되는 만큼 이에 대한 감독과 규제가 반드시 필요하다.

여기에 더해 디지털 플랫폼은 이해관계자가 복잡한 사업모델이다. 그렇기 때문에 광범위한 이해관계자 분석 모델을 적용하여 최적의 사회협약을 이끌어내야 한다. 특히, 계속 악화되는 기후변화로 인해 배달 플랫폼의 사업모델과 이에 속한 노동자는 환경 변화의 위험에 취약해질 것으로 예상되는데, 이런 외생적 변수를 어떻게 수용하는 것이 바람직한지 함께 고민해야 한다. 이 문제에 대응하기 위해 정부는 이미 '특고지침(특수형태 근로 종사자에 대한 거래상 지위 남용 행위 심사 지침)'을 개정하거나 일부 플랫폼 노동 직종에 표준계약서 도입을 추진한 바도 있다. 따라서 당면한 문제는 이런 표준계약서의 수정 보완과 이를 위한 사회적 논의 과정을 통해 이 계약서가 법적 효력을 갖게 하는 것이다. 표준계약서에는 플랫폼 노동자의 노동자성을 인정하는 것과 함께 기후변화로 인해 발생할 수 있는 근로조건에 대한 보장 등도 포함되어야 한다.

지금까지 내용을 정리하면, 코로나19의 확산은 역설적으로 디지털 플랫폼 사업모델이 왜 사회적으로 의미 있는 사업 형태인지 알려주는 계기가 되었다. 플랫폼 사업자들에게는 큰 도약의 기회가 되었고, 실제로 20~30%가량의 매출 상승을 예상하고 있다. 이런 추세는 한동안 계속될 것으로 보이며, 이 사업모델의 역동성도 한동안은 지속될 것이다. 그러나 사업모델 고유의 특성으로 인해 디지털 플랫폼들은 시장 독점을 향해 나아갈 것이고, 혁신에 대한 활력은 줄어들게 될 것이다. 앞에서 살펴보았듯이, 플랫폼 사업모델의 이해관계자들, 특히 관련 노동자의 이익을 침해하는 방향으로 전개된다면 이런 경향은 더욱 가속되고, 문제 해결에 대한 사회적 압력은 꾸준하게 증가할 것이다. 이런 점들은 충분히 예상되는 일들이고, 일부는 이미 세계 곳곳에서 실제로 일어나고 있다.

문제에 대한 대응을 위해 협동조합 형태의 플랫폼 소유구조, 공공기관이 운영하는 공공 플랫폼 등은 이미 시행되고 있어서 그 결과를 지켜볼 필요가 있다. 그러나 이런 대응책들은 플랫폼 사업모델을 둘러싼 이해관계자들의 요구를 충족시키기 어려울 것으로 예측된다. 플랫폼에 반독점법을 적용하거나, 새로운 디지털 독점법을 제정하는 것도 실효성 있는 일임이 분명하지만, 자칫 산업 생태계의 활력을 저해하는 요소로 작용할 우려도 있다. 따라서 이런 일련의 대책 외에 플랫폼 사업모델의 활동 범위를 제한(범위의 경제 축소)하여 정책의 보완 수단으로 기능하게 할 것을 제안한다.

플랫폼을 둘러싼 이해관계자의 범위가 넓은 만큼 숙의민주주의 방식을 통해 이 부분들을 논의하고, 해결책을 제안하는 형식을 취하는 것이 바람직할 것이다. 2019년 서울시에서 관련 논의를 진행했으므로 이에 대한 역량이 축적되었을 것으로 예상된다. 이를 바탕으로 이해관계자들의 사회적 합의가 산업의 역동성을 저해하지 않고, 최적의 공동체 이익을 실현할 수 있다는 선례를 남길 수 있기를 기대한다.

마지막으로, 최근에 논의되고 있는 프로토콜 사업모델을 살펴보고자 한다. 이 모델은 거의 모든 공동체에서 확인되는 플랫폼 모델의 독점화 현상에 대한 대안으로 제시되었다. 이 모델은 관련된 논문이 대부분 최근 5년 이내에 발표되었을 정도로 매우 최신의 개념이고, 아직 실제 산업에 적용된 사례가 많지 않아서 성패 분석에 대한 것은 조금 이르다고 할 것이다. 그러나 플랫폼 사업모델을 극복하고자 하는 시도라는 점에서 주목할 만한데, 이 모델의 핵심은 디지털 플랫폼의 역할 ― 거래 당사자들을 중재하는 ― 을 블록체인 같은 당사자 간의 직접 연결 수단(프로토콜)으로 대체하는 것이다. 이용자 입장에서는 현재의 플랫폼 사업모델이 제공하는 편리하고 직관적인 디지털 인터페이스를 기대하기 어렵지만, 약간의 적응 기간이 지나면 사용상의 큰 불편은 없을 것으로 보인다. 이 사업모델은 블록체인 기술의 범용화가 진행되면서 상용화 가능성이 커진 기술 혁신인데, 이론적으로는 플랫폼의 단점, 즉 거래 독점과 이용자 데이터 오남용에 대한 훌륭한 대안이 될 수 있을 것으로 보인다.

그러나 이 모델은 수익성에 대한 설계가 불분명하다는 측면에서 상용화까지는 시간이 더 걸릴 것으로 보인다. 디지털 플랫폼처럼 사업 운영이나 기업가치 상승 같은 강력한 경제적 혜택을 기대하기 어렵다면, 위험을 무릅쓰고 오랜 기간 사업을 운영할 주체가 있을지 의심스럽기 때문이다. 적절한 사업 주체가 없다면, 결국 서울시 같은 공공기관이 주체로 나서야 할 텐데, 그럴 바에야 앞에서 예를 든 공공 플랫폼을 이해관계자 이론에 맞게 최적화시켜 적용하는 것이 더 나을 수도 있다. 따라서 기술적 가능성은 있지만, 상용화의 거친 바다를 건넌 적이 없는 이 모델은 조금 더 시간이 흘러야 판가름이 날 것으로 보인다.

06

정동자본주의:

플랫폼 내부의 정동, 그 외부의 정동

신승철

1.
들어가며:
플랫폼 자본주의에서의 정동 양상

코로나19 사태가 팬데믹 상황으로 일파만파 다가오고 있는 현실에서 일상 깊숙이 각종 플랫폼이 자리 잡게 되었다. 우선 배달 플랫폼을 통해 여러 가지 음식을 먹게 되는 것이 그 현상 중 하나이고, 고립된 삶을 달래줄 유튜브(www.youtube.com)나 페이스북(www.facebook.com) 콘텐츠를 활용하는 것이 다른 하나이며, 줌(zoom.us) 등 화상회의 프로그램을 통해 재택근무나 학교 등에 접속해서 교육, 노동, 여가 등을 조직하는 것이 또 다른 하나다. 코로나19 이전까지는 '플랫폼'이라는 단어가 '열차의 승강장', '관계가 머무는 마당', '콘텐츠의 계류지' 정도로만 인식되어왔지만, 지금은 4차 산업혁명과 디지털 뉴딜 등 과학기술의 가속화에 대한 전말(顚末)을 밝혀줄 핵심 단어가 되었다. 이제 이러한 플랫폼이라는 전자적인 직조망의 외부가 없다고 할 정도로 우리의 일상은 급속히 플랫폼 형태 내로 포섭되고 조직되고 있다. 물론 플랫폼에 대한 우려의 목소리도 높다. 모빌리티 플랫폼인 '타다'(tadatada.com) 등에 대한 반대의 움직임이 그것이다. 플랫폼이 공유경제를 빌미로 커먼즈(commons), 공동체, 공통적인 것에 대한 약탈과 착취 국면으로 향하고 있다는 지적들도 나오고 있다. 그러나 공동체나 사회적 경제 역시 나름대로 플랫폼 형태를 추구하면서 '공동체가 플랫폼의 탈을 쓰거나, 플랫폼이 공동체의 탈을 쓰는 양상'으로 혼란스럽게 전개되고 있다. 이를 '사회의 플랫폼화와 플랫폼의 사회화' 국면의 접점에 이르고 있다고 표현할 수도 있다.

그렇다면 플랫폼은 우리의 삶에서 어떤 의미를 가질까? 플랫폼이 추구하는 이윤은 정동(affect)이라는 '삶의 잉여가치' 전반에 대해 접근하고 있을까? 아니면 유통, 생산, 소비, 향유라는 하나의 형식에 불과할까? 분명한 것은 플랫폼 내에서 웃고, 울고, 즐기고, 향유하고, 소비하고, 사용하는 등 일련의 정동을 발휘하는 모든 행위가 플랫폼을 윤택하고 풍부하게 만들어 그 이득을 모두 플랫폼에서 가져간다는 것이다. 여기서 공동이용의 쉐어링(sharing)과 공동소유의 커머닝(commoning)의 차이점도 드러난다. 플랫폼이 단지 공동이용에 머물러 소수가 이득을 전유하는 것이 아니라 그 시너지와 이득에 대한 민주적이고 수평적인 전유가 이루어지기 위해서는 공동소유, 즉 커머닝의 입장에 서야 한다. 또한 우리가 플랫폼에서 정동되고 정동하는 과정은 주인공이냐 관객이냐를 따지지 않고 플랫폼을 윤택하고 풍요롭게 만드는 원재료로 사용된다. 여기서 재료냐 질료냐에 따라 그 의미가 달라질 수밖에 없다. 플랫폼은 질료(matter)에 형상(form)을 부여하는 유형의 소수 전문가주의에 기반하기보다는 다중(multitude)으로부터 발생하는 정동이라는 재료와 소재(material)에서 나오는 에너지와 힘에 더 착목한다. 그런 점에서 정동이 발휘되는 방식이 선수냐, 아마추어냐를 따지지 않고 그 자체의 물질화된 힘과 에너지의 강도, 온도, 속도, 밀도 등에 더 착목한다. 그런 점에서 플랫폼이 착목하는 정동에 대한 포획양상은 정동 자체가 가진 소재적인 차원, 다시 말해 기하학이나 지도 제작으로 포착 가능한 사물적인 차원, 유물론적인 차원에 주목하는 것이다. 이제 석유, 광석, 대지, 미생물, 분자 등 정동을 원재료(raw material)로 다루는 상황이 플랫폼 자본주의에서 연출되기 때문에 이를 '정동자본주의'라고 부를 수밖에 없는 상황이 되었다. 이러한 차원의 변화는 감정생활에 개입하려던 기존 전통 미디어와 달리 협업이나 창의적인 생산 활동, 여가와 향유의 활동 등을 통해 자발적으로 생성되는 정동에 착목한 플랫폼의 전략적인 측면에 주목하게 된다. 전통 미디어가 보여주듯이 감정은 표상이 보여주는 일시적이고 우발적이고 돌발적인 측면에 따라 고립된 개인의 삶과 독백, 생활세계, 내면생활 등을 이미지와 영상으로 장악하는 것이라면, 정동은 표상과 표상의 관계, 감정과 감정의 관계, 사물과 사물의 관계, 정서와 정서의 관계에 주목하는 관계적인 동역학을 띤다. 그렇기 때문에 사실상 정동자본주의는 우리의 관계 맺기 그 자체로까지 내려온 플랫폼 자본주의의 하나의 양상이라고 할 수 있다.

안토니오 네그리(Antonio Negri) 등이 주장한 사회적 공장의 상황, 즉 실질적 포섭(real subsumption) 국면이 정동자본주의 양상을 비교적 잘 설명할 수 있는 개념이다. 그러나 네그리와 하트는 비물질 노동이라는 인지, 상징, 브랜드, 정동, 지식, 과학기술, 일반지성 등과 관련된 노동의 한 국면으로 포함해서 바라보았기 때문에 노동(labor)에서 정동으로의 패러다임 전환과 이행까지는 바라보지 못했다. 노동에서 정동으로의 헤게모니 이행 국면은 정동하고 정동되는 삶과 관계망, 활력(vitality), 생명이 가진 힘과 에너지 등과 관련된 자본과 권력의 포획양상을 의미한다. 다시 말해 자본주의는 이제 "어떤 강렬도를 가진 정동을 발휘하는가?", "어떤 생명력과 활력을 띠고 구현되는가?", "어떤 욕망을 가지고 세상에 접근하는가?", "어떤 방식으로 관계를 형성하는가?" 등과 관련된 삶의 잉여가치 내부로 들어오기를 원했으며, 이를 다양한 플랫폼의 전자 직조망을 통해 정동을 추출하고 채굴함으로써 매우 유연하고 민감하고 탄력성(resilience)과 융통성(flexibility) 있는 시스템을 구축하기에 이른다. 이제 플랫폼의 관심사는 한 기업의 상품을 사고파는 것뿐만 아니라 그 기업과 관계를 맺는 사람들의 여러 형태의 삶, 이용방식, 소비방식, 관계망 등과 관련된 정보를 빅데이터(big data)로 축적하고 그들의 행동 추이를 의미하는 욕망과 정동의 발휘 방식과 방향성에 대해 더 주목하게 되었다. 이에 따라 어떤 몸과 관련해서 사물, 기계, 자연, 생명이 가진 활력정동(vital affect)이 발생하는 순간을 포착하여 자본은 유연하고 매끄럽게 그 관계로 배치되고 재배치하는 역할을 하게 된다.

2. 플랫폼 자본주의에서의 공공영역 포획

헝가리 경제학자 칼 폴라니(Karl Polanyi)의 『거대한 전환』(2009, 길)에서의 구상처럼 '모아서 나누는 공공영역', '상품을 사고파는 시장영역', '선물을 주고받는 공동체영역' 등의 삼원 다이어그램이 모이는 곳에 사회적 경제가 위치한다는 구상을 해볼 수 있는 여지가 일면 있다. 하지만 플랫폼 자본주의 상황에서는 공공영역이나 공동체영역조차 사실상 플랫폼의 한 유형으로 해석된다. '플랫폼'이라는 정류장이나 마당의 개념은 더욱 확장된다. 그러한 해석 국면은 일상을 살아가는 사람들의 태도를 변화시키는데, 공공영역이나 공동체영역 역시 하나의 정동을 발휘할 플랫폼의 일종으로 보는 시각이 그것이다. 그런 점에서 공공영역도 정동하고 정동되는 과정과 매개해서 정동자본주의의 방향성으로 흘러가기 때문에 민관협치(民官協治), 즉 거버넌스(governance)를 추진할 수밖에 없는 상황에 직면하게 된다. 그런 점에서 플랫폼의 일종으로 전락한 공공영역이 나아갈 바는 사실상 플랫폼 자본주의가 이용자의 정동을 추출하여 내부의 원동력을 찾는 정동자본주의로 이행하게 되는 최근의 양상처럼 정동하고 정동되는 일련의 과정에서 자신의 활로를 찾고 생명력을 충당 받는 공공플랫폼으로서의 역할을 하는 데 있을 수밖에 없다. 여기서 공공 플랫폼은 경기도 등에서 추진하는 하나의 공공성을 갖는 플랫폼 사업의 일종을 의미하는 것이 아니라 공공영역 전반이 처한 현재의 배치를 의미한다. 결국 플랫폼 자본주의는 모든 영역을 플랫폼으로 편평하게 만들어내고, 이러한 플랫폼 내에서 정동이 순환되게끔 유도함으로써 자본주의의 외부로서의 정동, 욕망, 관계, 삶, 생명력, 활력 등을 적극적으로 자신의 소재와 재료로 삼는다.

플랫폼의 외부가 사라진 정동자본주의하에서 공공영역의 변화양상은 향후 가장 폭넓게 연구되어야 할 부분이기도 하다. 이런 상황에서 플랫폼 자본주의에서의 거버넌스 유형은 금융자본주의에서의 "공공의 할 일을 민간에게 떠넘긴다"라는 유형이 아니라 "공공과 민간이 하나의 마당을 만들어놓고 그 안에서 움직이고 활동하면서 정동을 발휘하고 있지만, 그것은 관의 성과주의에 동원된 것에 불과하다"라는 것으로 이행하는 국면이다. 그러한 국면은 결국 기후위기와 생명위기 시대에 대응하는 '위기에 강한 거버넌스', '아래로부터의 거버넌스', '구성적 거버넌스'에 대한 시대적 요청에 대해 망각하고, '안전하고 평화로운 일상에 착목하거나 그 정동과 활력의 성과를 정치과정에 이용하는 거버넌스'에 머물게 되는 한계를 갖게 된다. 거버넌스의 정치과정, 사회과정, 정책과정의 역동성과 긴장감이 아니라 활력 있고 잘될 것만 같지만 실제로는 선언이나 토론, 회의에만 국한될 뿐 위기에 대응할 만큼 의미 있는 결과를 내놓지 못하는 것이다. 그런 점에서 공공의 대의성, 즉 대표성(representativeness)은 미리 주어지지도 않는다. 즉 위기의 심각성에 대응하는 책임, 의무, 당위는 미리 주어지지 않는다. 그저 플랫폼 자본주의 일부가 되어 여타 플랫폼처럼 공공의 성격을 띠고 자원을 배분하는 하나의 플랫폼으로서 작동하게 되는 상황을 의미한다. 결국 누구도 책임지지 않는 공공영역의 상황에 직면하게 된다는 점에서 책임성 있는 공공영역조차 '구성적 거버넌스'를 통해 만들어지지 않으면, 플랫폼 자본주의의 흡인력에 따라 민관이 어우러져 활력과 정동을 발휘하지만, 가장 중요한 사안에 대해서는 책임지지 않고 침묵하는 정거장, 놀이터, 마당 일부로 전락할 수밖에 없게 된다.

3.
정동자본주의에서 가속주의 전망은 유효한가?

플랫폼 자본주의 양상에 대해 『정동자본주의와 자유노동의 보상』[2017, 한울엠플러스(주)]에서 이항우는 '이윤의 지대 되기 경향'을 강화하고 지대차익을 노리는 콘텐츠 벡터그룹과 자유로운 생산과 유통을 원하는 해커그룹 간의 갈등을 초래한다고 지적한다. 이는 플랫폼 자본주의가 금융자본주의를 기반으로 하고 있지만, 이자(interests)가 아닌 지대(rents)의 구도로 이행하고 있음을 드러낸다. 이자(利資)에는 '미래에 대한 투자와 회수'라는 미래의 시간 개념이 있고, 미래세대에 대한 투자 전망에 대한 관점이 있지만, 지대(地代)에는 이득을 즉각적이고 단기적으로 요구하기 때문에 찰나의 현재밖에 존재하지 않는다. 플랫폼 자본주의에서는 가상적인 양상의 지대차익 같은 이득의 추구가 존재하지만, 이 모든 이윤추구 양식에서 미래의 시간은 존재하지 않는다. 다시 말해 기후위기 같은 막대한 위기 상황에서 미래세대에 대한 관점이 사라진 단기투기성 자본 유형의 약탈 방식이 등장한다. 플랫폼 자본주의의 이러한 지대로의 재편은 한편으로는 퇴행과 의고(擬古)의 형식이지만, 다른 한편으로는 최첨단 기술산업의 빛나는 모습으로 현현(顯現)하고 있다.

여기서 알렉스 윌리엄스(Alex Williams)와 닉 서르닉(Nick Srnicek)이 「가속주의적 정치를 위한 선언(Manifesto for an Accelerationist Politics)」에서 제시한 가속주의(accelerationism) 전망에 대해 다시 한번 고려해볼 여지가 있다. 가속주의란 "과학기술의 빠른 진보와 주파라는 탈영토화 양상이 자본주의에 잔존하던 봉건제 유형의 기존 권력과 자본의 응고물을 분쇄하고 민주주의를 가속화할 것이라는 전망"을 의미한다. 이는 펠릭스 가타리와 질 들뢰즈의 공동저작 『안티 오이디푸스』(2014, 민음사)에서 무의식을 협착(狹窄)하는 봉건제의 산물인 초자아(super ego)로서의 '아버지'라는 존재에서 벗어나는 가속주의 전망을 밝힌 것과 상통한다. 이에 따르면 자본주의는 봉건제로부터 완벽히 벗어난 것이 아니라 아주 불철저하게 이를 넘어섰기 때문에 권력과 자본이라는 응고물을 남겼으며, 과학기술의 진보나 민주주의 과정을 가속화한다면 비로소 전환사회 민주주의의 전망을 찾을 수 있다는 것이다. 그런데 가속주의 전망의 최종 산물이 플랫폼 자본주의로 현현하고 있는 현재 상황에서 이를 재평가하는 과정은 필요할 것으로 판단된다. 가속주의의 전망은 권력의 잉여가치를 분쇄하고 삶의 잉여가치로 근접하는 과학기술의 가속화를 의미하며, 이는 생명, 삶, 살림, 정동, 돌봄, 감정, 정서로까지 내려온 자본주의 양상으로 나아간다. 그런데 기술의 가속화에 대한 최종결과물은 결국 플랫폼 자본주의다. 여기서 과학기술의 가속화된 발전이 민주주의를 입자가속기(particle accelerator)에 집어넣는 것과 같은 효과를 보일 수도 있겠지만, 민주주의가 정동자본주의 양상으로 재포획되는 과정에 대해 다루어야 할 것이다. 정동, 즉 삶의 잉여가치는 더욱 전자 그물망에 포획되고 봉건제 양상의 잔재인 지대(rents) 양상이 재등장하는 것을 어떻게 보아야 할 것인가? 플랫폼 자본주의가 정동해방, 즉 욕망 해방의 판과 구도가 될 수 있을까? 오히려 정동의 재포획 양상에 따라 '정동자본주의'라는 더 고도로 발전한 권력의 잉여가치 내로 들어가게 되는 것은 아닌가?

여기서 '정동'이라는 삶의 잉여가치와 '정동포획'이라는 권력의 잉여가치가 동시에 나타나게 된다. 정동이라는 활력과 생명 에너지가 플랫폼 내부에서 발생하는 순간, 곧바로 정동포획 양상으로서 권력의 무의식적 배치가 부여되어 인기와 돈을 얻게 되고, 동시에 정동자본, 활력자본으로서의 역할을 하게 된다. 권력의 잉여가치의 대표적인 형태인 갑질 유형의 봉건제적 잔재는 모두 사라졌다는 점에서 기술의 가속화가 봉건제를 입자가속기 속에서 분쇄하고 민주주의의 가속화를 이룬 것처럼 보인다. 그러나 '정동'이라는 삶의 잉여가치는 곧바로 권력의 잉여가치로 번역되어 자본화되고 포획된다. 이에 따라 가장 봉건제적인 지대(rents) 유형의 이익이 등장하게 된다. 따라서 서르닉의 플랫폼 자본주의에 대한 평가는 상당히 순진하다고 할 수 있다. 플랫폼이 정동 자체를 포획하여 권력과 자본의 잉여가치로 만들 수 있는 것은 권력과 자본의 잉여가치가 이전처럼 응고물이나 '의미화=표상화=자본화'라는 고정된 무엇이 아니라 하나의 정동, 사랑, 욕망의 흐름을 운반하는 자원, 부, 에너지의 흐름이자 이미지-영상의 흐름이 되었기 때문이다. 무엇보다 플랫폼에서는 데이터의 흐름이 주안점이기도 하다.

4. 코드의 잉여가치를 흐름의 잉여가치로 전환

"그러므로 불변자본에 의해 생산된 기계에 의한 잉여가치가 있다. 이 잉여가치는 자동화 및 생산성과 더불어 발전하며, 경향적 저하를 방해하는 요인들(인간의 노동을 착취하는 강도의 증대, 불변자본 요소들의 가격 저하 등)에 의해서는 설명될 수 없다. 왜냐하면 이 요인들은 도리어 자동화와 생산성에 의존하는 것이기 때문이다. 어쩔 수 없이 우리도 문외한으로서 말해야 하겠지만, 이 문제는 코드의 잉여가치가 흐름의 잉여가치로 변모하는 조건들 아래서만 검토될 수 있을 성싶다."(들뢰즈와 가타리, 1998: 147)

펠릭스 가타리는 코드의 잉여가치(surplus de code)가 흐름의 잉여가치(surplus de flux)로 변모하는 조건들에 주목하면서 자본이 '흐름의 잉여가치'를 통해 나타날 가능성에 주목했다. 먼저 '코드의 잉여가치' 국면에 대해 설명하기 위해서는 금융자본주의 양상이던 신자유주의의 확장을 통한

‘넓은 세계, 좁은 지구’라는 외부효과(external effect)의 소멸, 외부의 소멸 국면에 대해 말해야 할 것이다. 세계가 금융시장에 빠르게 통합되어 ‘통합된 세계자본주의’ 양상이 되었을 때, 이제 자연, 생명, 지구, 제3세계 등 문명의 외부는 소멸단계에 진입하게 된다. 이에 따라 제3세계에 폐기물을 버리고 이를 통해 부당이득을 취해온 다국적기업 등과 규제를 피해 다른 제3국으로 향하면서 국경을 빠르게 넘나들던 초국적 자본 양상이 더 이상 외부를 찾지 못하는 상황에 직면한다.

결국 외부의 소멸은 자본으로 하여금 외부가 아닌 내부에 눈을 돌리게 했는데, 이것이 내부효과로서의 공동체에 대한 질적 착취에 대한 부분이었다. 여기서 코드의 잉여가치 전략이 등장한다. 여기서 코드의 잉여가치가 관철되는 부분은 ① 1세계와 3세계의 분리차별, ② 공동체적 관계망의 시너지효과에 대한 자본의 전유 양상, ③ 그다음은 대기업의 골목상권으로의 진출, ④ 젠트리피케이션(gentrification), ⑤ 플랫폼 자본주의 양상 등을 망라한다. 그런 점에서 코드의 잉여가치 국면에서는 정동과 욕망, 사랑의 흐름을 시너지로 하면서 커먼즈를 보호하려는 흐름의 잉여가치가 대항 전략일 수 있었다. 흐름의 잉여가치는 관계의 성숙을 통한 사회적 경제, 내발적 발전(endogenous development), 집단지성에 기반한 커먼즈의 경제 등을 망라하며, 한때 코드의 잉여가치에 대한 대항 전략으로 불렸다. 그런데 플랫폼 자본수의가 정동자본주의로 이행하게 되는 국면이 바로 코드의 잉여가치가 흐름의 잉여가치로 변모하게 되는 조건의 색다른 국면을 의미하며, 그 지점이 정동자본주의로 전환되는 티핑포인트(tipping point)이기도 하다.

흐름의 잉여가치 형태를 띠는 자본의 동역학은 일종의 인지편향(cognitive bias)이다. 네트워크 효과와 같이 잘되는 플랫폼만 더 잘되는 유형의 쏠림, 가브리엘 타르드(Gabriel Tarde)의 흐름 이론처럼 모방, 인기 편승, 부조화한 인지적 경향, 인기와 운, 재미에 대한 추구, 아주 엄격한 평판체계 등이 등장한다. 이러한 흐름의 잉여가치는 일종의 효과가 아니라 정동의 흐름에 대해 포획하는 정동자본주의 양상이 갖는 당연한 결과라고 할 수 있다. 여기서 과정적이고 진행형적인 흐름만이 있을 뿐이고, 그것을 '~은 …이다'라고 완성형으로 응고시켜 '자본화=의미화=상품화'하는 인지자본주의 유형의 고정되고 합리적인 형태는 낡은 것이 되어버린다. 에너지와 활력을 의미하는 정동이 가진 다양한 잠재성을 포획함으로써 코드의 잉여가치가 흐름의 잉여가치가 되도록 만드는 정동자본주의의 등장이 바로 이러한 현상의 배후에 놓여 있다. 이 속에서 인기를 누리는 인플루언서((influencer)나 유명인, 유튜버 등의 인간형이 선망과 관심의 주인공이 된다. 그렇다면 정동이 과연 무엇이며, 왜 자본주의의 잉여가치 추출에 이르기까지 변화를 만들어낼 수 있었던가? 자본주의는 왜 가장 중요한 착취의 원천, 소재의 원천을 정동에서 찾게 되었나?

5.
정동이란 무엇인가?

플랫폼은 정동의 중개자이자 촉진자다. 앞서 설명했듯이 이용자가 플랫폼에서 정동을 발휘하고 향유하다 보면 결국 그 이득은 모두 플랫폼의 몫이 된다. 여기서 우리는 정동을 통해 삶을 유지할 원동력이나 활력, 에너지를 갖게 된다. 활력과 생명 에너지로서의 밀도, 온도, 속도, 강도를 갖는 정서의 이행양식이다. 다시 말해 표상과 표상, 문제설정과 문제설정, 사물과 사물 사이의 이음새 역할을 하면서도 이를 넘어 변환과 이행, 횡단의 흐름으로 향하는 것을 정동(情動)이라고 한다. 스피노자는 정동에 대해 '기쁨, 슬픔, 욕망'이라고 간략히 정의한다. 감정의 경우 표상과 마주쳐서 일시적이고 우발적으로 발생한다면, 정동은 표상과 표상 사이를 관통하여 흐름을 형성하는 전(前) 개체적인 무의식의 흐름으로 발생한다. 플랫폼의 경우에는 정서의 정태적인 형태에 머무는 것이 아니라 이미지와 영상의 흐름 속에서 동태적인 정서변환 양식으로 작동한다. 그러나 중요한 것은 정동은 대부분 발생하는 순간, 이미 물리적인 현실과도 같이 포획된다는 점에 있다.

정동은 인간의 잠재적인 활력과 생명 에너지 같은 것이기 때문에 그것이 순환되고 유통될 때 전염효과를 갖는다. 물론 경우에 따라 다르겠지만, 정동의 유통은 사람들 사이에서 정동하고 정동되는 과정으로 나타나게 된다. 어떤 개체가 가진 속성(attribute)이 아니라 전(前) 개체적인 힘과 에너지다. 우리가 흔히 "번개가 친다"라고 할 때, 이는 힘과 에너지를 속성화한 결과라고 할 수 있다. 그러나 힘과 에너지는 속성이 아니어서 개체에 귀속되는 것이 아니다. 그것은 잠재성으로서 힘과 에너지의 강렬도로서만 전달된다. 정동자본주의는 내부에서 생성되고 발생하는 정동에 의해 에너지와 힘의 흐름을 끊임없이 수혈받아 작동하는 기생체나 흡혈귀 유형의 자본주의다. 정동이 격발되고 힘을 드러낼 때 정동자본주의는 예민하게 그것을 권력과 자본으로 만들어낸다. 이를테면 어떤 지도자를 지지하는 시위대가 등장하면 시위대의 이해와 요구를 들어주기 전에 이를 그 지도자의 인기와 명예, 선망 등의 정동으로 자본화한다. 그러나 그 역시 인기가 떨어지면 곧바로 철회될 수밖에 없는 순환하는 정동 양상이다. 그런 점에서 권력과 자본은 정동자본, 정동권력으로 변모되었기에 사람들이 어떤 정동으로 반응하는지 민감할 수밖에 없다.

플랫폼 자본주의가 정동자본주의로 변모할 수 있었던 것은 공동체에 대한 코드의 잉여가치를 통해 질적 착취 국면에 머무는 것이 아니라 흐름의 잉여가치에 주목하면서 공동체 자체의 탈을 쓰고 정동의 흐름에 따라 생성되는 자본이 되었기 때문이다. 이 점은 앞서 설명한 공공영역도 마찬가지 상황이다. 정동이 가진 유동적인 흐름 상태는 생명 에너지와 활력이 어떤 고정된 의미와 가치에 따라 저절로 생기지 않는다는 점을 의미한다. 근대적 유형의 설정은 의미와 가치의 틀이 주어지면 정동은 저절로 발생한다는 데 있었다. 다시 말해 가게를 차리면 우발적으로 손님이 모여들었고, 소식만 알려도 관객이 찾아드는 행사 양상이 그것이다. 이에 따라 '의미'와 '가치'라는 한편은 '기능'과 '작동'이라는 다른 한편을 직조하는 이분법화된 조직양상이 등장한다. 그러나 정동은 저절로 발생하는 것이 아니라 끊임없이 도모하고 양육하고 돌보아야 발생하는 에너지이자 힘이어서 스튜어드십(stewardship)을 고려해야 할 상황에 직면한다. 즉, 정동은 자연주의(naturalism)에 따라 몸에 털이 자라듯 저절로 생성되지 않는다. 그것은 관계 속에서 도모되고 양육되었을 때, 즉 관계 양상의 변화가 정서변환양식으로 향했을 때 발생한다. 그런 점에서 윈윈(win-win)이라는 자유도시 전통에 입각한 스피노자의 기쁨의 정동에 대한 구상은 정동 발생에 대한 하나의 아이디어를 준다.

정동자본주의는 수평적이고 민주적이고 부드러운 포획을 추구한다. 대립과 마찰, 반발, 투쟁이 없는 정동의 흐름에 따라 움직이는 권력과 자본의 양상은 민주주의의 성숙이라는 착각을 불러일으킨다. 그러나 플랫폼의 소유 여부와 배치에 따라 불평등과 차별은 여전히 유지되며, 권력의 잉여가치가 삶의 잉여가치에 기생하고 있을 뿐 사라진 것이 아니다. 정동이 일으키는 사건(event)에 따라 돈의 흐름, 권력의 흐름, 인기와 유행의 흐름이 결정된다. 이에 따라 플랫폼은 빅데이터를 기반으로 정보를 분석하는 알고리즘에 따라 끊임없이 자신의 배치를 바꾸면서 정동의 흐름에 유연하게 대응한다. 그 알고리즘이 과학기술에 따라 만들어졌기 때문에 합리적이라고 생각하면 오산이다. 그 알고리즘조차 빅데이터에 기반하여 인공지능을 작동시켜 네트워크 효과에 따라 가장 확률적으로 높은 비중을 가진 것을 선택하는 방식이어서 인지편향을 갖고 있다는 점이 하나의 맹점이다. 즉, 가장 합리적일 것만 같은 인공지능은 정동의 흐름을 포착하기 위한 첨단 과학기술기계체여서 가장 확률론적이고 인지편향 자체를 내포하는 기술이다.

정동 자체가 무의식적인 관계 맺기의 방식이라는 것과 배치가 가진 강도, 온도, 속도, 밀도의 흐름이라는 점에서 관계 자체의 차원을 거론하지 않을 수 없다. 관계 자체를 정동의 물리적이고 기하학적인 평면 위로 그려낸 사람이 바로 스피노자다. 초기 자본주의가 감정에 착목한 것은 지나치게 일시적이고 개체적인 무의식의 포획방식이라는 점이 드러난 데 비해 정동자본주의가 착목하는 정동은 관계망과 배치에서 서식하는 전(前) 개체적인 무의식의 포획방식이라는 점에서 패러다임의 선회가 있을 수밖에 없었다. 그 이전 초기 자본주의 양상에서 정동은 공동체, 커먼즈, 공통적인 것이 가진 특징 중 하나였다면, 이제 정동자본주의에서는 그러한 관계와 관계의 효과 자체에 주목하면서 적극적이고 능동적으로 정동을 포획하려 든다. 정동이라는 삶의 잉여가치는 살림, 돌봄, 모심, 보살핌, 섬김 등과 유사어였던 것과 달리 이에 그 삶의 잉여가치에서의 힘과 에너지가 속성으로 간주된 다음 포획되어 권력의 잉여가치로 둔갑한다. 다시 말해 정동은 살림, 생활세계, 삶의 내재성이라는 생명 에너지와 활력의 토대라고 할 수 있다. 그런데 생명 에너지와 활력 같은 힘 속에서 속성이 추출되고 채굴되어 전자적인 그물망과 관계 맺기의 방식, 빅데이터 재료 같은 것으로 변모한다. 그러나 앞서 말했듯이 "번개가 친다"라는 말은 힘 속에서 속성을 추출한 결과 나타나는 것일 뿐 그 힘이 가진 잠재력을 해방하는 바를 적시하지 않는다.

6.
플랫폼 노동과 정동노동

플랫폼 자본주의에서의 정동하거나 정동되는 과정은 정동노동(affective labor) 형태로 조직된다. 여기서 정동노동은 정동의 원인이 또다시 재귀적으로 정동이듯이 정동 자체를 자기원인으로 갖고 있으므로 언제나 증폭 · 확산 · 전염될 여지를 가진 노동이다. 이를테면 플랫폼 자본주의 전까지 정동노동의 유형은 대부분 돌봄노동(care labor)으로 불려왔다. 돌봄노동의 이중성은 한편으로 사랑과 돌봄이 다시 사랑과 돌봄이 되는 것 때문에 '사랑할수록 사랑이 증폭된다'라는 정동노동이 가진 '사랑의 무한성 테제'에 입각하고 있다면, 다른 한편으로 자원, 시간, 에너지가 유한하므로 외면적으로 친절하지만 감정 소모가 많은 감정노동이 가진 '사랑의 유한성 테제'에 입각한다는 점에 있다. 이렇듯 돌봄노동의 이중성에도 플랫폼 자본주의에서 정동노동은 자기 자신의 욕망, 사랑, 정동의 자기원인에 입각하는 자발성, 활동성, 자기조직화의 노동이라고 할 수 있다. 그렇기에 외면적으로는 사업자 대 사업자의 자유계약 형태를 띠고 있다는 것이 특징이다. 결국 정동하는 과정에서 마주치는 플랫폼 자본주의에서의 정동노동은 더 이상 노동이라고 불릴 수 없는 자영업자의 자기고용 형태로 현현한다. 그런 점에서 이를 다시 노동의 영역으로 소환하여 고용인과 피고용인의 관계로 만들 것인가는 하나의 화두일 수 있지만, 플랫폼 노동 자체가 정동노동에 기반하고 있다는 것은 정동자본주의가 가진 주요한 특성 중 하나라는 점에서 이를 극복하기는 어려울 것으로 보인다.

그런 점에서 정동자본주의에서의 정동노동에 참여하고 있는 사람은 신자유주의에서의 자기규율, 자기연마, 자기통치의 기업가정신을 이어받고 있다. 신자유주의에서의 기업가정신은 정동하고 정동되는 과정에서 이루어지는 인기, 평판체계, 관심, 흥미 등의 이야기 구조와 무관했다면, 이제 정동자본주의에서는 정동의 항목이 추가되어 자신의 무의식마저 이러한 플랫폼 구조에 맞추어야 하는 상태에 이르게 된다. 그런 점에서 플랫폼 노동은 누군가의 강제에 의한 노동이라기보다는 자유노동의 형태를 띠고 있으며, 계약에서도 갑과 을이라는 권력의 잉여가치를 드러내는 형태라기보다는 기업가 대 기업가 형태를 띤다. 그렇기에 플랫폼이라는 평면에 배치된 각 개인은 무엇보다 자신의 삶, 욕망, 정동, 무의식 등을 플랫폼이 요구하는 바대로 구성해야 하는 과제를 안고 있다. 이러한 정동 포획 양상에 대해 마우리치오 랏자라또(Maurizio Lazzarato)는 『기호와 기계』(2017, 갈무리)에서 '기계적 노예화'라는 개념으로 설명했다. 기계적 노예화는 언어나 이데올로기가 구성하는 사회적 예속화 과정과 달리 무의식의 심상이나 정동, 욕망 등 전반을 포획당한 상태를 의미한다. 기계적 노예화 현상은 정동자본주의의 외부가 존재하지 않을 것이라는 묵시록적인 현실을 보여준다고도 할 수 있으며, 우리의 무의식체계 안까지 들어온 플랫폼 노동의 현주소를 알 수 있게 한다. 다시 말해 철저히 자신이 원했고 욕망했기 때문에 자발적 노동으로서의 플랫폼 노동에 들어와 있으며, 이를 언제든 철회할 수 있지만 그러지 못한 상황이라는 점이 드러난다는 점에서 플랫폼 노동에는 자유노동의 빛과 그림자가 공존하는 것이다.

이항우는 『정동자본주의와 자유노동의 보상』에서 플랫폼 노동 일반이 아닌 플랫폼 이용자가 정동하고 정동되는 과정에 참여하면서 무심결에 플랫폼에 이득을 주는 상황을 설명하기 위해 자유노동과 무료노동에 대해 다룬다. 이는 플랫폼이 그저 노동을 조직하는 전자 직조의 그물망이 아니라 정동을 조직하고, 이를 통해 지대차익 같은 이득을 취한 시스템이라는 점을 적시한다. 이러한 정동을 유통하는 플랫폼은 페이스북, 유튜브, 구글 등 인터넷 플랫폼 회사 형태로 등장하며, 이러한 기업들은 브랜드 가치에 따른 금융이득이나 광고수익에 따른 이득 등을 지대차익 형태로 가져가게 된다. 이러한 정동노동 영역은 사실상 노동의 범주에 들어가지 않는 영역이라고 할 수 있다. 다시 말해 "TV를 보는 것도 노동인가?"라는 질문에 해당한다고 할 수 있다. 이는 오늘날 정동이 유통되는 모든 활동이 정동노동에 해당한다고 할 수 있기 때문에 당연히 노동이라고 할 수 있다. 이를테면 TV를 보면서 ① 노동자로서 천대받던 자신이 소비자로서 환대받고 있는가, ② 자본의 힘은 얼마나 막강한가, ③ 미디어세상의 일부가 되는 것은 얼마나 영광인가 등을 주입 받고 다음 날 출근길에 나설 에너지와 활력이 생기는 것을 생각해볼 수 있다. 그런데 플랫폼에서의 정동노동은 TV와 같이 단순한 동역학을 그리는 바를 넘어서 있다. 이번에는 삶의 잉여가치를 유통함으로써 자신의 삶, 생명력, 활력 자체가 재료와 소재가 되는 상황에 직면한다. 플랫폼의 원료와도 같은 정동은 단지 효과(effect) 개념이 아니라 자기원인을 가진 실체(substance) 개념으로까지 나아가게 된다. 정동은 동기이자 목표이며, 동시에 과정이 된다. 플랫폼 자본주의에서의 정동은 즐겁고 달콤하고, 울고 웃고 신나고, 활력에 넘치거나 진지하고 열정을 투사하는 등의 다양한 양상으로 나타난다.

이항우의 주장에 따르면, 노동에 대해 임금을 주는 것처럼 정동을 자유노동, 무료노동이라고 간주하고 배당이나 소득을 주는 것은 여러 가지 상상력을 발휘하게 한다. 그러나 돌봄의 가치화 논쟁에서 이미 논의했듯이, 돌봄 자체를 화폐화한다는 것은 돌봄의 저평가뿐만 아니라 활동으로서의 자발성을 위축시키는 영향 역시 존재할 것이다. 이를테면 가사노동에 대한 임금 지급 논의에서 가사노동이 가치화된다면 어떨까? 통계청의 지표에 따르면 2014년 가사노동으로 나타나는 1인당 무급노동가치(연간)는 710만 8천 원으로 시급으로 계산하면 1만 569원이다. 그러나 이 통계청 지표 역시 돌봄의 저평가에 따른 결과다. 여성정책평가원의 기준에 따르면 여성의 가사노동 비용은 월 300만 원 정도로 잡힌다. 정동을 자유노동과 무료노동으로 보는 관점은 하나의 보상체계를 구성한다는 점에서 의미가 있지만, 정동에 대한 저평가를 수반할 수밖에 없다. 또한 자유노동과 무료노동이 가진 자발적인 활동 측면이 무력화될 소지도 있다. 이를테면 자원봉사센터 같은 중간지원조직에 의한 자원봉사에 대한 식비와 교통비 지급 등의 실비지원이 저평가된 자원봉사의 시각을 낳았고, 동시에 자원봉사가 가진 자발성을 약화시켰다는 지적도 고려해볼 수 있다.

정동은 노동이 아니다. 다시 말해 정동노동, 욕망노동 등은 형용모순이라는 점이 지적되어야 할 것이다. 그러나 정동자본주의에서는 정동노동, 욕망노동의 가치화가 이루어진다는 점을 특징으로 한다. 자신이 기쁘게 욕망을 발휘하고 활력을 쏟아붓고 열정을 투사한 활동에서 부가적으로 임금까지 나온다면 참 좋은 일이라는 관점도 있다. 그러나 활동과 노동의 심원한 간극에 대해 말하지 않을 수 없다. 사실상 활동으로서의 살림은 노동을 재생산하는 효과의 측면이 아니라 노동 이전에 항상 전제되어야 할 조건이다. 그렇기에 활동이 전제되지 않고서는 노동은 존재할 수 없다. 정동노동이라는 개념을 통해 노동의 시각을 확대하려는 시도 역시 존재한다. 활동, 정동, 돌봄, 살림을 가치화의 외부로 두는 것은 낡은 것이며, 이에 대한 보상체계로서의 기본소득을 논의해야 한다는 시각이 그것이다. 정동자본주의는 정동이 가진 삶의 잉여가치에 기반한 자본주의 양상이다. 그렇기에 정동 자체에 대한 보상 없이 소수가 플랫폼 이득을 전유한다면 정의롭지 못한 행위일 수밖에 없다. 플랫폼 자체가 공공성이나 공동체성을 가장하고 있지만, 사적 이득을 위한 수단인 한 당연히 그러한 정동에 대한 보상이 뒤따르지 않을 수밖에 없다. 그런 점에서 커먼즈 기반의 플랫폼, 공공 플랫폼 논의가 본격화될 수밖에 없는 이유는 여기에 있다.

7.
플랫폼 자본주의의 정동의 포획양상

정동은 무의식이자 비(非)의식적 차원에 있는 전(前) 개체적인 관계 차원에서 발생한다. 그것은 강도, 밀도, 온도, 속도 등으로 느껴지며, 활력과 힘, 에너지의 흐름으로 유통된다. 가장 중요한 지점은 정동이 감정이나 느낌 같은 것으로 보이지만, 물리적이고 기하학적이며 지도 제작을 통해 파악되고 조절되고 조성될 수 있는 유물론적인 특징을 갖고 있다는 점이다. 예를 들어 파시즘은 정동과 욕망을 영화 같은 이미지-영상의 흐름을 통해 조작하여 예속과 차별에 대한 욕망으로 동원할 수 있다는 점을 알았던 역사적인 첫 번째 정치집단이었다. 오늘날 플랫폼에서의 알고리즘 정치 입장에서 보면 한편에 '극우파의 정동에 대한 미시정치'가 있고, 다른 한편에 '민주세력의 정동에 대한 미시정치'가 있다. 비교적 민주세력이 취하기 쉬운 오류 중 하나는 정동이 가진 인지부조화와 인지편향을 합리적인 인지 형태로 조정하여 비판하고 논박하려 한다는 점에 있다. 우리는 힐러리(Hillary Rodham Clinton)와 트럼프(Donald Trump)로 대변되는 지난번 미국 대선 상황에서 어떤 쪽이 더 정동에 유능하게 대처했는지를 알 수 있다. 극우파의 되지도 않는 발언과 막가파적인 행동이 정동의 에너지와 힘으로 이해되면서 상대적으로 합리적인 인지체계를 보인 힐러리를 외면한 미국 대중의 모습에서 파시즘적인 정동의 미시정치 양상이 재등장하는 것을 지켜보았다. 그것은 기후위기를 앞둔 인류에게는 비극적인 일이 아닐 수 없는 상황을 의미하기 때문에 알고리즘의 정치 배치가 바로 플랫폼 자본주의가 정동자본주의로 변모하면서 벌어진 상황이라는 점을 이해해야 한다.

정동의 미시정치에서는 합리적 차원과는 다른 부분이 등장한다. 정동은 에너지와 힘, 활력이기 때문에 사람들에게 즉각적으로 어필한다. 다시 말해 비판하거나 반대하더라도 그것의 힘에 복속된 이른바 이중구속(double bind) 상황으로 이끈다. 그런 점에서 에너지, 힘, 활력을 통해 어떻게 판을 장악할 것인가가 핵심이 된다. 특히 플랫폼 자본주의로 접어든 상황에서는 정동 자체가 가진 흐름을 타고 온갖 유행과 인기, 선망, 평판에 입각한 유명인들이 등장한다. 유튜버가 되겠다는 꿈을 꾸는 수많은 사람은 자신에게 스포트라이트가 집중되어 인지편향을 보이는 정동의 흐름이 자신을 관통하기를 원한다. 플랫폼은 자신을 내세우고 뽐내고 드러내려고 하는 관심종자(關心種子)들의 세상이 되었다. 에너지와 힘은 혐오와 차별을 통해서도 드러날 수 있다. 이러한 관심종자 중 대부분이 자신의 에너지와 힘을 과시하기 위해 파시즘의 정동의 미시정치에 현혹되는 것도 사실이다. 이러한 정동의 배신에도 플랫폼에서의 평판체계는 자기조절체계로 작동함으로써 혐오와 차별의 정동을 발신하는 관심종자들을 플랫폼 외부로 퇴출한다. 그러나 민주사회로 향하게 하기 위해서는 정동의 미시정치에 입각한 근본적인 정동해방이 필요하다. 플랫폼 자체가 삶의 잉여가치를 권력의 잉여가치로 변모시키는 판인 한 정동은 이용되고 추출되고 채굴되는 것에 불과할 뿐 그 자체가 하나의 플랫폼의 핵심 작동원리로 자리잡지는 못한다. 즉, 플랫폼이라는 틀에 가두어진 정동을 해방한다는 것은 또 다른 과제라고 할 수 있다.

플랫폼 자본주의가 정동자본주의로 진입하게 된 이유는 플랫폼 자체가 정동을 유통하고 동원하며 정동에 민감하고 유연하게 반응할 수 있는 시스템을 갖추었기 때문이다. 정동은 감정과 달리 일시적이지 않고 자기원인에 따라 흐름의 궤적을 그릴 수 있으며, 파급효과나 전염효과를 가질 수 있다. 정동은 증폭될 수 있고, 전염될 수 있으며, 변형될 수 있다. 인터넷에 떠도는 온갖 가짜뉴스는 바로 미디어, 뉴스매체가 더 이상 진실의 전달자가 아니라 정동의 전달자라는 점을 의미한다. 그러나 가짜뉴스는 정동을 동원하여 자신의 정치적 목적에 도달하려는 보수언론의 미디어 플랫폼 양상에 불과하다. 정동은 일단 발생하면 전파되고 유통되어 그것이 진실이든 거짓이든 하나의 파장과 파급효과를 낳는다. 이러한 특징을 이해하는 정치집단인 보수언론이 이를 활용하려는 것은 당연하다. 정동은 이용당하고, 현혹되고, 동원되고, 가짜 이미지로 뒤덮여 있다. 보수언론의 이러한 정동의 미시정치에도 플랫폼에서 판과 구도를 차지하는 다중은 사태가 어떻게 돌아가는지에 대해 대부분 잘 이해하고 있다. 대부분 플랫폼이 삶의 잉여가치를 권력의 잉여가치로 만들기 위한 방법으로 정동의 흐름과 욕망의 자기원인에 호소하고 동원하는 하나의 정치술과 테크놀로지에 유능한 집단이라는 점을 짐작한다. 이에 따라 다중의 자기조절체계, 즉 민주주의의 정동의 미시정치는 항구적으로 작동 중이다.

플랫폼은 정동을 유통하면서, 정동을 재료로 삼아 자본과 권력을 형성하기 위한 손쉬운 경로를 마련한다. 이른바 조회 수나 '좋아요' 등의 평판체계는 문화자본이나 문화권력을 형성하는 기본적인 경로라고 할 수 있다. 물론 자신의 페이스북 글에 '좋아요'가 많이 올라왔다는 것에 대해 기쁨을 느끼는 것으로만 머물러서 생각할 수도 있다. 그러나 평판체계는 동시에 정동이 얼마나 파급효과나 쏠림효과를 갖고 있는지를 나타내는 지표다. 정동의 미시정치 입장에서는 이러한 인기, 선망, 평판 등이 바로 그가 가진 자본과 권력으로 환산될 수 있다. 따라서 삶의 잉여가치는 즉각적으로 권력의 잉여가치로 포획되어 그가 가진 인지도와 평판, 인기 등에 대한 척도로 나타난다. 또한 이러한 인지도나 인기는 순식간에 사라질 수도 있다. 만약 자신의 어떤 실수나 잘못된 행위, 무심결에 어떤 사건 등에 말려든다면 정동의 미시정치를 해온 자신의 이제까지 노력이 무(無)로 돌아가거나 플랫폼에서 퇴출되는 비운을 맞을 수밖에 없다. 그런 점에서 정동이 유통되고 순환되는 판과 구도인 플랫폼 자체에서 웃고 울고 즐기고 열정을 투사하던 사람에게 플랫폼 내에서 정동을 발휘할 여지를 갖지 못한다는 것은 치명적일 수밖에 없으므로 정동의 미시정치 배치 속에서 끊임없이 자신의 정동을 조절하고 자신의 위치를 조정할 수밖에 없다. 결국 플랫폼에서 정동하고 정동되는 과정은 자기조절체계에 입각해서 조정되고 재배치되는 미시정치에 따라 작동한다. 그리고 이러한 플랫폼에서의 삶과 생명력, 활력의 포섭양상은 그 외부를 사라지게 하는 효과를 가질 수 있을까? 사람들은 플랫폼을 벗어날 수 없는 삶과 생활 속으로 이미 진입했는가?

8.
정동자본주의의 외부는 있는가?

정동자본주의(affective capitalism)의 개막은 무엇을 의미하는가? 정동자본주의의 외부는 있는가? 앞서 말했듯이 정동자본주의의 개막은 외부효과의 소멸 때문이었다. 정동자본주의는 외부를 소멸시키고 공동체 내부로 잠입전술을 쓴 자본의 모습으로 현현한다. 정동자본주의는 우리의 지각, 감각, 감수성, 기억, 의미, 가치, 흥, 재미, 놀이, 감정, 인기, 권위, 평판 등 모든 영역을 잠식해 들어왔다. 이것은 부드러운 최첨단기술의 사용과도 관련되어 있다. 자신의 기호(嗜好)와 성향은 바로 빅데이터로 누적될 것이며, 이를 인공지능 같은 알고리즘으로 추적해 들어갈 것이다. 이에 더해 자신의 감각과 지각, 감성 등은 모두 데이터값의 일부로 기록되고 누적되어 그 방향성과 흐름이 해석될 것이다. 여기서 생명은 정동의 표현양상에 따라 포획된다는 점에서 생명자본은 곧 정동자본이다. 원래 신체는 정보의 입출력에서 자유롭다는 점에서 정보신체의 가능성은 원천적으로 차단되고, 그 대신 사이버기술에 의한 간접적인 양상의 정보신체가 등장했다.

그러나 사이버기술 등이 최종적으로 이행하게 된 것은 플랫폼을 통한 정동의 포획이었다. 즉 표상적인 사이버기술로서의 감정생활에 대한 개입이 아니라 표상과 표상 사이의 행동 추이, 정서와 정서를 관통하는 정서변환 양식, 느낌과 느낌을 연결하는 감응 양식 등에 대해 더 주목하기 시작한 것이 정동자본주의 아래 정동의 지도 제작 방법론이다.

정동자본주의에 외부가 없는 것은 바로 자본주의의 외부소멸을 전제로 한다. 이른바 '통합된 세계자본주의' 양상은 코드의 잉여가치와 한 쌍을 이룬다. 그런데 초극미세전략으로 공동체에 대한 질적 착취 국면으로 접근한 자본주의는 결국 흐름의 잉여가치의 양상인 정동의 흐름 자체에 자본의 움직임을 실어 나르기 시작했다. 결국 정동자본주의 외부는 최종적으로 소멸했으며, 우리가 정동을 발휘하고 생성시키고 발생시키는 순간 정동은 포획된다. 그러나 정동의 식민화, 포획, 외부소멸이라는 테제는 대안적인 전환사회의 가능성에 대한 최종적인 패배를 의미하지 않는다. 플랫폼 자체에서 서식하는 정동 자체는 끊임없이 저항과 반란의 주역이 될 수 있기 때문이다. 다시 말해 불확실성은 어느 때보다 가속화되었고, 확률론을 뛰어넘는 비선형적인 행위양식을 보이기 시작한 것이 정동자본주의의 상황이다. 자본주의의 외부는 내부의 외부가 된 욕망이며, 정동이기 때문이다. 그런 점에서 어떤 알고리즘의 정치학도 도달할 수 없는 정동의 들끓는 활력과 힘, 에너지가 플랫폼의 전자적인 그물망의 초과현실이 되어 있는 상황이다. 그것은 자본과 권력을 넘어선 정동과 욕망이라는 가속주의의 엑셀을 밟게 되는 결과를 낳는다. 비록 정동의 발생과 함께 정동자본이 동시에 움직이고 있다고는 하지만, 그것의 활력과 힘을 모두 다 수용할 수준의 플랫폼, 즉 전자적인 그물망은 아니다. 즉 내파는 진행 중이며, 영구적인 변형과 영구혁명(=영구개량)은 진행 중이다. 플랫폼이 가진 태생적인 한계는 정동을 자원 삼아 채굴하고 추출함에도 권력과 자본의 지대차익이나 부당이득의 불평등한 현실로부터 벗어나지 못했다는 점에 있다. 그러나 민주주의 무대는 주인공이나 스타, 지도자를 만들지 않고 들끓어 움직이는 판과 구도를 통해 정동해방 국면을 스스로 드러내면서 정동자본주의를 초과하는 현실을 이미 만들어내고 있다. 물론 그것은 플랫폼 내부에 있지만, 지속적인 내파의 가능성을 드러낸다. 이를테면 촛불시위의 스타, 지도자, 주인공은 누구인가? 결국 아무도 정동에 대한 포획양상으로 인물화 · 자본화되지 못한다.

다중(multitude)은 이미 정동자본주의의 외부가 없음을 깨달았다. 이에 따라 플랫폼 내부의 정동 자체가 갖고 있는 전(前) 개체적이고 관여적인 성격 자체를 하나의 판 구성으로 인식하고, 정동자본주의에 포획되지 않는 내부의 외부를 설립한다. 이에 따라 플랫폼의 옹졸한 적분(積分, integral) 논리를 넘어서서 더욱 미분(微分, differential)화된 정동의 미시정치 양상이 등장한다. 모든 곳에 평판체계가 작동하고, 모든 곳에 민주주의의 가속화 논리가 작동되며, 모든 곳에 플랫폼을 넘어서는 판과 구도의 설립을 주도하는 움직임이 일어난다. 정동자본주의 자체가 외부의 소멸에 따른 코드의 잉여가치에서 흐름의 잉여가치로의 변화 순간을 의미하지만, 정동의 활력, 힘, 생명력은 초과현실과 잉여현실을 구성하며, 자본과 권력의 잉여가치가 닿지 못한 삶의 잉여가치의 잠재성(potentiality)을 드러낸다. 그런 점에서 현실에 대한 판단은 정동자본주의에서의 다중에게 완전히 전도된다. 즉, 표상화되고 실재(the real)로서의 현실이 아닌 잠재적인 현실이 기준점이 된 색다른 현실이 등장한다. 결국 내부의 외부로서의 정동이 정동자본주의로부터 자율성을 구축하기 위해 정동의 잠재현실로 구성된 새로운 현실을 직조하기 시작한 것이다. 이를 두고 표상주의와 객관적 진리론, 인지

자본주의하에 있던 기존 세대는 "팩트(fact)가 분명한데, 도대체 무엇이 문제냐?"라고 반문할 것이다. 그러나 사태가 어떻게 돌아가고 있는지 알기 위해서는 정동 자체의 미시정치가 더욱 미분화되고 세분화된 양상으로 등장하는 현시점에 대한 파악에서부터 출발해야 한다. 젊은이들은 자신의 정동 잠재성을 억압하는 모든 시스템에 저항하는데, 그것은 오히려 평판체계라는 방식을 통해 자신을 드러낸다. 즉, 정동의 흐름을 통해 불평등하고 차별적인 플랫폼 체계에 대해 저항하고 발언하고 정동의 흐름을 만든다.

플랫폼 자본주의에서 정동자본주의로의 이행은 또 하나의 가속주의를 만든다. 그것은 과학기술의 가속화하는 1단계를 넘어선 정동으로서의 활력, 생명력, 힘의 가속화라는 2단계다. 이에 따라 자율성은 플랫폼을 넘어선 초과현실, 잉여현실의 언저리에 있다. 정동은 내부로 포획되어 무기력하게 힘과 에너지, 활력을 가치화하는 데 머물지 않는다. 오히려 내부의 외부로서 자기 입장, 발언, 감수성 등을 밝히면서, 자신의 영향력과 힘을 보존하고 보호한다. 이를 통해 과학기술의 가속화에 이은 정동의 가속화 국면은 흐름의 잉여가치에서 또 하나의 전환을 의미한다. 정동자본주의의 정동은 욕망해방운동인 68혁명처럼 거리에 나서서 발언하고 저항하고 놀고 웃고 즐기고 행동하지 않는다. 그러나 그 어느 때보다 플랫폼을 뒤흔들 준비가 되어 있는 초과현실, 잉여현실의 특이점으로 등장하여 시스템을 주도하는 여론, 평판, 흐름, 발언 등으로 자신의 자율성과 주도권을 행사한다. 이제 정동자본주의는 정동해방의 전야에 놓여 있다. 정동해방은 억제되어온 살림(living)이 경제(economy)를 주도하는 국면이고, 활력(vitality)이 자원(resource)을 좌우하는 국면이며, 욕망(desire)이 이익(demand)이나 소비(consumption)보다 앞서는 상황이다. 플랫폼 자본주의에서의 알고리즘 정치학 같은 부분은 하나의 에피소드 같은 것이 될 것이다. 오히려 정동해방 국면에서는 알고리즘을 초과하는 정동의 흐름이 등장하여 유연하고 민감한 플랫폼으로도 어찌 손대볼 엄두가 나지 않는 잠재성의 해방, 무의식해방, 욕망해방의 국면으로 향할 것이기 때문이다.

9. 대안적인 플랫폼, 정동자본주의에서의 내파

1) 생명운동의 전환사회 플랫폼

생명운동의 총결산으로서 지리산연찬회와 생명평화결사 등이 주도하는 '전환사회 플랫폼'은 최근 들어 조직된 플랫폼에 대한 대안세력의 재전유 양상이다. 이는 플랫폼 자체를 정동자본주의 양상으로부터 분리하여 생명운동의 마당으로 재규정한다. 다양한 최첨단기술의 플랫폼과 달리 공동체 자체가 플랫폼 형식을 이용하겠다는 의도를 갖고 있다. 이는 생명운동 자체가 가진 정동에 대한 태도로부터 기원을 갖는다. 생명운동진영은 생명으로부터 정동을 추출하여 이용하겠다는 정동자본주의와 달리, 정동 자체가 발휘되고 뛰어놀 수 있는 마당으로서의 플랫폼을 지향한다. 이는 정동의 분리, 추출, 채굴 수단으로 정동을 다루는 것과 달리, 정동 자체의 생명력과 활력의 생성과 생명운동이 함께 궤적을 걷겠다는 정동자본주의에 대한 거대한 변형의 발걸음이다.

이는 정동의 채굴과 추출을 통해 삶의 잉여가치로부터 권력의 잉여가치를 추출하려는 플랫폼의 시도와 달리, 생명운동과 생명력의 동조화를 통한 플랫폼이라는 특징을 갖는다. 정동을 도구나 수단, 자원으로 파악하지 않으려는 시도는 유행, 인기, 유명세, 인지도 등에 좌우되지 않는 아마추어들의 판을 만든다. 플랫폼은 모두가 판을 짜는 사람이라는 점에서는 선수이지만, 정동을 사적 이득으로 환원하지 않는다는 점에서는 아마추어들이다. 플랫폼 자본 시각에서는 지극히 마이너리그라고 판단하겠지만, 사실상 정동자본주의의 내파를 위한 시금석이 '전환사회 플랫폼'에 있다. 전환사회 플랫폼으로 생명과 생명력을 분리하지 않겠다는 이들의 결정은 정동에 기생하고 이용하고 수단화하는 플랫폼의 염치없는 모습과는 무척 다른 양상을 띤다.

동시에 전환사회 플랫폼이 플랫폼 자체의 마당과 정류장이라는 원래의 의미를 복원했다는 의미가 있다. 다시 말해 관계 맺기를 위한 판과 구도를 짜고, 그 위에서 정동을 발휘하는 것이 생명활동이 갖는 자연스러운 모습이라는 점을 드러낸다. 전환사회 플랫폼에서는 정동을 발휘하여 놀고 즐기고 웃고 울고 하는 것이 어떤 사적 이득으로 돌아가는 정동의 추출과 채굴이 없다. 또한 특정한 스타나 인기인을 만들지 않으며, 이를 통해 정동의 흐름을 사적으로 전유하지 않는다. 영구적인 아마추어의 판이지만 사실상 생명해방의 몸짓, 즉 정동해방의 지평을 열기 위한 시작점을 연 모임이다.

2) YMCA등대생협의 모듈 형태 플랫폼

YMCA등대생협이 '촛불생협'으로 불리는 이유는 바로 촛불시위 형태의 정동이 플랫폼의 포획 밖에서 들끓었던 역사적 현장의 시원이 되는 아주 획기적인 행위양식을 이 그룹이 개발했기 때문이다. YMCA등대생협은 생협매장이라는 일상적인 플랫폼을 거부하고 각각의 지정된 집에 물품을 배달하고, 여기서 3~4가구가 모여 다양한 활력정동을 발휘하는 방식의 모듈 형태 플랫폼을 작동시켰다. 매장의 유지 논리나 시장 논리에 종속되지 않고, 모듈 형태의 조직화 방식을 통해 전환사회의 마중물이 되고자 한 실천의 발로였다. 이를 통해 모듈은 집합적인 배치를 이루며, 강건한 상호작용과 판을 구성하기에 이른다.

이는 집중의 플랫폼이 아닌 분산(decentralization)의 플랫폼을 추구하는 방식으로 강한 상호작용을 기반으로 모듈이 구성될 수 있는 기반이 되었다. 모듈(module)은 최소단위가 2~3인이지만, 가장 강건한 조직단위로서 의미를 갖는다. 플랫폼은 정동의 흐름을 채굴하기 위해 센터와 마당을 갖추는 것이 기본이지만, YMCA등대생협은 분산되고 민주적인 플랫폼을 지향함으로써 기존 플랫폼의 기반에 도전한다. 이를 통해 플랫폼의 마당이라는 의미는 조각 맞추기 형태로 구성되고, 최대한 정동이 하나의 개인에게 집중되거나 무대와 배역, 관객으로 분리되어 정동되는 것을 막는다. 이는 분산 플랫폼이 가장 민주적이고 강건할 수 있다는 특징을 잘 보여준다.

촛불시위에서 보여준 하나의 지도자와 스타에 정동이 투여되지 않는 방식의 정동 미시정치는 바로 YMCA등대생협이 판을 깔았던 역사적인 전통에 따르는 것이라고 할 수 있다. 활력정동은 플랫폼의 규칙에 따라 정동을 추출하고 채굴하여 사적으로 전용하는 적분으로 나타나지 않고, 최대한 미분화되고 모듈화된 형태로 등장한다. "모듈만큼 강건한 조직단위는 없을 것"이라는 말이 있을 정도로 소규모 배치는 강한 상호작용과 다양한 이야기 구조, 힘과 에너지를 가진 활력정동의 판과 구도가 되었다.

3) 경기도의 공공 플랫폼

공공영역이 '모아서 나누는' 형태를 띤다는 것은 공공 플랫폼으로서 내재적인 작동원리를 이미 갖고 있다는 점을 의미한다. 공공영역이 정동자본주의의 감광판이 되어 정동을 동원하고 추출하는 시장의 논리에 끌려다니는 것이 아니라 공공영역 본연의 배치를 찾은 것이 바로 경기도의 공공 플랫폼 사업이었다. 공공 플랫폼은 시장에서의 플랫폼 자본주의 양상처럼 염치없거나 정동을 수단화하는 데 머물지 않고, 공정하고 수평적인 형태로 구상되어 자원의 적절한 배분과 사회적 가치의 보존과 보호에 나섰다. 비록 시장의 플랫폼을 대체할 수준은 아니었다 하더라도 실험적인 방향에서 플랫폼 자체를 공공에서 전유하고 작동시킨다면 어떤 형태일 것인지에 대해 보여준 시도라는 데 의미가 깊다.

경기도의 공공 플랫폼은 사회적 경제 부문의 자원배분에 국한되어 있었다고 그 의미를 한정할 여지는 없다. 왜냐하면 플랫폼 자체를 정동자본주의로부터 분리하고 공공성(公共性, public interest)을 부여할 여지는 여전히 남아 있기 때문이다. 이를 통해 공공영역이 갖고 있는 플랫폼에 자리를 빼앗긴 측면은 보완될 여지가 있음을 드러냈다. 이러한 실험적인 시도는 정동자본주의의 양상에도 빈틈과 여백이 있음을 드러내는 것이기도 하다.

10. 결론: 플랫폼을 넘어선 정동자본주의, 플랫폼 자본주의를 넘어선 정동

플랫폼 자본주의에서는 플랫폼에서 웃고 울고 즐기고 향유하다 보면 부지불식간에 플랫폼의 성장에 무 · 유형적으로 기여하게 되고, 그 부수 효과는 모두 플랫폼이 가져간다. 여기서 플랫폼의 정류장이나 마당의 성격은 추출자본주의, 채굴자본주의가 정동이라는 기하학적이고 지도 제작하는 정서변환 양식을 포획하기 위한 그물망으로서 기능한다. 플랫폼의 최초 기획은 코드 잉여가치의 일종으로서 위치했지만, 정동자본주의 양상에서는 정동의 잠재력으로서의 힘, 생명력, 활력을 어떻게 포획할 것인가의 흐름의 잉여가치 도구로서 자리 잡는다. 그런 점은 과학기술의 가속화 영향 때문이 아니라 플랫폼 자체를 통해 외부를 최종적으로 소멸시키고 정동을 포획하려는 자본주의의 양상 때문이었다. 플랫폼이 처음에는 광활한 바다와 마당이었다면, 이제는 갑갑한 구속복이 되어 있다. 정동의 흐름, 활력과 생명 에너지의 행동 추이를 모두 받아들이기에는 플랫폼이 가진 최초의 한계인 지대차익을 노리고 커먼즈를 가장하며 약탈하고 불평등한 계약을 한다는 현실은 이제 족쇄가 되고 있다. 그런 점에서 더 큰 마당이 필요한 시점이라는 점에 대해서는 모두가 동의하는 상황이다.

정동(affect)의 포획양상으로 인해 플랫폼 자본주의를 '정동자본주의'라고도 부르지만, 정동자본주의 자체는 완결된 시스템이라기보다는 불확실성과 비선형성이 자리 잡은 시스템을 의미한다. 정동자본주의는 완벽히 정동을 포획한 양상이라기보다는 힘과 에너지로부터 속성을 분리한다는 맹점을 갖고 있다. 그러나 잠재력으로서의 정동은 포획양상이 어떻든 결국 사회와 시스템 내에서 순환되고 유통되면서 힘과 에너지를 보존한다. 그런 점에서 정동은 파열적이고 분열적인 힘을 가속화하여 정동해방으로 향할 수 있는 잠재력을 갖고 있다. 다시 말해 살림, 돌봄, 모심, 보살핌, 섬김을 하던 정동이 해방되어 적극적으로 가치화를 시도한다면 정동자본주의는 기능 정지에 빠질 수밖에 없다. 그런 점에서 살림이 경제를 주도하고, 돌봄이 가족생활의 중심이 되고, 정동노동이 감정노동을 앞서는 그러한 상황에 직면하게 될 수 있다는 점에서 정동자본주의는 정동해방의 전야다.

플랫폼에서 정동하며 정동되는 흐름의 과정에서 '자유노동', '무료노동', '비물질적 노동'이라고도 부르는 것도 가능하다. 이항우의 지적처럼 플랫폼 자본주의에 분명히 자유노동에 대한 보상 문제가 따르고, 이에 대해 기본소득 문제가 자연스레 등장한다. 그러나 자유노동에 대한 보상 문제는 정동자본주의에서 수평적인 질서를 만들어낼 원천이라고 할 수 있지만, 근본적으로 정동해방의 국면과 동조화되지 않는다면, 정동의 저평가와 활력, 힘의 약화라는 국면과 함께할 수밖에 없다. 그런 점에서 정동의 활력, 생명력, 힘의 잠재성을 유지하면서도 정동의 가치화를 함께할 방법으로서 정동의 미시정치는 늘 문제가 될 수밖에 없다. 물론 이러한 정동의 미시정치에서 문제가 되는 것은 파시즘의 정동 미시정치가 욕망과 정동을 억압하는 것을 욕망하고 정동하게끔 부추긴다는 점이다. 그러나 이러한 유혹에서 벗어나 정동해방 국면으로 향할 수 있는 잠재력을 배가하는 정동자본주의의 다양한 평판체계, 인기체계, 발언체계 등을 수행하면서 점차 정동의 자율성을 넓혀가는 중이다.

플랫폼은 물질적이고 비물질적인 지대 유형의 차익을 남기는데, 이는 정동자본주의가 이자(interest)에서 지대(rent)로의 거대한 이행국면에 놓여 있음을 의미한다. 지대이득에 대한 탐닉은 전망상실의 자본, 혁신성이 없는 자본, 단기투기성 자본의 양상이며, 최종적으로는 기후위기와 생명위기 시대에 미래세대에 대한 배려 윤리를 갖고 있지 못한 자본의 양상을 의미한다. 이는 정동자본주의의 빛과 그림자이며, 결국 정동자본주의는 미래라는 시간을 갖지 않은 찰나와 순간, 단기적인 정동의 지도 제작에 그치고 있음을 의미한다. 이는 정동자본주의의 외부가 없다고 할 수는 있더라도 한계를 명확히 가진 시스템임을 드러내는 대목이기도 한다.

안토니오 네그리는 플랫폼 내부에 정동이 위치한다는 점에서의 외부의 소멸을 말하지만, 여전히 정동과 욕망 등은 '내부의 외부'로서 작동할 여지도 갖고 있다. 이에 따라 『플랫폼 자본주의』(2020, 킹콩북)에서 닉 서르닉이 주장한 바와 같이 플랫폼이 완벽히 정동을 포획하지 않았다는 논의와 플랫폼이 완벽히 정동을 포획했다는 네그리의 논의가 대조적으로 관찰된다. 정동자본주의의 외부가 소멸했다는 주장은 내파의 가능성을 의미하기 때문에 전환사회의 도래를 비관하는 것에 머물 수 없다. 특히 자본주의 자체가 물리적인 외부를 상실한 통합된 세계자본주의에서 이제 초극미세 전략을 통해 삶의 잉여가치에 도달하려고 한 정동자본주의로의 이행이 의미하는 바는 자본주의 자체가 이제 약탈하고 채굴할 영역의 한계에 도달했으며, 이제 문명의 유한성 지점이 대두된다는 점을 오히려 드러낸다.

정동자본주의 국면을 넘어선 정동해방 차원은 급격히 등장할 수도 있다. 플랫폼의 구속복을 벗어던진 정동의 강렬한 에너지와 힘, 활력이 자율성과 주도권을 쥐게 되는 것은 이미 도래해 있는 현실이다. 정동자본주의 시스템 자체가 불확정성과 비선형성의 형태로 흐름을 따라갈 수밖에 없다는 점에서 흐름의 잉여가치 형태는 또 다른 정동의 흐름에 의해 내파, 반격, 저항으로 향할 수 있다. 그러한 현실태가 아닌 잠재태가 현실이 되는 전도된 현실은 이미 도래해 있으며, 정동해방으로 우리를 향하게 하는 활력이자 힘, 에너지로 지상에 이미 움직이고 있다. 정동의 활력이 있는 한, 생명의 힘이 있는 한 비약과 도약은 언제든 가능하다. 그것이 정동해방의 미래다.

07

사회적 배달:

사회적 배달 논의의 가이드라인과 사회적 합의

신승철

1.
출발점에 선 사회적 배달 논의

최근 사회적 배달 논의가 본격화되고 있다. 언택트 산업의 그림자로 속도와 효율성, 저임금의 그림자에 묶여 있던 배달노동자에 대해 그 사회적 가치를 인정하자는 논의의 시발점으로 그 의미가 크다. 사회적 배달은 기후위기나 환경위기, 전염병 창궐 상황에서 그 영향을 온몸으로 감내하는 사람이 배달노동자임을 분명히 하고 그 사회적 가치에 대해 인정해주자는 움직임이다. 코로나19 상황에서 사회적 거리 두기는 사회 자체를 가정생활이나 배달노동자와의 만남, 미디어나 인터넷을 통한 가상적 만남 등으로 한정하게 했다. 이에 따라 사회와의 접촉경계면 중 하나가 된 배달노동자의 사회적 가치는 그 어느 때보다 중요한 상황이 되었다. 배달노동자가 직면하는 여러 가지 문제는 팬데믹 자체를 온몸으로 마주치고 있는 것으로 판단할 수 있다. 감염위험에 따라 더 위생화된 관계망, 전자적 관계망, 비대면 관계망 속에서 배달노동자가 문을 연다는 것은 그 목적이 음식 같은 것이겠지만, 여전히 사회가 작동하고 있다는 점을 드러내기 때문이다. 사회적 배달 논의는 다음과 같은 스펙트럼으로 나타나고 있다.

첫 번째로 사회적 배달에서 배달노동자의 사회적 가치 논의는 ① '로지스틱스'라는 전 지구적 물류유통의 최말단 노동자로서 유통 측면에서의 사회적 가치: 글로벌한 전 지구적 물류유통에도 가장 근접거리의 유통영역은 여전히 배달노동이 맡고 있어 사회의 범위 내에서 작동하는 유통의 그물망이 존재함을 의미한다. 만약 전 지구적으로 매끄러운 물류유통이 이루어지는 과정에서 모든 책임이 다국적 물류유통회사에 맡겨진다면 근접거리 유통망은 소멸하게 될 것이지만, 여전히 근접거리 유통이 현존하고 있다는 것은 사회적 가치를 갖는다. 근접거리 유통의 현존은 배달의 사회화 논의를 촉발한다. ② 배달이 초래하는 여러 가지 위험에 대한 책임으로서의 사회적 가치: 배달노동에서 오토바이 사용은 각종 위험 요소와의 마주침이라는 점에서 위험을 감내하고 수행되는 배달노동자에 대한 사회적 가치를 논의해볼 수 있다. 골목골목 곡예와도 같은 운전을 해야 하는 열악한 배달환경에도 작동되는 배달노동에 대한 사회적 가치가 있을 수 있다. ③ 배달을 통해 먹거리 등을 공급한다는 점에서의 사회적 가치: 배달을 통해 공급하는 먹거리라는 동기와 목표는 늘 우리에게 하나의 일용한 양식이 되고 사회에는 활력이 되기 때문에 그 역시 중요한 사회적 가치를 가질 것이다. ④ 언택트 시대에 유일하게 사회와의 접촉경계면이라는 점에서의 사회적 가치: 사회적 거리 두기의 팬데믹 상황에도 최전선에서 물류유통을 담당하고 있는 데 대한 사회적 가치를 말할 수 있다.

두 번째로 사회적 배달에서 사회가 배달을 맡아야 한다는 논의로서는 배달이 근접거리 유통이라는 지점에 주목하면서 '플랫폼'이라는 편재성을 갖는 매개체를 통하지 않고 사회적 관계망으로서의 지역사회에 맡겨야 한다는 것이다. 거기에는 여러 방식이 있을 수 있다. ① 모듈(module)

방식: 광명 YMCA등대생협의 경우처럼 일정 규모의 가구당 거점 가구를 두어 배달하는 방식이라고 할 수 있다. 이는 포스트로서의 거점 가구에 모여 배달을 수급하는 형태이기 때문에 자연스럽게 사회적 관계망으로서 강한 상호작용이 발생한다. 이는 배달을 개인 단위의 행위양식에 두지 않고, 공동체 단위의 행위양식으로 만듦으로써 모듈이라는 배치와 관계망에 따라 자기위치를 조정할 수 있는 장점이 있다. ② 자전거 등의 대안적인 운송수단을 활용하는 방식: 대안적인 운송수단으로서 도보나 자전거, 지하철을 이용한 배달이 있을 수 있다. 이는 배달의 위험도를 낮출뿐더러 지역사회의 구성원이 배달에 참여하여 지역 자체에 자원이 돌게 하는 효과도 거둘 수 있다. 배달문화가 속도 문명의 그림자를 갖고 있던 측면이 사라지고 지역의 어르신 등이 배달에 참여할 길도 열린다. ③ 몹(Mob) 방식: 배달거점이 모듈처럼 어떤 가구로 정해지는 것이 아니라 하나의 몹처럼 어떤 장소에서 나타났다 사라지는 문화행사와도 같은 유형의 배달형식이다. 제3의 영역에서 낯선 사람들에게 전달받을 수 있으며, 바로 소비자 자신이 움직여야 한다는 점이 기존 배달과의 차이점이다. 몹 유형은 배달 자체가 하나의 이벤트나 행사처럼 만들어지는 특징을 갖는다. 이에 따라 이용하는 사람은 소비자가 아닌 참여자의 형식을 띠면서 배달의 사회화에 동참하게 된다. ④ 화폐화를 보존하는 방식: 지역사회의 배달은 지역거점으로 향한 지역의 구성원들이 맡지만, 배달요금은 그대로 보존되는 방식이다. 이를 통해 배달요금 중 근접거리 배달 부분은 지역의 자원이 되는 방식이다. 이는 지역순환경제를 배달 플랫폼이 파괴하고 있다는 점에 대한 대안이라고 할 수 있다. 문제는 동단위 자치단체에서 지역 플랫폼을 구축하고, 기존 플랫폼과 협상을 통해 사회적 합의를 해야 한다는 점에 있다.

세 번째로 사회적 배달 논의에서 배달노동에 대한 사회적 가치에 따라 온전히 화폐화해야 한다는 논의가 있다. 그것은 수당 체계로 나타나는데, 다음과 같은 수당이 있을 수 있다. ① 기후수당: 기후위기 상황에서 장마, 태풍, 폭염 등 급변하는 날씨에도 배달을 수행해야 한다는 것은 건강, 위험부담, 피로도 등을 감내하는 행위로서 사회적 가치를 갖는다. 이러한 화폐화에 대한 사회적 합의에 도달할 필요가 있다. 기후수당은 아주 작은 사회적 약속에 불과하고, 현장에서의 어려움에 비하면 아주 작은 보상이다. ② 위험수당: 속도와 효율화를 통한 배달 현장은 언제나 위험이 도사린다. 상시적인 위험이 도사리는 골목환경이나 접근이 어려운 지역에 대한 위험수당 등의 논의 역시 필요하다. 위험요소에 대한 판단과 보상에 대한 시스템을 마련한다면, 이에 따른 화폐화는 작은 보상체계에 불과하다. ③ 야간수당: 시간대별 보상체계 역시 논의되어야 한다. 야간이나 새벽의 경우 등 시간대별로 배달이 어려운 환경이 분명히 존재한다. 이러한 시간대별 보상체계는 아침-점심-저녁이라는 사이클을 벗어난 배달에 대한 보상체계다. ④ 혼잡수당: 가장 바쁘고 혼잡한 시간대에 이루어지는 배달노동에 대한 보상도 필요하다. 일반적인 식사시간이나 주문이 가장 많이 몰리는 시간에 대한 보상체계는 자칫 혼잡으로 인한 사고위험 등에 대한 제어장치가 될 것이다. 최근 배달노동에 기후수당과 마찬가지 수준의 열악한 기후환경에 대한 보상체계가 마련되었다는 소식을 들었다. 그러나 이는 사회적 배달 논의의 시작점에 불과하다.

2.
공공 플랫폼과 지역 플랫폼의 실험, 사회적 배달

공공 플랫폼은 '모아서 나누는' 공공영역의 특징상 자원의 순환과 배분, 유통에서 투명성과 공정성을 가질 수 있는 장점이 있다. 그러나 '공공 플랫폼'이라는 개념이 존재한다는 사실만으로도 이미 공공영역이 시민에게 플랫폼의 일종으로서 간주되고 있는 상황에 주목해야 할 것이다. 오히려 그러한 상황을 투명하고 공정한 공공 플랫폼의 작동 자체를 통해 응답할 필요가 있다. 이를 통해 플랫폼에서의 대표성을 획득하는 방향으로 나아가야 할 것이다. 공공 플랫폼에서 다룰 수 있는 자원과 소재가 제한될 수 있다는 통념을 버리고, 사회 곳곳에서 이루어지는 플랫폼 양상의 사업들에 대해 적극적으로 개입하여 공공 플랫폼으로서 대표성을 가지는 과정이 필요하다. 그렇지 않고서는 공공성 자체가 플랫폼시장에 의해 잠식되어가는 과정을 겪어야 할 것이다. 플랫폼 자본주의 자체에 대한 탄력적인 대응을 위한 공공성 확보는 공공 플랫폼을 통해 가장 신용도가 높은 플랫폼이 되는 데서 출발해야 할 것이다.

과도한 수수료 문제나 배달노동자의 복지와 위험부담 등의 문제를 갖고 있으며, 이 모든 것을 배달노동자의 개인 책임으로 돌리고 있는 것이 배달 플랫폼의 현실이다. 이러한 배달노동 영역으로의 공공 플랫폼 진출은 하나의 파문이라고 할 수 있을 것이다. 공공 플랫폼은 공제조합 형태를 띠면서 배달노동자 중심의 사업 방향성을 갖고 처우, 복지, 권리에 기여함과 동시에 소비자가 가장 신뢰할 수 있는 플랫폼이 되어야 할 것이다. 또한 공공 플랫폼은 4대 보험과 위험수당, 기후수당, 야간수당 등의 급여체계, 복지 및 안전에 대한 가이드라인을 갖고 움직일 수 있는 가장 중요한 단초가 될 것이다. 공공영역의 확장이 시장에 대한 규제로 인식되던 방식이 아니라 공공 플랫폼 자체도 또 다른 플랫폼의 일종으로 배치됨으로써 시장에서의 경쟁을 피할 수는 없지만, 책임성, 투명성, 공정성의 사회적 가치를 기치로 하여 '모아서 나누는' 플랫폼의 역할을 할 수 있을 것이다.

공공 플랫폼은 경기도에서 시행하고 있는 공공배달앱 '배달특급"(화성시청, 2020)에서 시작되었나. 해당 분야와 영역, 작동방식에 대해서는 더욱 치열하게 논의되어야 한다. 모든 플랫폼이 공공성과 공동체성을 기반으로 하면서도 결국 사적 이득으로 환원된다는 점에 대해 문제의식을 가져야 할 것이다. 이러한 상황에서 플랫폼 자체를 부정하고 공공영역의 기존 방식을 고수할 것이 아니라 하나의 플랫폼 유형으로 존재하면서 그중에서도 독특한 철학과 윤리의식, 가치를 가진 플랫폼으로 어필하는 것이 중요하다. 이는 공공영역을 시장영역으로 환원해온 신자유주의 방식에 역행하는 것이지만, 공공영역이 비대해지면 비효율과 관료주의가 문제라는 기존의 선입견에서 벗어나 '공공 플랫폼'이라는 새로운 방식을 통한 투명성, 책임성, 공정성, 사회적 가치에 기반한 공공 인프라사업임을 분명히 해야 할 것이다. 동시에 배달노동자의 권리와 처우, 복지 등에 대해 보호

할 수 있는 플랫폼이 바로 공공 플랫폼이라는 점을 시민에게 각인시키는 결과를 낳을 것이다.

공공 플랫폼과 마찬가지로, 지금이 그 어느 때보다 지역 플랫폼이 구축되기 가장 좋은 조건이라 할 정도로 지역 플랫폼에 대한 관심과 아이디어가 풍부해지는 상황이다. 지역 플랫폼은 기존 플랫폼에 대해 협상력을 가짐으로써 지역 내에 순환되어야 할 자원-부-에너지를 지역이 되찾는 출발점이 될 것이다. 기존 배달 플랫폼은 지역에서 기업 활동을 함에도 지역사회에 공헌하거나 지역을 풍부하고 윤택하게 만드는 데 소홀해왔다. 지역 플랫폼은 독자적인 형태를 띠거나 기존 플랫폼과의 협상을 통해 근접거리 유통부문에 대한 기업 활동 영역을 따내야 할 것이다. 물론 기존 플랫폼은 아무런 제약 없이 지역사회에서 영리 활동을 해왔으며, 그것이 의미하는 바가 무엇인지에 대해 질문하지 않았다. 배달 플랫폼 자체가 전지구적인 물류유통의 최말단 유통조직이지만, 필연적으로 지역사회와 근접거리에서 접촉경계면을 만들 수밖에 없다. 이러한 플랫폼의 가장 핵심적인 부분을 지역사회가 갖고 있지만, 이에 대응할 주체성 생산이 이루어지지 않았던 것이 현실이다. 그러나 지역사회에서 불고 있는 동 자치위원회를 중심으로 한 마을공동체운동 등의 발전과 성숙은 지역 플랫폼 건설로 향할 수 있는 단초라고 할 수 있다.

지역 플랫폼은 여러 가지 상상력을 갖고 있다. 지역의 지정된 장소에 배달이 이루어지면 나머지 부분은 지역의 구성원이 자전거, 도보 등을 이용하여 운반하고 해당 배송료의 일부를 가져간다는 구상도 해볼 수 있다. 독자적인 지역 플랫폼을 갖추지 않더라도 기존 플랫폼에 대한 협상을 통해 시스템을 갖출 수도 있다. 이는 동 자치위원회를 중심으로 한 마을공동체 입장에서 지역과 마을에서 순환되어야 할 자원-부-에너지를 온전히 되찾는다는 의미도 갖고 있다. 동시에 마을에서 일거리를 찾는 어르신을 통해 이러한 배달을 수행함으로써 사회적 배달의 면모도 가질 수 있다. 이는 배달 플랫폼에 한정되는 것이 아니라 모든 플랫폼에 해당한다. 플랫폼의 영리활동이 지역에서 이루어지고 있음에도 지역사회가 배제되고 있는 현실에서 지역구성원들이 온전히 목소리를 내고 자원 일부를 가져가는 것이 당연한 일이지만, 이제까지 이러한 목소리가 논의되거나 구체화되지 못했기 때문이다. 이런 점에서 지역 플랫폼 구축은 사회적 배달 논의에서 핵심적인 부분이라고 할 수 있다.

지역 플랫폼에 대한 논의는 당근마켓 등에서 이미 현실화되고 있는 부분이기도 하다. 그러나 지역사회가 모든 플랫폼에 대해 협상력과 교섭력, 사업력을 갖춤으로써 플랫폼 자체가 편재성과 전방위성, 무장소성, 무시간성을 띠면서 움직인다는 착각에 사로잡힐 것이 아니라 구체적인 근접거리의 장소성과 시간성, 국지성을 띤다는 점을 깨닫게 해주는 것이 지역 플랫폼이 해야 할 역할이다. 플랫폼 속에서 지역이 누락된 채 작동되었던 기존의 사업방식에 제동을 걸고, 지역 자체의 자원순환, 유통, 소비 등에 대해 지역 플랫폼이 적극적으로 개입하는 것을 상상해볼 수 있다. 특히 지역에 이미 자리 잡은 생활협동조합 등이 이러한 역할을 한다면 마을운동이나 지역운동의 새로운 전기를 마련하게 될 것이다. 지역 플랫폼에 대해 여러 가지 아이디어와 상상력, 담론 등이 유통되고 있지만, 이제는 하나의 사례와 현장을 만들 필요가 있다.

3.
사회적 배달이 되기 위한 소비자와 배달노동자 관계의 변화

배달노동자와 소비자의 관계는 어떤 소비나 유통 행위 중에서도 가장 위생적이고 탈색되고 중화된 행위양식이었다. 물류유통에서 이러한 소비방식과 인류학적으로 비슷한 유형은 고대 그리스 헤로도토스가 기록한 북아프리카의 베드윈족이 보여준 것으로 자신의 물건을 가져다놓고 멀찌감치 바라보면서 다른 물건과 거래했던 침묵교역(silent trade) 거래방식이 있었지만, 이 역시 완전히 설명력을 가지지 못할 정도로 굉장히 위생적인 관계방식이 배달노동자와 소비자의 관계다. 유통에서 어떤 접촉이나 이야기 구조도 존재하지 않는 거래방식이 발생하는 것은 전 지구적인 매끄러운 물류유통 로지스틱스(=병참) 방식의 조용한 전쟁과도 같은 형태가 유통 영역을 장악하고 있기 때문이다. 그런 점에서 유통에서 어떤 이야기 구조도 발생하지 않는다는 불문율을 깨지 않고서는 사회적 배달 논의가 온전히 자리 잡을 수 없는 상황에 처해 있다.

무엇이 납빛 침묵이 감도는 물류유통, 배달노동의 신화에 도전하고 저항할 수 있을까? 원래 물건에 대한 이야기 구조를 갖는 것이 선물(gift)이고, 이야기 구조를 갖지 못하여 환상적인 이미지-영상이 필요한 것이 상품이었다. 빠른 물류유통은 사물에 점착된 사랑, 정성, 인격, 기억 등과 같은 이야기 구조를 모두 파괴한 입자가속기였다. 그 대신 사물화된 물건이나 음식물 등이 덩그러니 놓여 있을 뿐이다. 유통 과정에서 이야기 구조가 풍부해지고 다양해지는 경우는 게토경제에서 예외적으로 여러 사람의 물물교환과정에 손을 탐으로써 가능했던 경험이 있다. 참고로 2010년 4월 방송된 MBC 프로그램 「자체발광」에서 2천 원짜리 볼펜 한 자루로 시작한 물물교환이 6박 7일간의 여행 끝에 100만 원짜리 중고 자동차로 교환되는 과정을 방송했다. 그러나 이러한 유형의 이야기 구조를 모두 비효율적인 것으로 취급하는 현행의 물류유통 시스템의 속도 경쟁은 빠른 전달과 비대면, 비가시성을 기반으로 하고 있기 때문에 사회적 배달 가능성으로부터 멀어지게 하는 결과를 낳았다. 특히 팬데믹 상황에서의 배달노동은 더욱 위생적이고 비대면에 준하는 행동으로 이루어지기 때문에 사회적 배달과 같이 지역사회 구성원의 손과 발을 통해 전달되는 배달과정과 더욱 멀어지게 되었다.

사회적 배달이 구체화되기 위해서는 배달노동자, 유통노동자와 소비자 간의 관계 설정이 심원하게 변화해야 할 것이다. 더 이상 배달과 유통을 통해 형성된 근접거리의 사회적 관계망을 자동적인 것으로, 위생적인 것으로, 돈만 주고받는 방식으로 만들어서는 안 될 것이다. 이러한 이야기 구조를 갖기 위해서는 지역 플랫폼처럼 지역사회 구성원들이 참여하는 플랫폼 구축이 반드시 필요하다. 이를 통해 지역사회의 여러 이야기나 소식, 정보 등이 전달되는 과정이 수반되어 배달 자체에 이야기 구조가 폭발하도록 만들어야 할 것이다. 그저 소비자로서의 이용 개념이 아니라 지역

사회 구성원으로서 사회적 관계망의 일종으로 배달이나 유통의 행위양식이 자리 잡아야 할 것이다.

사람들 사이에서 개인주의의 융성은 개인이 자원-부-에너지를 마음대로 다룰 여지가 높아진 오늘날의 사회양상을 의미한다. 개인의 등장은 위생적이고 탈색된 관계로도 자원을 얻을 수 있다는 착각을 불러일으킨다. 배달을 통해 음식을 시켜 먹으면 되고, 여러 플랫폼을 통해 향유하고 소비하고 관계를 맺는다. 어느 것 하나도 사회적 관계를 재건할 만큼 강한 상호작용을 가진 부분이 없으니, 개인은 연약하고 취약하게 무너져 내릴 수 있는 주체성일 수밖에 없다. 배달노동이 사회적 배달이 되기 위해서는 명실상부하게 사회적 관계 재건의 입장에서 활동하기 위한 활동가 유형의 배달노동자를 양성해야 할 것이다. 소비행위의 말단이 사실상 사회적 관계의 최전선이 된 상황에서 배달노동과 관련된 지역 플랫폼 구축이 필요한 이유이기도 하다. 여러 가지 지역서비스와 융합된 배달노동이 이루어져야 한다.

이전까지 배달노동이 현관문 앞에서 끝났다고 한다면, 이제는 현관문으로부터 시작하여 집에 고장 난 가구 수리며, 못 박는 일, 지역사회 소식을 전하는 메신저 역할, 커뮤니티 케어를 위한 여러 확인, 안부인사 등을 수행하는 사회적 행위양식으로 자리 잡아야 할 것이다. 이를 통해 유통의 최말단이면서도 소비의 최전선인 배달노동이 사회적 행위양식 일부로 더욱 풍부하고 다양한 이야기 구조를 가져갈 수 있을 것이다. 그렇게 되기 위해서는 기존 배달 플랫폼이 해온 것처럼 지역사회에 전혀 기여하지 못하고 플랫폼의 이득만 가져가려는 방식의 기업 활동은 극복해야 할 과제가 될 수밖에 없다. 배달노동자가 사회적 가치를 위해 할 수 있는 일들이 훨씬 많음에도 속도경쟁과 성과경쟁이라는 위험환경으로 내몰고 있는 기존 플랫폼의 양상들은 지역사회 구성원들에 의해 제어되고 견제되어야 할 모습들이다. 이에 따라 사회적 배달 논의에서 공공 플랫폼과 지역 플랫폼이 구체화되어야 할 이유가 드러난다. 그것은 사회 자체를 원심분리기에 갈아 넣어 와해시키는 방향의 플랫폼이 아니라 사회적 가치를 더욱 풍부하고 다양하게 성숙시킬 플랫폼이 필요하기 때문이다.

사회적 배달은 여러 가지 상상을 내포한 개념이다. 현행의 배달노동 역시 사회적 가치를 갖고 인정받아야 하는 상황이다. 또한 배달노동자의 처우와 권리, 복지도 화폐화하여 보상되어야 할 부분이다. 배달노동자와 소비자 자체의 사회적 관계 전반에 대한 획기적인 변화 없이는 무한경쟁, 속도경쟁, 이익을 향한 질주의 모습에서 벗어날 수 없다. 이러한 모습을 갖게 된 것은 바로 배달 플랫폼 자체가 설계한 관계 맺기 방식의 한계일 수밖에 없다. 이제 관계 맺기의 방식에서 거대한 전환이 필요하다. 그런 점에서 향후 마을공동체와 지역사회에서 플랫폼에 대해 어떤 대응을 하고 어떤 협상력을 발휘할지 귀추가 주목될 수밖에 없다.

또한 라이더유니온 같은 배달노동자의 상상력과 제도 생산의 노력도 이러한 사회적 관계의 변화에 초석이 될 수 있을 것이다. 라이더유니온의 방향성은 공제조합 형태로 구체화되고 있는 중이다. 일단 라이더유니온이 노동조합, 협동조합, 공제조합 중 어떤 조직유형을 갖느냐는 크게 중요하지 않다. 오히려 배달노동의 사회적 가치에 대한 보상체계를 획득함과 동시에 사회적 배달 형태로 점차 전환해나가는 과정에 대한 제도적인 상상력을 발휘하고 있기 때문이다. 배달노동을 사회적 책임이 아니라 지나치게 개인 책임으로 두고 있는 것은 배달노동자에게 큰 부담이 될 수밖에 없다. 배달노동자와 배달노동자 간, 배달노동자와 소비자 간, 배달노동자와 지역사회 간의 색다른 사회적 관계 설정이 필요한 시점이다. 기존 배달 플랫폼은 사회구성원으로서의 배달노동자, 지역사회 구성원, 소비자 등을 마치 데이터값의 일부처럼 다루었다. 그러나 사회적 배달은 인간다운 삶의 여정으로서 배달노동을 만들기 위한 가장 기본적인 가이드라인을 갖기 위한 선언으로서의 의미를 갖는다고 할 수 있다.

4.
배달노동자의 권리, 상호부조, 자율성

언택트 산업이 저임금, 불안정 노동자의 희생을 대가로 성장해서는 안 된다는 목소리는 이미 사회 전반에 자리 잡고 있다. 배달노동자의 처우와 권리 등에 대한 지적이 사방에서 나오고 있다. 특히 소득을 높이기 위해 속도를 높이면 위험부담은 고스란히 배달노동자가 지게 되는데, 그 부분에 대한 안전망이 부재하며 철저히 개인 책임으로 전가한다. 이에 따라 소득은 높아질 수 있지만, 사실상 위험한 죽음의 질주를 하는 것이다. 이에 대한 제도적 보완과 사회안전망에 대한 수립이 매우 필요한 상황이다. 실제로 코로나19 사태로 죽은 사람보다 그 기간에 배달사고로 죽은 사람이 더 많다는 경찰청 통계조차 나온 상황(국토부, 2020)이다. 배달노동자의 권리를 지키기 위해서는 일단 속도 감축, 수당 인상, 4대 보험, 연대와 결사권의 보장, 플랫폼과의 협상력 등 여러 가지 문제가 해결되어야 할 것이다. 그럼에도 배달노동자의 노동자성조차 보장되지 않는 상황에서 이 문제의 해법은 사실상 요원한 상황이다.

신자유주의 기업가정신은 질 나쁜 노동과 위험의 외주화에 내몰린 자영업자의 형상으로 나타나고 있다. 특히 배달노동자의 상황은 신자유주의 기업가정신을 넘어서서 정동노동, 플랫폼 노동 등 사회적 관계망 일반에 대한 플랫폼의 침투 양상으로 나타난다. 이에 따라 공공의 책임과 공동체 책임의 영역이 아닌 철저히 개인 책임으로 전가된 상황이 벌어진다. 여기서 주목할 부분은 '노동에서 정동으로의 전환'이라는 현상이라고 할 수 있다. 이제까지 정동, 돌봄, 모심, 보살핌, 살림 같은 영역은 재생산노동이라는 허울을 쓰고 부불노동이 되어왔다. 이제는 정동노동의 영역까지 침투해 들어온 플랫폼은 노동 자체를 철저히 정동 영역으로 번역하고 있다. 이에 따라 정동의 화폐화가 이루어지지 않는다면, 플랫폼 노동 일반도 결국 질 나쁜 일자리나 위험의 외주화에서 자유로울 수 없다는 역설에 직면한다. 이에 따라 정동이라는 광활한 판을 약탈해 들어온 플랫폼 자본주의로부터 노동자성을 인정하는 것에 머무는 것이 아니라 정동 자체에 대한 정당화와 화폐적 보상을 추구하는 방향으로 향해야 배달노동자의 권리와 처우 문제는 해결될 수 있다.

다시 말해 배달노동자가 직면한 모든 정동적 상황에 대한 성격 규명이 필요하다. 배달노동자는 인공지능이 탑재된 콜이나 평판체계를 의식하며 끊임없이 무의식, 정동, 욕망을 배달조건에 맞게 발휘할 수밖에 없는 상황에 직면해 있다. 모든 상황은 전 지구적 물류유통의 체계와 마찬가지로 병참 형태, 즉 전쟁기지가 직면한 상황의 형태로 조직화된다. 이에 따라 그러한 로지스틱스의 속성을 가진 플랫폼에서는 속도 감축에 대한 자율적인 요구는 이루어지기 힘든 상황이 연출된다. 그렇기 때문에 지역의 고유한 속도와 리듬, 화음에 기반한 지역 플랫폼이 로지스틱스의 최말단이 되는 근접거리 배달 영역에 대한 고리를 끊어내야 한다. 이를 통해 배달 플랫폼 자체가 갖고 있는 매끄러운 질주를 통한 신속배달의 사회적인 이미지로부터 완벽히 벗어날 필요가 있다. 왜냐하면 그것은 죽음의 질주이기 때문이다. 그리고 그 애절한 죽음에 대해 누구도 책임질 사람이 없으며, 배달노동자 자신의 개인 책임으로 환원되기 때문이다. 그런 점에서 속도 감축 영역에 대해 배달노동자 조직인 라이더유니온 등 노동조합 및 공제조합은 협상력을 갖추어야 할 것이다. 근본적으로 플랫폼 자체에 대한 성격 논의에서 출발해야 한다. 즉, 로지스틱스의 최말단으로 기능하는 유통망으로서 플랫폼의 고리를 끊고 느림과 여백, 지역순환경제를 담당할 지역 플랫폼이 이를 일임하는 방식이 그것이다.

배달노동자, 플랫폼 노동자의 노동자성을 찾는 해법은 플랫폼 자본주의가 아직 정동자본주의로 이행하지 않았을 경우에는 유효할 수 있다. 그러나 정동자본주의의 이행이 더욱 가시화되고 있는 현재 상황에서는 정동자본주의에 대한 정동적 대응이 필요하다. 즉 정동 자체를 약탈하고 채굴하고 추출하는 현재 상황에서 정동이 지역 플랫폼의 살림, 모심, 돌봄, 보살핌 등 느림과 여백의 윤리적이고 미학적인 것으로 변모하여 정동자본주의에 정면 대응하는 방식이 있을 수 있다. 배달노동자의 권리는 속도를 더욱 내고, 더욱 질주해서 소득을 남기는 데 머물러서는 안 된다. 즉, 임금과 소득이라는 기준은 낡은 것이 되었다. 이제 배달노동자는 사회구성원의 일부로서 그 생명가치, 정동가치로 이해되어야 한다. 배달노동자의 삶의 리듬과 화음에 플랫폼이 종속되는 전도된 양상이 되기 위해서는 죽음의 릴레이를 권장하는 현재의 플랫폼을 멈출 시스템이 필요하다. 이 역시 정동을 동원할 것이지만, 정동이 갖고 있는 생명의 속도에 맞게 이루어진 지역 플랫폼이 될 것이다.

많은 사람이 배달 플랫폼을 이용하면서 현재 유통과 교환과정에서 돌아가는 상황이 어떤지에 대해 짐작하고 있다. 위생적인 관계, 탈색된 관계밖에 없는 플랫폼 노동에서 사회적 배달을 논의한다는 것은 배달노동자의 권리, 처우, 복지를 출발점으로 갖는 방식도 있겠지만, 그와 동시에 플랫폼 자체에 대한 문제 제기로부터도 출발할 수 있다. 속도 감축, 자율성, 수당 인상 등의 요구를 할 수 있는 배달노동자의 주체성 생산은 이제 구체화되고 있다. 그러나 이를 정동적인 맥락에서 사회적 배달로 이끌 수 있는 대안 플랫폼 구축에 대한 사회적인 논의가 연대의 방향성에서 움직이는 것은 아직 굼뜨다. 진정한 가속은 이러한 방향에서 이루어져야지 죽음의 질주 같은 배달노동 형태에서 이루어져서는 안 될 것이다. 사회구성원 모두가 사회 자체를 구성하는 실천과도 같이 진지하고 차분하게 사회적 합의를 이루어나가야 할 것이다.

만약 편리하고 빠르고 유용하게 플랫폼을 이용하는 소비자로 머문다면 사회적 배달 논의는 지체될 것이다. 배달노동자는 더욱 위험에 내몰릴 것이며, 사회는 사라지고 자신의 책임밖에 없는 상황 속에 직면할 것이다. 그러나 소비자가 머물고 있는 곳은 모빌리티나 앱 환경이 아니라 지역사회다. 지역사회가 배달노동자가 자신의 자녀들이자 형제들임을 인식하고, 지역사회의 고유한 리듬과 속도에 대한 협상에 돌입해서 사회적 합의에 이르러야 할 것이다. 이를 통해 자율감축의 움직임이 구체화된다면, 나아가 돌봄, 모심, 살림 등의 정동이 사회적 배달에 나서도록 지역 플랫폼을 더욱 구체화해야 할 것이다. 이를 통해 배달노동은 지역순환경제 구성원 중 일부가 되어 지역의 유통, 순환, 소비 등을 책임지는 주체성으로 간주될 수 있을 것이다.

현재의 배달 플랫폼 상황은 참혹하다. 배달노동자의 위험을 방치한 채 죽음의 릴레이에 동원하고 있다. 이를 지역사회가 멈추어 근접거리 배달 영역을 재전유해야 할 것이다. 이를 통해 지역구성원 간에 유통 부문에서 이야기 구조를 만들고, 서로 울고 웃고 기뻐하고 들떠하던 정동의 순간을 함께 나누어야 할 것이다. 그 역시 플랫폼 자본주의에서 배달노동의 대안적 미래상이라 할 수 있다.

5.
사회적 배달:
배달노동을 둘러싼 가이드라인과 사회적 합의

현재 배달노동자의 상황이 어떤지는 다들 잘 알 것이다. 초저녁만 되면 위험한 질주를 하는 배달 오토바이가 거리 곳곳에 출현한다. 너무도 위험해서 순간 멈칫하게 되고 그 사람의 생명에 대해 걱정하는 마음이 들 때도 있다. 그런데 사실 플랫폼이 만들어낸 시스템은 너무도 냉혹하고, 그 안에서 움직이고 유통하고 노동하는 사람들의 위험 따위는 생각하지도 않는다. 사람들은 결국 이러한 냉혈한의 시스템 자체를 그대로 내면화시켜 배달 오토바이를 탄 개인의 문제로 치부한다. 더 나아가 사물화시켜 배달 오토바이를 탄 배달노동자를 하나의 물체나 시스템의 회로로 생각하기에 이른다. 그리고 그 시스템에 의해 사물화화고 단자화된 배달노동자의 상황을 그저 배달노동자 개인의 문제로 바라보는 플랫폼의 규칙에 젖어든다. 그러나 그것은 완전한 착각이자 망상이다. 배달노동자는 분명히 우리 사회의 구성원이며, 정동하고 정동되는 생명의 일부다. 그들은 숨 쉬고 노래하고 춤추고 기뻐하는 생명이지 배달 오토바이와 일체화된 기계가 아니다. 그렇기에 우리는 이제 사회적 배달을 거론할 수밖에 없다.

사회적 배달은 배달노동자를 우리 사회의 주체성으로 인정하고 출발한다. 다시 말해 사물화된 기계 부품으로 보거나 플랫폼의 코드번호로 인식하지 않는다는 것이다. 그리고 배달노동을 정동의 일부로 바라본다. 다시 말해 정동자본주의 양상이 포획한 정동의 일부로 바라본다. 이를 통해 정동노동으로의 재진입이 이루어진다. 배달노동자의 추출되고 채굴된 정동의 양상을 다른 정동의 양상으로 이행시키는 것도 가능하다. 배달노동에 대한 사회적 가이드라인과 합의는 이러한 과정의 일부다. 배달노동자를 생명의 일부로 보기 때문에, 또한 사회구성원의 일부로 보기 때문에 지역사회는 그 문제에 대해 다룰 수밖에 없고, 이를 현안 문제로 바라볼 수밖에 없다. 배달노동자가 아무리 오토바이에 몸을 싣고 속도를 내며 달리고 있다 하더라도 그는 분명히 사회구성원이며, 살아 숨 쉬고 정동하고 정동되는 생명이다. 이를 인정하지 않고서는 사회적 배달 논의는 있을 수 없다.

더 나아가 배달노동에 대한 정동적 재전유 역시 가능할 것이다. 지역살림, 지역순환경제의 일부로 배달노동이라는 유통과 소비행위를 배치하는 것이다. 이런 상상이 가능하다. 어르신들이 꾸러미를 들고 천천히 걸어가신다. 옆 동네에 있는 이웃에게 배달하기 위해서다. 이런 상상도 가능하다. 배달노동자가 배달을 통해 전달하고자 하는 것은 이웃의 안부였다. 이를 통해 전구를 갈아주고 못을 박아주며 안부를 묻는다. 이것은 정동자본주의에 대한 정동해방의 응답이다. 그리고 지역의 속도와 리듬에 따라 천천히 발효되고 성숙되는 지역순환경제 플랫폼에 대한 구상이다. 배달노동 자체가 갖고 있는 무시무시한 속도에 몸을 실으면 지역경제는 산산이 부서진다. 마을과 공동체 역시 고기를 갈아서 소시지가 되듯 사라질 것이다. 배달노동자 또한 단지 모빌리티 환경에 몸을 실었다는 이유로 시스템의 회로로 전락할 것이다. 그런 점에서 사회적 배달을 만들기 위한 사회적 가이드라인과 합의가 매우 중요한 상황이다. 현재 상황에 맞추어 모든 것을 평면으로 배치하여 살펴볼 필요가 있다.

- 언택트 시대에 사회적 접촉경계면으로서 배달노동의 중요성 인식하기
- 플랫폼이 경쟁과 속도를 부추기는 시스템에서 벗어나기
- 배달노동자의 권리, 처우, 복지 등에 대해 배달노동자 자신이 자율적으로 결정하기
- 지역 플랫폼, 공공 플랫폼을 통해 배달노동 판을 다시 짜기
- 지역사회 구성원과의 합의를 통해 근접거리 배달에 대해 지역사회가 떠맡기
- 플랫폼에 대한 지역사회와의 협상을 통한 룰 정하기

배달노동자는 고아처럼 우리 사회가 버려두었던 주체성이다. 빠르게 움직이고 위험을 감수했지만, 그 고마움과 은혜, 노력에 대해 사회는 무관심했고, 그저 오토바이-인간 정도로 사물화했다. 그러나 그들은 우리 형제이고 친구이고 이웃이다. 이들에게 개인 책임의 기업가정신을 강요하고 사회의 주요 구성원으로 대우하지 않은 것은 결국 그들을 고아처럼 만들었고, 거리에서 위험의 질주를 하게 만들었다. 사회는 이들의 목소리와 이해와 요구에 귀 기울이면서 그들과의 사회적 가이드라인과 합의에 도달해야 할 것이다. 그들에 대한 노동자성에 대한 보장이 이르지 못한다면

그 역시 여전히 하나의 문제일 것이다. 더 나아가 적어도 생명으로서의 정동적 가치에 대해서라도 존중해야 할 것이다. 이를 위해 지역사회 구성원들과 지역 플랫폼 노동자 간의 긴밀한 연대와 화합의 장이 마련되어야 할 것이다. 이를 통해 배달노동자는 지역살림의 메신저가 될 수도 있다. 동시에 지역순환경제라는 오래된 미래를 위해 함께 노력하고 실천하는 발판이 마련될 수도 있다. 여러 가지 상상력을 발휘해볼 수 있지만, 적어도 배달노동자에 대한 처우, 권리, 복지, 상호부조, 자율성 등에 대해 지역사회가 따뜻하게 보듬어줄 만남이 될 것은 분명하다.

사회적 배달 논의는 아직 출발선상에 있다. 무엇 하나 구체화된 것은 없다. 그러나 플랫폼 자본주의가 정동자본주의로 급격히 이행하면서 무시무시한 속도를 내는 배달 오토바이를 보는 사람마다 무언가 잘못되었다는 것은 금방 깨달을 수밖에 없다. 생명조차 갈아 넣은 플랫폼, 생명살림을 유통하는 것이 아니라 죽음을 유통하는 플랫폼, 인간적 가치로서의 정동을 순환시키는 것이 아니라 사물화된 인간-기계를 유통하는 플랫폼이 그것이다. 거기에서 벗어나기 위해 사회가 나서야 한다. 생명살림의 길로 나서야 한다. 정동자본주의로의 진입이 구체화된다면 정동을 발휘하는 생명의 길로 나서야 한다. 배달노동자와의 사회적 합의는 모든 지역 수준에서 이루어져야 할 것이다. 마을이 나서고, 지역공동체가 나서고, 지역시민단체가 나서야 할 것이다. 이를 통해 사회적 합의와 가이드라인에 대해 구체화해야 할 것이다. 아직 시작되지 않은 것은 충분히 성숙되지 않았다는 증거라기보다는 의도적으로 배제해온 기존의 통념이 뿌리 깊게 자리 잡고 있기 때문이다. 플랫폼 노동자로서의 배달노동자를 사회적 배달의 주체성으로 만들기 위해 지역 플랫폼 논의가 시작되어야 하며, 더불어 이들에 대한 권리, 상호부조, 자율성 등에 입각하여 사회적 합의에 도달하는 사회적 실험으로 나아갈 수 있다. 사회적 배달은 분명히 하나의 화두로 제시되었지만, 어떻게 이것을 구체화할 것인지에 대해서는 아직 공백이 많은 영역이라고 할 수 있다. 그리고 발아하고 이제 갓 시작된 논의라는 점에서 그것을 보호하고 발전시켜야 할 것이다.

참고문헌

01. 배달플랫폼의 문제: 신종코로나 시대와 플랫폼 자본주의

닉 서르닉, 『플랫폼 자본주의』, 심성보 옮김, 킹콩북, 2020,

데이비드 볼리어, 『공유인으로 사고하라』, 배수현 옮김, 갈무리, 2015.

마이크 데이비스 · 알렉스 캘리니코스 외, 『코로나19: 자본주의의 모순이 낳은 재난』, 장호종 엮음, 책갈피, 2020.

박정훈, 『배달의 민족은 배달하지 않는다』, 빨간소금, 2020.

빠올로 비르노, 「탁월한 기예와 혁명, 엑소도스의 정치이론」, 『다중』, 김상운 옮김, 갈무리, 2004.

슬라보예 지젝, 『팬데믹 패닉: 코로나19는 세계를 어떻게 뒤흔들었는가』, 강우성 옮김, 북하우스, 2020.

안토니오 네그리 · 마이클 하트, 『공통체: 자본과 국가 너머의 세상』, 윤영광 · 정남영 옮김, 사월의책, 2014.

______, 『어셈블리』, 이승준 · 정유진 옮김, 알렙, 2020.

알렉산드리아 J. 래브넬, 『공유경제는 공유하지 않는다』, 김고명 옮김, 롤로코스터, 2020.

야마모리 도루, 『기본소득이 알려주는 것들』, 은혜 옮김, 삼인, 2018.

이광석, 『디지털의 배신: 플랫폼 자본주의와 테크놀로지의 유혹』, 인물과 사상사, 2020.

이항우, 『정동 자본주의와 자유노동의 보상』, 한울아카데미, 2017.

제레미아스 아담스-프라슬, 『플랫폼노동은 상품이 아니다』, 이영주 옮김, 숨쉬는책공장, 2020.

조너선 크레리, 『24/7: 잠의 종말』, 김성호 옮김, 문학동네, 2014.

칼 마르크스, 『정치경제학 비판요강 II』, 김호균 옮김, 백의, 2000.

______, 『자본론 Ⅲ(하)』, 김수행 옮김, 비봉출판사, 2004.

필리페 판 파레이스, 『모두에게 실질적 자유를』, 조현진 옮김, 후마니타스, 2016.

프랑코 베라르디 비포, 『노동하는 영혼: 소외에서 자율로』, 서창현 옮김, 갈무리, 2012.

한병철, 『피로사회』, 김태환 옮김, 문학과지성사, 2012.

02. 로지스틱스 문제: 생산과 유통의 통합과 그에 따른 사회의 보안화

강현철, 「정보통신기기에 의한 노동인권 침해 실태조사」, 국가인권위원회, 2013.

김영선, 「플랫폼 노동, 새로운 위험사회를 알리는 징후」, 『문화과학』 통권 92호, 문화과학사, 2017.

______, 「노동시간의 변화와 새로운 시간투쟁: 스마트 기술의 도입을 중심으로」, 『노동분할시대, 노동시간 유연화에 맞서는 노동시간 단축운동 방향』, 전국민주노동조합총연맹, 2016.

김진숙, 『소금꽃나무』, 후마니타스, 2007.

데보라 코헨, 『로지스틱스: 전지구적 물류의 치명적 폭력과 죽음의 삶』, 권범철 옮김, 갈무리, 2017.

마이클 하트 · 안토니오 네그리, 『공통체』, 정남영 · 윤영광 옮김, 갈무리, 2014.

______, 『어셈블리』, 이승준 · 정유진 옮김, 알렙, 2020.

마우리찌오 라짜라또, 「비물질적 노동」, 『이딸리아 자율주의 정치철학 Ⅰ』, 이원영 옮김, 갈무리, 2005.

빠올로 비르노, 『다중』, 김상운 옮김, 갈무리, 2004.

안토니오 네그리 · 마이클 하트, 『제국』, 윤수종 옮김, 이학사, 2001.

안토니오 네그리 외, 『비물질노동과 다중』, 자율평론 기획, 갈무리, 2005.

이경희 · 김기선, 「스마트기기의 사용이 근로자의 일과 삶에 미치는 영향」, 한국노동연구원, 2015.

이승준, 「비물질노동과 새로운 주체성의 출현」, 질 들뢰즈 · 안토니오 네그리 · 조정환 · 정남영 외, 『비물질노동과 다중』, 자율평론 편집, 갈무리, 2005.

이항우, 『정동 자본주의와 자유노동의 보상』, 한울아카데미, 2017.

조너선 크래리, 『24/7 잠의 종말』, 김성호 옮김, 문학동네, 2014.

질 들뢰즈 · 펠릭스 가타리, 『천개의 고원: 자본주의와 분열증 2』, 김재인 옮김, 새물결, 2001.

칼 마르크스, 『자본론 Ⅱ』, 김수행 옮김, 비봉출판사, 2006.

______, 『정치경제학 비판 요강 2』, 백의, 2000.

프랑코 베라르디 비포, 『노동하는 영혼』, 서창현 옮김, 갈무리, 2012

______, 『죽음의 스펙터클』, 송섬별 옮김, 반비, 2015.

Bill Mongelluzzo, "CBP Official: Security Partnerships Help Protect International Supply Chains", Journal of Commerce, May 14, 2012. https://www.joc.com/regulation-policy/transportation-regulations/cbp-official-security-partnerships-help-protect-international-supply-chains_20120514.html.

Brett Neilson and Ned Rossiter, "Logistical Worlds: Territorial Governance in Piraeus and the New Silk Road", Logistical Worlds, no. Ⅰ, November 2014.

DHS(Department of Homeland Security), 'National Strategy for Global Supply Chain Security', Jan 2013. https://obamawhitehouse.archives.gov/sites/default/files/docs/national_strategy_for_global_supply_chain_security_implementation_update_public_version_final2-26-131.pdf

Economist, 'A moving story: Companies are outsourcing huge chunks of what they do to logistics companies', Dec 5th 2002. https://www.economist.com/special-report/2002/12/05/a-moving-story.

EZLN communique, '6th Declaration of the Selva Lacandona', 2005. http://www.anarkismo.net/newswire.php?story_id=805

IBRD(International Bank for Reconstruction and Development/World Bank), Supply Chain Security Guide, 2009.

Keller Easterling, Extrastatecraft: The Power of Inftastructure, Verso, 2014.

Thomas Goss, "Who's in Charge? New Challenges in Homeland Defense and Homeland Security", Homeland Security Affairs 2, 2006. https://www.hsaj.org/articles/173

03. 플랫폼 노동의 그림자: 위험의 외주화와 실상의 비가시화

강혜인 기자, "[배달죽음] 4-① 3년간 라이더 사고 1800여 건…1위 '바로고'" 뉴스타파, 2019.10.04. https://newstapa.org/article/lT3VM

곽용희 기자, "플랫폼 노동자는 근로자… 독일연방노동법원서 최초 판결", 노동법률, 2020.12.14. https://m.worklaw.co.kr/view/view.asp?in_cate=104&in_cate2=1011&bi_pidx=31666

교통부문 온실가스 관리 시스템(KOTEMS), 「교통물류부문 온실가스 배출량 조사 보고서」, 2019. https://www.kotems.or.kr/app/kotems/forward?pageUrl=/kotems/ptl/emissionstat/total/KotemsPtlEmissionstatTotalEmissionLs&topmenu1=02&topmenu2=01&topmenu3=02

구교현 라이더유니온, "폭설 또 폭설… 배달앱 멈추는 것만으론 부족하다", 오마이뉴스, 2021.01.18. http://www.ohmynews.com/NWS_Web/View/at_pg.aspx?CNTN_CD=A0002712091

국토교통부, "교통사고 사망자 감소세 속 배달 증가로 이륜차 사망은 늘어", 대한민국 정책브리핑, 2020.11.25. https://www.korea.kr/news/policyNewsView.do?newsId=148880186&call_from=rsslink

김영선, 「플랫폼 노동, 새로운 위험사회를 알리는 징후」, 『문화과학』 제92호 2017 겨울, 74-102, 2017.

김종진 외, 「서울시 디지털 플랫폼노동 실태와 정책과제 연구」, 서울연구원 · 한국노동사회연구소, 2019.

김지환 기자, "근기법 적용하라!" 플랫폼 노동자들 외침", 경향신문, 2020.11.11. http://m.biz.khan.co.kr/view.html?art_id=202011101114001

김철식 외, 사단법인 참세상, 「플랫폼노동 종사자 인권상황 실태조사」, 국가인권위원회, , 2019, 19쪽.

김혜미, "똑같은 'ㅇㅇ분 도시', 박영선 · 박형준에겐 없는 이것", 오마이뉴스, 2021.02.12. http://www.ohmynews.com/NWS_Web/View/at_pg.aspx?CNTN_CD=A0002717653

김희준, "과로와 경쟁 시스템이 40대 쿠팡맨을 죽였다", 노동자연대, 2020.03.18. https://wspaper.org/article/23670

대학생신재생에너지기자 15기 김민서 외 3인, "코로나19 시대의 그늘, '쓰레기 팬데믹' 어떻게 막나?", 대학생신재생에너지기자단, 2020.10.28.

미래자치분권연구소 유창복 · 이재경 · 김다예, 『포스트 코로나와 로컬뉴딜: With 코로나 시대, 로컬에서 답을 찾다』, 책숲, 2020.

박상철 외, 「문헌 고찰을 위한 근거이론방법의 활용: 디지털 환경에서의 그림자 노동 개념 도출」, 『경영학 연구』 제49권 제1호, 2020.

박정훈, 『배달의 민족은 배달하지 않는다』, 빨간 소금, 2020.

선담은 기자, "사고 뻔히 알면서 '폭설 수수료'… 라이더들 '주문접수 멈춰라'" 한겨레, 2021.01.07. http://www.hani.co.kr/arti/society/labor/977769.html?_fr=st1#csidx1784458a647f451aa1159ea80b19898

신은종, "[아침을 열며] 그림자 노동과 기업", 한국일보, 2018.05.10. https://www.hankookilbo.com/News/Read/201805101829251956

알렉산드리아 J. 래브넬(Alexandrea J. Ravenelle), 『공유경제는 공유하지 않는다: 긱이코노미의 민낯과 무너지는 플랫폼 노동자』, 김고명 역, 롤러코스터, 2020.

윤상문 기자, “쿠팡은 속도에 환장한 회사입니다.” MBC 뉴스인사이트, 2021.01.15. https://imnews.imbc.com/newszoomin/newsinsight/6059148_29123.htm

이경미 기자, “배달음식 1.6조원 주문…온라인쇼핑 거래, 월 15조원 돌파”, 한겨레, 2021.01.05. http://www.hani.co.kr/arti/economy/economy_general/977327.html

이광석, 『디지털의 배신: 플랫폼 자본주의와 테크놀로지의 유혹』, 인물과 사상사, 2020.

이반 일리치, 『그림자 노동(Shadow work)』, 노승영 역, 사월의책, 2015.

이반 일리치 외, 『반자본 발전사전』, 6장 「요구」, 이희재 옮김, 휴머니스트, 2010.

이승계, 「노동의 디지털화와 근로자의 지위 변화에 관한 연구」, 『經營法律 第28輯』 第3號, 2018.

장윤석(노마), 「[코로나, 기후위기, 그린 뉴딜] 코로나와 기후위기」, 생태적지혜연구소 미디어, 2020.03.23. https://ecosophialab.com/%EC%BD%94%EB%A1%9C%EB%82%98-%EA%B8%B0%ED%9B%84%EC%9C%84%EA%B8%B0-%EA%B7%B8%EB%A6%B0%EB%89%B4%EB%94%9C-%E2%91%A1%EC%BD%94%EB%A1%9C%EB%82%98%EC%99%80-%EA%B8%B0%ED%9B%84%EC%9C%84%EA%B8%B0/

전광준 기자, “쿠팡, 비판기사 쓴 기자에 줄소송…언론단체 “재갈 물리기 멈추라”, 한겨레, 2021.03.17. http://www.hani.co.kr/arti/society/society_general/987169.html

정종훈 기자, “청년 산재 사망 1위, 배달 라이더… 배달료 3천 원의 목숨 값.” CBC뉴스, 2020.01.03, http://www.cbci.co.kr/news/articleView.html?idxno=402815

제레미아스 아담스-프라슬, 『플랫폼 노동은 상품이 아니다(Human as a service)』, 이영주 역, 숨쉬는책공장, 2020.

차별금지법제정연대 평등정책TF, 「평등정책보고서 노동/일의 세계」, 2020.

천다민 뉴닉 에디터, “오늘도 ‘당근’이지! 우리를 소유에서 자유롭게 하니까”, 한겨레, 2021.01.15. http://www.hani.co.kr/arti/culture/culture_general/978970.html?_fr=st1#csidx6c8d2834a2f2e8cbc2cacf8b23070d1

채효정, “돌봄(Care)”, 워커스 사전, 2021.01.15. http://www.newscham.net/news/view.php?board=news&nid=105673&fbclid=IwAR1LeFP34BGjq17vi8XYzlpFScdglQbDxAFyUI40Zbiy_lsZsme85JyjT9s)

______, “[코로나 이후의 전환] 전환을 위한 마그나카르타, 가난한 민주주의”, 교육공동체 벗, 2020.11.16. https://communebut.com/Article/?q=YToxOntzOjEyOiJrZXl3b3JkX3R5cGUiO3M6MzoiYWxsIjt9&bmode=view&idx=5303460&t=board&fbclid=IwAR0PYry_5VB4SbPtdqCsVPe4gd4nHwEgp57rVGDLbwrdW3P3mPqduSBGaQgㅇ

하종강, "택배 노동자들이 화났다", 한겨레, 2020.09.22. http://www.hani.co.kr/arti/opinion/column/963202.html#csidx9e25a0dc2aad296bdede24a830c8a84

한영섭, 「개인 파산 · 회생 현황 분석보고서」, 내지갑연구소, 2019.

홍인석 기자, "[집콕의 역습①] 코로나가 낳은 괴물 쓰레기… 서울 하루 4.6만톤 배출", 이투데이, 2020.12.24.

Choe Sang-Hun, "Delivery Workers in South Korea Say They're Dying of 'Overwork'", The New York Times, 2020.12.15. https://www.nytimes.com/2020/12/15/world/asia/korea-couriers-dead-overwork.html?action=click&campaign_id=7&emc=edit_MBAE_p_20201215&instance_id=25071&module=RelatedLinks&nl=morning-briefing&pgtype=Article&regi_id=7193185&section=topNews&segment_id=47036&te=1&user_id=4c2fed9c53f9505482e57f66031f4eec&fbclid=IwAR2c-NXsxrDxwXtacFZwh9uhDNhrow6lL-hEw_5sMDoxpFXk2BJ5cpPOwl0

https://www.etoday.co.kr/news/view/1974577

https://renewableenergyfollowers.org/3146

MBC뉴스데스크, "'속도 올려주세요'… 쿠팡에서 노동자들이 쓰러진다", 2021.01.14. https://imnews.imbc.com/replay/2021/nwdesk/article/6058249_34936.html

04. 기후위기 시대의 플랫폼 자본주의와 정의로운 녹색전환

권오현, 「디지털경제의 사회적 전환과 사회적경제의 디지털 전환」, 『사회적경제 정책포커스』 Vol.3, 2020, 23쪽.

김병권, "[토론쟁점16] 플랫폼경제(5): 인공지능은 나쁜 차별주의일까? 공정한 관리자일까?", 페이스북, 2021.01.15.

김상헌, 「그린 뉴딜 다시 쓰기: 녹색성장을 넘어」, 『창작과비평』 48(1), 2020, 31-49쪽.

김철식 외, 사단법인 참세상, 「플랫폼노동 종사자 인권상황 실태조사」, 국가인권위원회, 2019.

김현우, 『정의로운 전환: 21세기 노동해방과 녹색전환을 위한 적록동맹 프로젝트』, 나름북스, 2014.

남주원 기자, "당신이 이메일 보낸 사이, 지구는 뜨거워지고 있다", 뉴스펭귄, 2020.12.03. http://www.newspenguin.com/news/articleView.html?idxno=3621

닉 서르닉, 『플랫폼 자본주의』, 심성보 역, 킹콩북, 2020.

마리아나 마추카토, 『가치의 모든 것』, 안진환 역, 민음사, 2020.

버지니아 유뱅크스, 『자동화된 불평등: 첨단 기술은 어떻게 사람들을 분석하고, 감시하고, 처벌하는가』, 김영선 역, 북트리거, 2018.

사이토 고헤이, 『마르크스의 생태사회주의: 자본, 자연, 미완의 정치경제학 비판』, 추선영 역, 두번째 테제, 2020.

이광석, 「기술민주주의를 다시 생각한다」, 『녹색평론』 제176호, 2021.

_____, 『디지털의 배신: 플랫폼 자본주의와 테크놀로지의 유혹』, 인물과사상사, 2020.

_____, 「자본주의 종착역으로서 '플랫폼 자본주의'에 관한 비판적 소묘」, 『문화과학』 제92호 2017 겨울, 18-47.

이나경 · 장윤석 · 소하연 · 이시원, 「공생연구소, 기후위기 시대 주거 · 토지 문제의 전환 담론 모색: 기후정의, 토지공개념, 커먼즈-커머닝, 지오멘탈리티를 통하여」, 2020청년주거작은연구모임 "슬기로운 연구생활", 2020.

이반 일리치, 『누가 나를 쓸모 없게 만드는가』, 허택 옮김, 느린걸음, 2014.

_____, 『디지털의 배신: 플랫폼 자본주의와 테크놀로지의 유혹』, 인물과사상사, 2020., 「사회적 선택의 세 가지 차원」, 『과거의 거울에 비추어』, 권루시안 옮김, 느린걸음, 2013.

이병천, "[이병천 칼럼] 한국판 뉴딜, 타성적 올드딜이냐 전환적 뉴딜이냐." 한겨레, 2020.08.20. http://www.hani.co.kr/arti/opinion/column/958643.html?fbclid=IwAR0SNG50vjxF-2KXkhV78umUyLYdot4Y0BaiDcQwkzOfBJrpwFhWgYzJx7U#csidxec07c0c8f9b4c679d6bb965afc1324b

이유진 · 윤민지, 「II 전환적 뉴딜과 정책과제」, 『전환적 뉴딜과 재정정책』 중, 경제 · 인문사회연구회 협동연구총서, 2020.

이유진 외, 「1.5도 탈탄소 경제사회 대전환, 그린 뉴딜」, [사회경제개혁을 위한 지식인선언네트워크 기획, 『다시 촛불이 묻는다: 포스트코로나 시대의 사회경제개혁』수록, 동녘 중, 2021]. 2021a.

장윤석(노마), [코로나, 기후위기, 그린 뉴딜] ③ 코로나와 그린 뉴딜, 생태적지혜연구소 미디어, 2020.09.02. https://ecosophialab.com/%EC%BD%94%EB%A1%9C%EB%82%98-%EA%B8%B0%ED%9B%84%EC%9C%84%EA%B8%B0-%EA%B7%B8%EB%A6%B0%EB%89%B4%EB%94%9C-%E2%91%A2-%EC%BD%94%EB%A1%9C%EB%82%98%EC%99%80-%EA%B7%B8%EB%A6%B0%EB%89%B4%EB%94%9C/

정희은 기자, "넷플릭스 1시간 보는데, 7.5L 물 사용한다", 코메디닷컴, 2021.01.19. https://v.kakao.com/v/20210119180103786

채효정, "[정동칼럼] 김진숙과 정의로운 전환", 경향신문, 2021.02.08. https://m.khan.co.kr/view.html?art_id=202102080300015&code=990100&fbclid=IwAR3ENC_rDTZikj670ePsN1KVS_xEg9xHxZYs8K0qu3YeOD4Nu4KhHbunor4#c2b

케이트 레이워스, 『도넛 경제학』, 홍기빈 옮김, 학고재, 2018.

케이티 싱어, 「스크린의 배후: 인터넷 접속의 진정한 비용」, 『녹색평론』 제7~8월호, 2020.

______, 「스크린의 배후: 인터넷 접속의 진정한 비용」, 『녹색평론』 제7~8월호, 2020, 113-123.

황원희 기자, "AI의 탄소발자국과 클라우딩 컴퓨팅", 환경미디어, 2020.12.03. http://www.emedia.news/news/newsview.php?ncode=1065582422388504

히로이 요시노리, 『포스트 자본주의: 과학 · 인간 · 사회의 미래』, 박제이 역, AK이와나미, 2017.

Andrae and Corcoran (2013), 'Energing Trends in Electricity Consumtion for Consumer ICT', NUI Galway; US Energy Information Adminstration)

Anders S. G, Andrae and Tomas Edler (2015), "On Global Electricity Usage of Communication Technoloogy: Trends to 2030", Challenges

https://doughnuteconomics.org/about-doughnut-economics

J. Ganz and D. Reinsel, (2012), "The digital universe in 2020: Big data, bigger digital Shadows, and biggest growth in the far east," IDC

Kaveh Madani et al.(2021), 「The overlooked environmental footprint of increasing Internet use」, Resources, Conservation & Recycling 167 (2021)

05. 플랫폼 사업모델의 특성과 독점규제 방안

닉 서르닉, 『플랫폼 자본주의』, 킹콩북, 2020.

박제성, 「디지털의 세 가지 표상과 노동법의 과제」, 플랫폼노동연대 출범 선언 및 플랫폼 영역에 대한 노동기본권 확대를 위한 정택토론회, 2019.

임동민, 『플랫폼 비즈니스와 공유경제의 시대』, 교보문고, 2019.

정하웅 · 김동섭 · 이해웅, 『구글신은 모든 것을 알고 있다』, 사이언스북스, 2013.

황혜정, 『탈규모 시대의 제조업, '플랫폼 비즈니스'로 도약한다』, LG경제연구원, 2018.

Mia D'Ercole, M. and M. MacDonald, Measuring platform and other new forms of work: Issues Paper, 15th meeting of the committee on statistics and statistical policy, 2018.

Penenbeer, A., Viral Loop: From Facebook to Twitter, How Today's Smartest Business Grow Themselves, Hyperion, 2009.

06. 정동자본주의: 플랫폼 내부의 정동, 그 외부의 정동

국토교통부, 대한민국 정책브리핑, "교통사고 사망자 감소세 속 배달 증가로 이륜차 사망은 늘어", 2020.11.25.

화성시청 공식블로그, "소상공인, 소비자가 함께 웃는 상생플랫폼 경기도 공공배달앱 '배달특급'", 2020.12.25.

https://blog.naver.com/hsview/222181823571

07. 사회적 배달: 사회적 배달 논의의 가이드라인과 사회적 합의

닉 서르닉, 『플랫폼 자본주의』, 킹콩북, 2020.

들뢰즈/가타리, 『앙띠 오이디푸스』, 민음사, 1998.

마우리치오 랏자라또, 『기호와 기계』, 갈무리, 2017.

알렉스 윌리엄스(Alex Williams) & 닉 서르닉(Nick Srnicek), 「가속주의적 정치를 위한 선언」(Manifesto for an Accelerationist Politics), 2017.

이항우, 『정동자본주의와 자유노동의 보상』, 한울엠플러스(주), 2017.

칼 폴라니(Karl Polanyi), 『거대한 전환』, 길, 2009.

http://blog.daum.net/nanomat/520